本书由人文在线出版基金资助出版

中外教育名著研读

王鹏辉◎著

中国文联出版社
http://www.clapnet.cn

图书在版编目（CIP）数据

中外教育名著研读 / 王鹏辉著. — 北京 : 中国文
联出版社，2017.7

ISBN 978-7-5190-2266-2

Ⅰ.①中… Ⅱ.①王… Ⅲ.①教育学—名著—介绍—
世界 Ⅳ.①G40

中国版本图书馆CIP数据核字(2017)第194909号

中外教育名著研读

作　　者：王鹏辉				
出 版 人：朱　庆				
终 审 人：朱彦玲		**复 审 人**：王　军		
责任编辑：刘　旭		**责任校对**：傅泉泽		
封面设计：人文在线		**责任印制**：陈　晨		

出版发行 中国文联出版社

地　　址 北京市朝阳区农展馆南里10号，100125

电　　话 010-85923043（咨询）85923000（编务）85923020（邮购）

传　　真 010-85923000（总编室），010-85923020（发行部）

网　　址 http://www.clapnet.cn　　http://www.claplus.cn

E-mail clap@clapnet.cn　　liux@clapnet.cn

印　　刷 北京市金星印务有限公司

装　　订 北京市金星印务有限公司

法律顾问 北京天驰君泰律师事务所徐波律师

本书如有破损、缺页、装订错误，请与本社联系调换

开　　本：710×1000		1/16	
字　　数：305千字		**印　　张**：19.25	
版　　次：2017年10月第1版		**印　　次**：2017年10月第1次印刷	
书　　号：ISBN 978-7-5190-2266-2			
定　　价：66.00元			

目　录

序 言

一、名著的标准

一般而言，满足以下条件的小说、诗歌或戏剧等文字作品被称为世界名著。

1. "名著"一般都拥有广泛的读者

它们不是只风行一两年，而是经久不变的畅销书。《飘》比起莎士比亚的剧本和《堂吉·诃德》来，读者就相对少得多。有人做过较切合实际的估计：三千年来，荷马的史诗《伊里亚特》至少拥有两千五百万读者。名著问世后未必在那个时代就成为畅销书，要有一定时间才能拥有越来越多的读者。

2. "名著"通俗易懂，不卖弄学问

它们不是专家写给专业人员看的专门性著作，无论是关于哲学或者科学、历史或者诗歌，它们所论述的是关于人类共同感兴趣的题材，而不是学究式的空谈。这些书并非为教授们所作，而是为普通人而写。要学高深的教材，必先学基础教材。"名著"所论述的都是各个专题的基础，从这个意义上，我们可以说"名著"是基础教材，所不同的是它们不是互有联系的一整套教材，也并非按难易程度和问题的技术性而编排。有一类书却应先读，以便有利于名著阅读，那就是名著的作者读过的别的"名著"。以欧几里得的《几何学基础知识》和牛顿的《物理学的教学原理》为例。读欧几里得的这本书无须事先学习数学，因为该书本身便是名副其实的几何入门和基础算术入门。牛顿的书则不然，因为牛顿运用数学来解决物理问题，他的著作深受欧几里得关于比例和面积的论述的影响，若不先读欧几里得的书的话，恐怕连科学家也难以一下子读得懂。这里想说的是，科学巨著不是轻易就能够读懂的，而是要按历史顺序读才能事半功倍。正如欧几里得能启发人读懂牛顿和伽利略的著作一样，牛顿和伽利略又能帮助人理解爱因斯坦的著作。这一观点也适用于阅读教育著作。

3. "名著"永不过时

为便于比较，我们把眼下流行的书称为"当代作品"，它们只流行一两年或至多十多年。许多早期的畅销书恐怕你连书名也记不起了，也不会再有兴趣读它们。而"名著"却不会因思想运动、学说更迭、舆论分歧而过时。名著不是供学者研究而积满尘垢的遗著，而是当今世界上潜在的强大的文明力量。人类的基本问题代代相同。读过德摩斯梯尼的演说词和西塞罗的信件，或是培根和蒙田的散文，任何人都会发现：人们对于幸福和正义、美德和真理，甚至对于安定与变幻本身是何等的笃信不疑！人类为其目标而奋斗的道路看来是不可改变的。

4. "名著"令人百读不厌

只要你认真阅读，你决不会感到扫兴。名著一页所包含的思想要比一整本普通书的内容还要丰富得多。它可以使你百读不厌，其中的养料使你汲之不尽。理解能力不同，或对事物持不同见解的人，都爱读"名著"。最明显的例子莫过于《格列佛游记》《鲁滨孙漂流记》和《奥德赛》。儿童可以饶有趣味地阅读，但未能领会其中为成年人所欣赏的全部妙处和含义。

5. "名著"最富有教育意义

"名著"含有其他书籍所没有的东西，不论你是否赞同书中的观点，它们都是人类不可或缺的老师。"名著"受到那些既是读者又是作者的人的广泛讨论，"名著"是许许多多书籍所论述的题材，论述"名著"的书多得不胜枚举，大部分已为世人遗忘。

6. "名著"论述人生有待解决的问题

世上有一些真正奥秘的东西，那是人类知识和思维局限性的标志。人们不仅带着疑问开始探究，也往往满腹疑团终止探究。真正有才智的人老老实实地承认未能理解的东西，认识到这一点不是显得知识浅薄，而是表明知识的渊博。读书的人都以知识不为国界所局限而深感庆幸，而不受时间和地点的限制。这就要靠阅读"名著"。

本着以上原则，我们收录了古今中外教育文献中的精品，是中外教育发展史中有深度、有影响的理论著作。这些著作历经沧桑，是公认的优秀作品。

二、如何读教育名著

通过对中外教育名著的解读，我们就会发现：社会文化背景的不同，会造成教育过程和结果的巨大差异。从而提醒我们，并没有一种能解决所有问题的教育模式存在。因此，历史中的教育形态只是教育发展中的一种可能。因此，只有在了解教育的共性与特异性基础上，我们才能更好地理解教育，从而促进教育理论的发展。进而在更广阔的世界文化视野与人类生命发展的历程中，逐渐发掘人类整体未来发展的种种可能性，完成人内在灵魂的转向，彰显人的价值和尊严。

（一）从教育名著中看历史与逻辑的统一

马克思的历史唯物主义中，有一条极为重要的原则，即历史与逻辑相统一的原理。这个原理告诉我们任何事物的发生和发展，都是有其历史背景的，这种历史背景的独特之处就在于当时所处的社会与文化特性；任何事件正是在这种不可重复的社会背景中顺序展开的，即是从低级向高级、从简单向复杂的发展过程。

1. 结合历史背景解读教育名著

按照"历史与逻辑"统一的原则，我们在阅读教育名著时，首先，要把教育名著放在特定的历史背景中去解读。特定的历史背景是指当时的政治、经济、文化情境。不同时代，政治、经济对社会的影响并不相同，农业社会时期，政治因素对教育目的的影响比较大；而到了工业社会，经济因素更多地影响了教育的课程观与教育观。其次，了解作者的生平简介和作者的生活经历对于其个人教育思想的形成有着重要影响。最后，通过阅读原文来感知这些大家们的教育思想。

一般而言，教育名著总是针对特定的社会问题而提出，所以在了解当时历史背景的前提下，我们要进一步寻找那个时代所面临的问题，作者提出了怎样的解决方案，这个方案的可行性如何。比如，柏拉图生活在古希腊时期采用共和制的雅典，出身贵族。当时的雅典城邦由盛而衰，政治动荡。当他目睹恩师苏格拉底被民主政府判了死刑饮鸩而亡的过程后，他对当时的政治体系产生了怀疑："好"的民主制度恰恰促成了多数人的暴政。如何才能创造一个稳定、和谐、正义、完善的社会便成了柏拉图教育思想的核心，这就是培养统治"理想国"的"哲学王"，他所有对于教育的设计都是围绕"哲学王"展开。这一思想体现了他对民主体系"大众治国"的不满，从而转向"精英治国"，主张国家对教育的控制，对教育内容进行有针对性的删改，以培养符合社会发展要求的人才。历史上，虽然没有"哲学王"，但是"精英治国"却是普遍存在的。

2. 结合现实情境解读教育名著

教育思想的发展史中，彼此互相矛盾甚至截然对立的观点经常出现。这就要求我们，不仅要"以古观古"，还要做到"以今观古"。教育中有一种"钟摆效应"，说的是许多矛盾的观点总是在历史的不同阶段出现，也就是现在提倡的观点可能是不久前曾遭到反对的观点。

比如，博雅教育与专业教育。博雅教育始于古希腊，亚里士多德在其《政治学》中曾提出，博雅教育是专门为人的自由而设立的，它不应当具有实用性或职业性。然而，到了19世纪，随着科学的发展，功利主义主导下的专业教育日益占据上风。当前教育界所讨论的能力培养、创造性的培养、学会学习，突出地表明了人在现实社会中应如何适应功利主义的态度。然而，随着科学技术的进步，它所带来的负面影响也彰显出来，人的价值、尊严又只能在博雅教育中寻找答案。

这样的矛盾还有很多，如性善和性恶……

因此，通过阅读教育名著，会让我们更深刻地理解教育的复杂性，就会避免轻易地以非黑即白的思维对一种教育观进行肯定或否定。由于人类生活的复杂性，对很多看似迂阔的教育观点持一种宽容的态度似乎是种明智的选择。许多教育思想具有超前性，只有随着时间的发展、社会的进步，才有实施的可能。

（二）从教育名著中看教育立场

要学会从教育的立场来读名著。教育的立场就是在本原上回答"教育是什么""教育为了什么""什么是好教育""衡量好教育的标准是什么"。这个本原就是生命，理解教育活动、理解教育现象，进而理解教育不能离开生命。

教育立场中的生命观，其焦点在于"生命成长与发展"，教育名著的作者无不悲天悯人，试图提出自己心中最好的教育方式，并借此来实现自己心中的理想人格和理想社会。从教育思想的发展过程来看，基本上有两种方式：一种以人的可教育性为前提，以教育为工具，实现对人和社会的改良，为将来完美的生活做准备；另一种强调人的超生物的价值生命的要求，表现为人的超越性本质和对真、善、美的追求，最终趋向于自由的实现。

1. 把教育作为工具

通过教育推动社会的稳定、延续、进步，以及通过教育提高个人能力从而在未来过上幸福、完满的生活，在大多数人眼中，是理所当然的事情。这种观点隐含着把教育作为工具的假设。工具是为了完成某种任务的手段，这种任务就是我们在教育名著中所设定的"理想人格"，西方有柏拉图的"哲学王"，中国有孔子的"仁人""君子"，孟子的"大丈夫"。在柏拉图等人看来，教育是理想人格得以实现的唯一途径。

为什么要培养这样的人呢？一般的论证是从伦理学、政治学、认识论的观点而来。比如柏拉图从国家主义的观点出发，善的国家是由哲学家、军人、工农商三个阶层组成；要建成这样的国家，必须通过教育来培养合格的人才。当然，工具思维虽然在不同时代有着不同的理想人格设定，如中世纪的"宗教人"，工业革命之后的"理性人"与"绅士"等，但思维方式都和柏拉图一脉相承。

有了目的，下一问题就是用什么方式来实现教育目的，课程问题就是对这一问题的回答。如在古希腊，"自由人"这一理想人格导致了"博雅教育"的课程体系；在中国，"仁人君子"是通过儒家的六艺来完成的。

当目的及由目的而来的课程知识的选择与组织确定之后，如何有效快速地教给儿童便成了"教学"问题的主要课题。这样，从柏拉图至赫尔巴特，形成了"哲学观→教育目的→课程观→教学观"的工具主义模式，掌握这一逻辑就可以更好地理解教育名著中相关内容的内在关联。

2. 把教育作为生活

到了19世纪，赫尔巴特在他的教育理论中，把工具主义推到极致，他从伦理学那里得出教育目的的内容，然后借助心理学中的技术来完成目的要求。从而把教育过程理解为一种技术过程，把课堂看成车间、作坊，用技术来提高整个教育工作的效率。学校像工厂中的流水线，开始批量生产同质化的"人才"。

这样，本来是丰富个性的教师、儿童，在工具主义的教育机器中，创造性、想象力被扼杀，个人美价值被抹杀了，用卢梭的话说，变成了"心灵的屠宰场"。"教育要为完满的生活做准备"是否意味着以现在的不幸福为代价呢？

杜威说"教育无目的"，即教育不是未来生活的预备，教育本身就是一个活动过程，它不需要指向未来，它的价值就在于教育过程之中，行动本身就是目的。这样，教育不再为了未来的完美生活做准备，教育就是让儿童现时过上完美的生活，这一生活是否完美，就要看教育过程是否满足一定的价值要求。在杜威看来，民主的生活方式是最高理想。

3. 从教育名著中看教育理论的发展

从具体的教育经验上升到具有普遍意义的教育理论，是教育家们孜孜以求的目标。教育思想的范围比较广，风格多样，可以是人们教育生涯的常识性体验，如《论语》；或是哲学思考，如《理想国》；或是一本文采飞扬的教育小说，如《爱弥儿》。而教育理论则是系统化的教育思想，是由一套专门概念或术语、命题构成并支持的一组陈述。

教育名著中对教育问题的探讨首先采用的是"形而上学"的思辨方式，亚里士多德认为，"形而上学"是"研究存在自身以及出于它的本性的属性的科学"，它超越经验领域，从而到达了最高本体和终极原因的领域。这种方法在柏拉图或是赫尔巴特对教育目的的伦理学辩护中，都能找到。他们渴望用"先验"取代或证明"经验""常识"。夸美纽斯写《大教学论》就是"从事物本身不变的性质去证明"教学法，即用类比推理代替演绎推理，用一般的自然原理来演绎人类教育的原理。这种类推，是从纯粹、抽象、空洞的想象出发，借助直觉形式去认识事物。

赫尔巴特被西方学者称为使教育"科学化"的第一人，他最突出的贡献是把教育理论建立在心理学知识基础上，使教育理论通过已有的科学理论而走向科学，不再把教育研究的途径归于"模仿自然"。

文艺复兴之后，自然科学揭开了人类认识自然的大幕，至19世纪末20

世纪初，它已经成为人类社会发展的强大物质力量。而且，崇尚经验事实、研究客观规律的自然科学引发了人类思维方式的深刻变革。先验、思辨的形而上学不再是人类理智的主宰，由此引发了"实验教育学"的兴发。传统教育学从实际经验及各种学科中用归纳与演绎得出的各种原则，在实验教育学那里，只是被当作一种初步的假定或假设，它们还有待于经过系统的观察、统计和实验的检验。这种方法论上的转向体现了以实证化为标志的"教育科学运动"，体现在定性和质性研究的对立上。

教育家们为教育科学化所做的努力，也让我们意识到教育可能是人世间最复杂的问题。在这样一个文化多元，对人的发展与完善、对人的创造性价值充满渴望和憧憬的时代，以研究人的全面生长和发展为业的教育学更应担起重任，尽快发展，达到与其价值相匹配的学术地位。

三、关于本书

多年来，笔者教授师范专业学生《中外教育名著》这门课程，在选择教材的过程中，发现已有的教材存在一些问题，有的只是概要汇编，缺乏原汁原味的原文；有的缺乏基于教育立场的解读，可读性不强。因而在编写本书内容时，注意导读与原文的结合，以期通过阅读教育名著，更好地理解教育，更好地理解教育与人的关系。你可能将来不会成为一名教师，但是你将来注定会是子女的第一任教师。是按先辈传统的方式教育子女，还是将先贤的教育智慧融合在为人父母的体验中，个中利弊，不用多言。就像陈鹤琴先生的《家庭教育》一书虽然写于民国时期，但是内容丰富，可操作性极强。只有了解教育理论，你才会觉得时下的流行口号"不要让孩子输在起跑线上"更像是推销商品的广告，因为教育不是短跑而更像是贯穿一生的长跑。读陶行知的"教学做合一"，你会发现他对教育的批判似乎在评说当下。"一千人心中有一千个哈姆雷特"，走进教育名著，就像走进深山去探宝，愿各位满载而归。

本书由上、下两编组成，上编选取了中国从春秋战国时期至解放初期的十余位教育大家的著作；下编选取了西方从古希腊至20世纪70年代诸位教育大家的著作。由于篇幅所限，没有收入更多的人物及作品。

本书每一章由作者简介、成书背景、原著概要、教育思想解读和原著选编五部分构成。前两部分是为了帮助读者了解当时的社会文化背景和作者的成长及人生经历；第三部分是对名著内容概要性的介绍，以让读者对名著有一个总体性的把握；第四部分是对名著进行教育立场的解读，按照"哲学观→教育目的→课程观→教学观"的线索对名著内容进行归类和解读，以使读者能够更好地从教育的视角阅读原著。选编的名著中，有些作品时代久远，写作方式及风格与现代人的阅读习惯不太相同，增加了阅读和理解的困难。比如《理想国》是以对话的方式将涉及的主题逐渐展示出来，如果对柏拉图的哲学认识论没有了解的话，很难理解一大段对话想要说的是什么主题。又如《论语》中每一篇的内容并不是围绕一个主题展开讨论，就像《学而》中，第一段谈了学习，第二段就开始说孝与仁的关系，第三段讲反省。因此，在原著选编中，围绕一些主题将各篇中有关的内容进行汇总，以方便阅读。不妨说，以上的努力试图给读者提供一个阅读原著的指南和索引。在第五部分中，本书选编了原著中部分章节，希望读者能够"窥一斑而见全豹"，并在此基础上进行延伸阅读。

由于知识产权的原因，本书所涉及的国内近代及国外著作不能提供相应的章节，但在书后的参考文献中列出了相关的书籍名称，读者可自行通过借阅或购买进行阅读。在本书从书稿到成书的过程中，编辑王阿林女士不辞辛劳，提出了许多宝贵的意见，在此一并感谢。

上编

中国篇

第一章　老子与《道德经》

一、作者简介

老子，姓李名耳，字伯阳，谥曰聃。生卒年月不详，传说约前571—前471年。春秋末宋国相邑（今安徽涡阳）人；另一说楚国苦县（今河南鹿邑东）厉乡曲仁里人。老子是春秋时期伟大的思想家，开创了我国古代哲学思想的先河，对我国古代思想文化的发展做出了重要贡献，产生了深远的影响。老子是道家学派的创始人。

老子曾在东周帝国的首都洛阳担任"守藏室之史"（管理藏书的史官），在任史官的过程中研读了《尚书》。《尚书》中载有从尧到周初历朝历代最高统治者的讲话、文告，渗透着那个时代的精神和许多精深的道理。老子的思想已开始向隐居修养、追求无名发展，恰好此时周王室的一场内乱又使他得以从仕途中解脱。当时，周王室发生内乱，景王崩，王子朝叛变，在守藏室中带走了大批周朝的典籍逃奔楚国。此事波及李耳，李耳于是辞去守藏室史官之职，离开周都，准备从此隐居。行至函谷关时，令尹喜请求道："先生要隐居了，请尽力写一部书吧。"于是老子写成了一部书，就是《道德经》。

老子之后，尽管道家没有形成像儒家那样的传承体系，却也不乏名冠天下的思想代表。老子之后，道家学派沿着庄周和稷下道家两条道路发展。庄周派把老子思想中人与自然对立的主张推向极至，走向了遁世和相对主义，通向魏晋之风；而另一派将黄帝之说抬出以符合老子以柔克刚的思想，将思想兴趣转至"君子南面"的帝王之术，从而与法家、兵家有所契合，最终成为显学，隐隐地出现在帝王将相之后。

二、成书背景

首先，春秋末期的统治者奢侈腐化、暴虐荒淫、横征暴敛，人民适逢这样的君主真是苦不堪言。比如《左传》昭公二十年记录"适遇淫君，外内颇邪，上下怨疾，动作辟违，从欲厌私……暴虐淫从，肆行非度，无所还忌"。

老子批评这样的君主说："民之饥，以其上食税之多，是以饥。"老子看到君主奢靡的生活和百姓大众民不聊生的场景形成了鲜明的对比，故而形容这些奢侈淫逸，掠夺人民的君主是一伙强盗"朝甚除，田甚芜，仓甚虚。服文彩，带利刃，厌饮食，财货有余，是谓盗夸，非道也哉"。

其次，春秋之世，战乱频仍，而且战争的残酷性越来越加剧。如宋之被围，则"易子而食，折骸以爨"；如"吴日敝于兵，而暴骨于野"。所以韩宣子说："兵，民之残也，财用之蠹，小国之大菑也。"（《左传》襄公二十七年）

老子面对这样的世道，故而说："以道佐人主者，不以兵强天下。"同时老子又说："夫兵者，不祥之器，物或恶之，故有道者不处。"老子认识到战争对人民生活的破坏：天下无道，戎马生于郊。

最后，春秋之际，侯伯尚多，大国则欲争取小国，以成伯主，小国则须争取大国，以作后援。小国若介于两个大国之间，更是苦楚难当，若与楚结盟，则得罪于晋，若事晋，则楚来攻，于是郑国彼时的政策就是："牺牲玉帛，侍于二竟"。楚师至，则从楚，晋师至，则从晋（《左传》襄公八年）。

这一切耳闻目睹的现实，引起老子对统治阶级的仇恨和对劳动人民的同情，从而一反统治阶级的文化与学术，提出他"小国寡民"的理想国的蓝图。在他设计的这个理想国里，人民过着安居乐业的生活。没有剥削和压迫，没有战争和掠夺，充满了平等、自由、淳朴真诚的气氛。

三、原著概要

《道德经》并不像一般人所理解的那样，是一部论述道德的著作。事实上，道德二字各有不同的概念。道德经前三十七章讲道，后四十四章言德。

老子所描述的"道"，是从本体论的角度出发，阐明他的宇宙观，也包括人生哲学和修养方法的原理。他认为"道"是无形无相的，却是宇宙的本源，万物化生都是出于它的运动和变化。"德"的基本内涵，是本体的"道"具体到天地万物所表现出来的一种特性，即具体体现。老子对"道"与"德"的描述，是从立体面的多层次剖析了宇宙、万物、人类及人本身的种种内涵。

《道德经》以"道"解释宇宙万物的演变，"道"为客观自然规律，同时又具有"独立不改，周行而不殆"的永恒意义。《道德经》一书中包括大量朴素辩证法观点，如认为一切事物均具有正反两面，"反者道之动"，并能由对立而转化，"正复为奇，善复为妖"，"祸兮福之所倚，福兮祸之所伏"。又认为世间事物均为"有"与"无"之统一，"有、无相生"，而"无"为基础，"天下万物生于有，有生于无"。"天之道，损有余而补不足，人之道则不然，损不足以奉有余"；"民之轻死，以其上求生之厚"；"民不畏死，奈何以死惧之"。

德经的内容是在道的基础上的衍生，主要讲了为人处世的方法、治家的方法、治国的方法，等等。道是基础，德是道的人格化体现。一个人如果没有德的基础，为人处世，小者治家，大者安邦治国，很可能都失败，那他也就不可能再有能力去修道。所以修"德"一方面是为修道创造良好的外部环境，这可能也是人所共需的；另一方面修道者更需要拥有宁静的心境、超脱的人生，这也非"德"不可。

四、教育思想解读

（一）教育目的

老子的教育目的一是培养理想的执政者，二是让人回到婴儿般的状态"专气致柔，能婴儿乎"。理想的执政者在《老子》一书中就是所谓"圣人"。"圣人"一词在《道德经》全书八十一章中共出现三十一次。除有时指道德修养极高的人而外，大都是指有权势的执政者（人君）。所以老子的教育目的就是培养能够按照自然之道的规律来治理国家的执政者，这样才能"治大国如烹小鲜"。对于一般人，就要在圣人的引领下，"复归于朴"，因为"民之难治，以其智多。故以智治国，国之贼；以不智治国，国之福"。文明带来了人欲横流，导致社会罪恶丛生，所以"绝圣弃智，民利百倍；绝仁弃义，民复孝慈；绝巧弃利，盗贼无有"（《道德经》第十九章）。

（二）人性假设

中国先秦诸子对于人性的看法各有主张，因此形成了多种人性论。有的主张人性有善恶之分，有人主张人性无善无不善，还有人主张人性善，也有人主张人性恶的。老子认为人有善有恶，但恶能够向善转化，转化的根本在于尊道，关键在于圣人的引导。人性本来是天然无邪的，随着文明的发展，人性不是提高了，而是堕落了，失去了本真而形成多诈伪的人性，因此他对儒家的"仁、义、礼"等道德规范给予了有力的抨击。认为儒家倡导"仁、义、礼"等道德规范，最根本的特点是对道德进行人为的加工，使本来朴实无华的道德改变了原形，老子对此甚为痛恨，认为"仁、义、礼"等道德规范不是社会的进步而是社会的退化。老子说："大道废，有仁义；智慧出，有大伪；六亲不和，有孝慈；国家昏乱，有忠臣"（《道德经》第四章），认为仁、义、礼是大道被废弃，六亲不和睦的产物。又说："失道而后德，失德而后仁，失仁而后义，失义而后礼，夫礼者，中信之薄而乱之首也。"这里明确地告诉人们，仁、义、礼并不是什么好东西，它们是原有道德丧失后的结果。特别是"礼"，被看作忠信的浅薄和祸乱的根源。

老子认为质朴无华是人的善良本性的重要表现。他说："常德乃足，复归于朴。"（《道德经》第二十八章）在《道德经》第五十七章中他讲道："我无为，而民自化；我好静，而民自正；我无事，而民自富；我无语，而民自朴。"这些都说明，老子是把质朴无私、无知无欲和清静无为作为了善，看作人性之善的重要体现。把质朴和无私作为人性之善，是源于老子对婴儿的观察和对水的体悟。达到"返璞归真，复归于自然"，老子首先提倡少私寡欲。老子说："见素抱朴，少私寡欲"（《道德经》第十九章），"无名之朴，夫亦将无欲"，从中可见一般。其次是提倡知荣守辱。老子认为，荣辱是引起人们争斗、扭曲人性的另一根源，故提出"知其雄，守其雌，为天下溪；为天下溪，常德不离，复归于婴儿；知其白，守其黑，为天下式；为天下式，常德不忒，复归于无极；知其善，守其辱，为天下谷；为天下谷，常德乃足，复归于朴"（《道德经》第二十八章）。他提倡处虚守静。要做到少私寡欲、知荣守辱，关键是处虚守静，也就是在精神上保持虚静的世界，把私欲荣辱置之度外，最终达到"不争"，复归于自然，也就达到了生命的最高境界——"道"。

（三）认识论

老子的认识论首先揭示了两种不同层次的认识对象："学"与"道"，这两种不同层次的认识对象是由两种不同乃至相反的认识途径与方法获得的："为学"与"为道"。《老子》第四十八章曰："为学日益，为道日损。损之又损，以至于无为，无为而无不为。""为学"是指探求外物的普通的求知活动；"为道"亦称"闻道"，是指通过玄思或体验去领悟和把握最高的"大道"。

"为学"所追求的是关于形而下的具体事物的知识，这种知识通过感觉经验即可获得，它贵在增益，日积月累，积少成多，所以说"日益"。在具体的事物上，要求就事论事，按照事实和问题的需要去选择与之配套的立场，《道德经》第五十四章最后说到怎么才能正确地看问题，要"以身观身，以家观家，以乡观乡，以邦观邦，以天下观天下"。简单地说，你要看清楚事情，千万不能以某一固定的立场为尺度，这样才能避免某一立场的价值独裁。

"为道"则不同，老子认为，人的认识能力受到感官的限制，所以借此是无法认识"道"的，"知不知，尚矣；不知知，病也。圣人不病，以其病病。夫唯病病，是以不病"（第七十一章）。"知不知"，即知道自己有所不知，也就是承认自己无知，老子认为这样最好（"尚矣"）。"不知知"，即不知道自己无知，反以为自己什么都知道，老子认为这是一种妨碍求知的错误态度（"病矣"）。要认识道，只能"损之又损，以至于无为""致虚极，守静笃，万物并作，吾以观复"（第十六章），也就是要排除一切主观、人为的影响，回到事物本身。

（四）老子的道德教育内容

1. 贵质朴

老子认为，要做到质朴，必须能讲真话。他说："信言不美，美言不信。"（第八十一章）真实的话用不着文饰，需要文饰的不是真话。所以这里的"美"不是美好的意思，而是巧饰，和孔子讲的"巧言"意思一样，都是表示"疾伪"的精神。"美"的反面是质朴。老子认为，质朴符合自然之道，所以是高尚的品德。

老子对于有深厚修养的人，常常用"赤子"来比喻。认为这种达到高深修养的人就像婴儿般纯真、柔和。他说："含德之厚，比于赤子。"（第五十五章）他认为赤子有两个特点：一是"精之至"，即纯真；一是"和之至"，即柔和。又说："为天下溪，常德不离，复归于婴儿。"（第二十八章）因为溪涧、山谷就是"道"本身的形象。人的修养到了如溪如谷的程度，就是到了纯真柔和的婴儿状态，也就是和"常德"（"道"）合而当一了，他还说："专气致柔，能如婴儿乎？"（第十章），要像婴儿一样，精气专注，摒弃杂念，达到柔顺程度。又说："沌沌兮，如婴儿之未孩。"（第二十章）老子说他自己不为世俗功利和宠辱所干扰，好像还不会啼笑的婴儿。孟子也讲过："大人者不失其赤子之心者也。"（《孟子·离娄下》）但是孟子所说的赤子之心是指天生的善良本性，老子所说的赤子之心是指无知无识的自然本性。和孟子肯定赤子生来就具有仁义礼智等社会伦理的本性，涵义不同。老子是要用赤子之心来否定现实社会生活中的仁义礼智等伦理规范。

2. 轻名利

老子认为重视和爱护自己的生命，不被物质名利所诱惑，是一种高尚的道德品质。他说："名与身孰亲？（虚名与生命哪一个更亲切？）身与货孰多？（生命与财产哪一样更重要？）得与亡孰病？（得到名利与丧失生命哪一样更有害？）甚爱必大费（过分追求虚名，必定会浪费许多精力），多藏必厚亡（贪图收藏货利，必然遭到严重损失），故知足不辱，知止不殆，可以长久。"（第四十四章）又说："金玉满堂，莫之能守，富贵而骄，自遗其咎。"（第九章）老子的这些言论，意思是劝人不要舍弃生命而追求虚名财利。这对于贪位慕禄，得寸进尺，利欲熏心的人，都是应该深自警惕的。老子提倡"少私寡欲""知足""知止"，对于轻身而徇名利，贪得而不顾危亡的过分行为，有一定的积极意义，对于当时当权贵族的贪婪欲求，是一种谴责。但对于一般人来说，这种静心寡欲、知足常乐的思想，容易将其引导到消极保守的道路上去。如果从另一方面来理解老子的本意，一个注重道德修养的人，应当善于支配物质生活，不迷恋于物质利益，不贪图物质生活的享受，而更注重精神生活的充实，和值得重视的人生价值观问题。

3. "自知""自胜""强行""不朽"

老子说:"知人者智,自知者明。胜人者有力,自胜者强,知足者富,强行者有志。不失其所者久,死而不亡者寿。"(第三十三章)老子认为,认识别人叫作机智,了解自己才算高明。战胜别人的攻击叫作有力,能克制自己才算刚强。知道满足就是富有,坚持去做就是有志气。不丧失本性就能长久,死而不被人遗忘才是长寿。照老子看来,"知人""胜人"固然重要,而"自知""自胜"尤其重要。"知足"固然重要,而"强行"更为重要。"不失其所"固然重要,"死而不亡"尤其重要。特别值得注意的是"死而不亡者寿"这一命题是对于长寿这一概念很高明的解释。身死而不被人们遗忘,必然是生前在道德和事功方面对人类做出重要贡献,死后被人们继承和发扬。这种精神长存的不朽才是真正的长寿。

五、原著选编[①]

(一)第一章

道可道也,非恒道也。名可名也,非恒名也。无名,万物之始也;有名,万物之母也。故恒无欲也,以观其眇;恒有欲也,以观其所噭。两者同出,异名同谓。玄之又玄,众眇之门。

[译文]

"道"如果可以用言语来表述,那它就是常"道"("道"是可以用言语来表述的,它并非一般的"道");"名"如果可以用文辞去命名,那它就是常"名"("名"也是可以说明的,它并非普通的"名")。"无"可以用来表述天地混沌未开之际的状况;而"有",则是宇宙万物产生之本原的命名。因此,要常从"无"中去观察领悟"道"的奥妙;要常从"有"中去观察体会"道"的端倪。无与有这两者,来源相同而名称相异,都可以称之为玄妙、深远。它不是一般的玄妙、深奥,而是玄妙又玄妙、深远又深远,是宇宙天地万物之奥妙的总门(从"有名"的奥妙到达无形的奥妙,"道"是洞

---

① (春秋)老聃.道德经 [M].陈涛编注.昆明:云南人民出版社,2011.

悉一切奥妙变化的门径）。

（二）第五章

天地不仁，以万物为刍狗；圣人不仁，以百姓为刍狗。天地之间，其犹橐籥乎？虚而不屈，动而俞出。多言数穷，不如守中。

[译文]

天地是无所谓仁慈的，它没有仁爱，对待万事万物就像对待刍狗一样，任凭万物自生自灭。圣人也是没有仁爱的，也同样像刍狗那样对待百姓，任凭人们自作自息。天地之间，岂不像个风箱一样吗？它空虚而不枯竭，越鼓动风就越多，生生不息。政令繁多反而更加使人困惑，更行不通，不如保持虚静。

（三）第八章

上善若水。水善利万物而不争，处众人之所恶，故几于道。居，善地；心，善渊；与，善仁；言，善信；政，善治；事，善能；动，善时。夫唯不争，故无尤。

[译文]

最善的人好像水一样。水善于滋润万物而不与万物相争，停留在众人都不喜欢的地方，所以最接近于"道"。最善的人，居处最善于选择地方，心胸善于保持沉静而深不可测，待人善于真诚、友爱和无私，说话善于恪守信用，为政善于精简处理，能把国家治理好，处事能够善于发挥所长，行动善于把握时机。最善的人所作所为正因为有不争的美德，所以没有过失，也就没有怨咎。

（四）第十二章

五色令人目盲；五音令人耳聋；五味令人口爽；驰骋畋猎，令人心发狂；难得之货，令人行妨；是以圣人为腹不为目，故去彼取此。

[译文]

缤纷的色彩，使人眼花缭乱；嘈杂的音调，使人听觉失灵；丰盛的食物，使人舌不知味；纵情狩猎，使人心情放荡发狂；稀有的物品，使人行为不轨。因此，圣人但求吃饱肚子而不追逐声色之娱，所以摒弃物欲的诱惑而保持安定知足的生活方式。

（五）第十七章

太上，不知有之；其次，亲而誉之；其次，畏之；其次，侮之。信不足焉，有不信焉。悠兮，其贵言。功成事遂，百姓皆谓"我自然"。

［译文］

最好的统治者，人民并不知道他的存在；其次的统治者，人民亲近他并且称赞他；再次的统治者，人民畏惧他；更次的统治者，人民轻蔑他。统治者的诚信不足，人民才不相信他，最好的统治者是多么悠闲。他很少发号施令，事情办成功了，老百姓说"我们本来就是这样的"。

（六）第十八章

大道废，有仁义；智慧出，有大伪；六亲不和，有孝慈；国家昏乱，有忠臣。

［译文］

大道被废弃了，才有提倡仁义的需要；聪明智巧的现象出现了，伪诈才盛行一时；家庭出现了纠纷，才能显示出孝与慈；国家陷于混乱，才能见出忠臣。

（七）第十九章

绝圣弃智，民利百倍；绝仁弃义，民复孝慈；绝巧弃利，盗贼无有。此三者以为文不足，故令有所属；见素抱朴，少私寡欲；绝学无忧。

［译文］

抛弃聪明智巧，人民可以得到百倍的好处；抛弃仁义，人民可以恢复孝慈的天性；抛弃巧诈和货利，盗贼也就没有了。圣智、仁义、巧利这三者全是巧饰，作为治理社会病态的法则是不够的，所以要使人们的思想认识有所归属，保持纯洁朴实的本性，减少私欲杂念，抛弃圣智礼法的浮文，才能免于忧患。

（八）第二十二章

曲则全，枉则直，洼则盈，弊则新，少则得，多则惑。是以圣人抱一为天下式。不自见，故明；不自是，故彰，不自伐，故有功；不自矜，故长。夫唯不争，故天下莫能与之争。古之所谓"曲则全"者，岂虚言哉？诚全而归之。

[译文]

委曲便会保全，屈枉便会直伸；低洼便会充盈，陈旧便会更新；少取便会获得，贪多便会迷惑。所以有道的人坚守这一原则作为天下事理的范式，不自我表扬，反能显明；不自以为是，反能是非彰明；不自己夸耀，反能得有功劳；不自我矜持，所以才能长久。正因为不与人争，所以遍天下没有人能与他争。古时所谓"委曲便会保全"的话，怎么会是空话呢？它实实在在能够达到。

（九）第四十一章

上士闻道，勤而行之；中士闻道，若存若亡；下士闻道，大笑之。不笑不足以为道。故建言有之：明道若昧，进道若退，夷道若纇。上德若谷；大白若辱；广德若不足；建德若偷；质真若渝。大方无隅；大器晚成；大音希声；大象无形；道隐无名。夫唯道，善贷且成。

[译文]

上士听了道的理论，努力去实行；中士听了道的理论，将信将疑；下士听了道的理论，哈哈大笑。不被嘲笑，那就不足以成其为道了。因此古时立言的人说过这样的话：光明的道好似暗昧；前进的道好似后退；平坦的道好似崎岖；崇高的德好似峡谷；广大的德好似不足；刚健的德好似怠惰；质朴而纯真好似混浊未开。最洁白的东西，反而含有污垢；最方正的东西，反而没有棱角；最大的声响，反而听来无声无息；最大的形象，反而没有形状。道幽隐而没有名称，无名无声。只有"道"，才能使万物善始善终。

（十）第四十八章

为学日益，为道日损，损之又损，以至于无为。无为而无不为，取天下常以无事；及其有事，不足以取天下。

［译文］

　　求学的人，其情欲文饰一天比一天增加；求道的人，其情欲文饰则一天比一天减少。减少又减少，到最后以至于"无为"的境地。如果能够做到无为，即不妄为，任何事情都可以有所作为。治理国家的人，要经常以不骚扰人民为治国之本，如果经常以繁苛之政扰害民众，那就不配治理国家了。

第二章 孔子与《论语》

一、作者简介

孔子（前551—前479年），名丘，字仲尼，春秋末期鲁国陬邑（今山东曲阜市东南）人。我国古代著名的思想家、教育家，儒家学派创始人。

孔子早年丧父，家境衰落。他曾说过："吾少也贱，故多能鄙事"。年轻时曾做过"委吏"（管理仓廪）与"乘田"（管放牧牛羊）。虽然生活贫苦，孔子十五岁即"志于学"。他善于取法他人，曾说："三人行，必有吾师焉。择其善者而从之，其不善者而改之"（《论语·述而》）。他学无常师，好学不厌，乡人也赞他"博学"。

孔子"三十而立"，并开始授徒讲学。凡带上一点"束脩"（学费）的，都收为学生。如颜路、曾点、子路、伯牛、冉有、子贡、颜渊等，是较早的一批弟子。连鲁大夫孟僖子、其子孟懿子和南宫敬叔都来学礼，可见孔子办学已名闻遐迩。私学的创设，打破了"学在官府"的传统，进一步促进了学术文化的下移。

鲁国自宣公以后，政权操在以季氏为首的三桓手中。昭公初年，三家又瓜分了鲁君的兵符军权。孔子曾对季氏"八佾舞于庭"的僭越行为表示愤慨。昭公二十五年（前517年），鲁国内乱，孔子离鲁至齐。齐景公向孔子问政，孔子说："君君，臣臣，父父，子子。"又说："政在节财。"齐政权操在大夫陈氏，景公虽悦孔子言而不能用。

孔子在齐不得志，遂又返鲁，"退而修诗书礼乐，弟子弥众"，从远方来求学的，几乎遍及各诸侯国。其时鲁政权操在季氏，而季氏又受制于其家臣阳货。孔子不满这种"政不在君而在大夫""陪臣执国命"的状况，不愿出仕。他说："不义而富且贵，于我如浮云。"

鲁定公九年（前501年），阳货被逐，孔子被任为中都宰，是年孔子五十一岁。"行之一年，四方则之"。遂由中都宰迁司空，再升为大司寇。鲁定公十年（前500年），齐鲁夹谷之会，鲁由孔子相礼。孔子认为"有文事者必有武备，有武事者必有文备"，及时做了防范，使齐君想用武力劫持鲁君的阴谋未能得逞，并运用外交手段收回被齐侵占的郓、灌、龟阴之田。定公十二年（前498年），孔子为加强公室，抑制三桓，援引古制"家不藏甲，邑无百雉之城"，提出"堕三都"的计划，并通过任季氏宰的子路去实施。由于孔子利用了三桓与其家臣的矛盾，季孙氏、叔孙氏同意各自毁掉了费邑与后邑。但孟孙氏被家臣煽动而反对堕成邑。定公围之不克。孔子计划受挫。

齐国人听到孔子被鲁国国君重用的消息后，非常害怕，担心鲁国由此强大而吞并自己，于是就施展"美人计"，送了一些美女给鲁定公与季桓子。季桓子接受齐国美女后，三日不听政。孔子政治抱负难以施展，遂带领颜回、子路、子贡、冉有等十余弟子离开"父母之邦"，开始了长达十四年的周游列国的颠沛流离生涯，当时孔子已五十五岁。先至卫国，始受卫灵公礼遇，后又受监视，害怕惹上罪就准备去陈国。过匡地的时候，被围困五天。解围后原欲经过蒲到晋国，因晋内乱而未往，只得又返卫。曾见南子（卫灵公的夫人），此事引起多方的猜疑。卫灵公怠于政，不用孔子。孔子说："苟有用我者，期月而已，三年有成。"后卫国内乱，孔子离卫经曹至宋。宋司马桓魋欲杀孔子，孔子微服过宋经郑至陈，是年孔子六十岁。其后孔子往返陈蔡多次，曾"厄于陈蔡之间"。据《史记》记载：因楚昭王来聘孔子，陈、蔡大夫围孔子，致使绝粮七日。解围后孔子至楚，不久楚昭王死。卫出公欲用孔子。孔子答子路，为政必以"正名"为先。返卫后，孔子虽受"养贤"之礼遇，但仍不见用。鲁哀公十一年（前484年），冉有归鲁，率军在郎战胜齐军。季康子派人以币迎孔子。孔子遂归鲁，时孔子年六十八。

孔子归鲁后，鲁人尊以"国老"。鲁哀公与季康子常以政事相询，但终不被重用。孔子晚年致力于整理文献和从事教育。鲁哀公十六年（前479年），孔子卒，葬于鲁城北泗水之上。

二、成书背景

孔子所生活的年代，是传统的宗族社会走向瓦解的时代，是"天下为公"（各个氏族通过结盟，推选氏族领袖参与国家管理，民主地分享国家权力）制度正岌岌可危的时代，也是个人野心家不断出现，试图"家天下"的时代，也就是所谓"礼崩乐坏"的时代。

经济上，奴隶制的生产关系向封建生产关系转变的趋势不可逆转。政治上，王权已经衰落，政权的控制下移，旧贵族的没落和新势力的兴起，使建立在宗法制基础上的周礼遭受严重破坏，社会动荡不安。教育上，"学在官府"的教育垄断体制开始被打破，开始出现新的教育组织形式——私学。

在长期的教育活动、日常生活实践和短期的做官为臣的生涯中，孔子积累了大量的知识和经验，他把这些知识和经验加以概括总结，形成了他的政治、教育思想，并以对话的形式记录在《论语》中。

三、原著概要

《论语》是记录孔子及其弟子言行的一部书，共二十篇，是儒家最重要的一部经典著作。其编纂者，是孔子的弟子和再传弟子。所记录的内容很广，包括哲学、道德、政治、教育、时事、生活等方面，是研究孔子生平和思想的主要依据。

《论语》是一部语录体的书，大部分记言，小部分记事，只有极少数篇章称得上是比较完整的文章。全书20篇，共512章，约15000字。篇与篇、章与章之间没有内在联系，篇名无义，用的是每篇开头的几个字。如《学而篇第一》就是取"子曰：'学而时习之'"的"学而"。

《学而》以谈论学习和修养为主。著名的文句有"学而时习之，不亦说乎"等。

《为政》内容涉及学习与思考的关系，孔子本人学习和修养的过程，对孝、悌等的进一步阐述。著名的文句有"温故而知新"等。

《八佾》内容与"礼""乐"有关。著名的文句有"是可忍也，孰不可忍也"等。

《里仁》内容涉及义与利、个人的道德修养、孝敬父母等问题。著名的文句有"朝闻道，夕死可矣"等。

《公冶长》以评论人物的仁德为主。著名的文句有"敏而好学，不耻下问"等。

《雍也》内容涉及政治、伦理等，其中不少孔子评论自己门徒的谈话。著名的文句有"知者乐水，仁者乐山"等。

《述而》内容以论为学、修养、教育等问题为主。著名的文句有"学而不厌，诲人不倦"等。

《泰伯》内容涉及对古代先王的评价、孔子教学方法和教育思想、道德思想的具体内容等。著名的文句有"任重而道远"等。

《子罕》内容涉及道德教育思想、弟子对孔子的议论等。著名的文句有"后生可畏""三军可夺帅"等。

《乡党》主要记载孔子的容色言动、衣食住行。著名的文句有"食不厌精，脍不厌细"等。

《先进》内容包括孔子对弟子们的评价，学习各种知识与口后做官的关系，对待鬼神、生死等问题的态度。著名的文句有"过犹不及"等。

《颜渊》内容包括论仁、论政、论修养等。著名的文句有"己所不欲，勿施于人"等。

《子路》内容包括治理国家的政治主张、教育思想、道德修养与品格完善等。著名的文句有"言必行，行必果"等。

《宪问》内容比较庞杂，论政治、论学问兼而有之。著名的文句有"不在其位，不谋其政"等。

《卫灵公》以论道德修养、为人处世的内容较多。著名的文句有"人无远虑，必有近忧"等。

《季氏》内容包括孔子及其弟子的政治活动、与人相处和结交时注意的原则等。著名的文句有"不患寡而患不均"等。

《阳货》内容兼有政治和教育两方面。著名的文句有"性相近也，习相远也"等。

《微子》内容以记述孔子的行事"出处"为主。著名的文句有"四体不勤，五谷不分"等。

《子张》所记都是孔子弟子的言论，内容兼及学习、道德、政事、人物。著名的文句有"学而优则仕"等。

《尧曰》内容谈论尧、舜、禹三代的善政和孔子关于治理国家事务的基本要领。著名的文句有"宽则得众，信则民任"等。

四、教育思想解读

（一）人性假设

从先天遗传的角度，孔子认为从智力和对待学习的态度上人可以分为四种人："生而知之者上也，学而知之者次也；困而学之，又其次也；困而不学，民斯为下矣"（《论语·季氏》）。就是"生来就知道的是上等，学习然后知道的是次一等；实践中遇见困难，再去学它，又是再次一等；遇见困惑而不学，这些民众就是下等的了"。在这四种人中，孔子说："唯上知与下愚不移"（《论语·阳货》），也就是教育不是万能的，"只有上等的智者和下等的愚人是改变不了的"。当然，这两种人在社会中占的比例是很少的，对于绝大多数的"中人"，是可以通过教育改变的。这些人"性相近，习相远也"（《论语·阳货》）。

"性"指的是先天素质，"习"指的是后天习染，包括教育与社会环境的影响。孔子认为人先天素质没有多大差别，只是由于后天教育和社会环境的影响作用，才造成人的发展有重大差别。有的人缺乏社会生活所需要的知识、能力，那是因为没有受教育而且处于恶劣环境影响下。为了使人具有社会生活所需要的知识能力和道德品质，就要特别重视教育。

从"习相远"的观点出发，他认为人的生活环境应受到重视。要争取积极因素的影响，减少消极因素的影响，因此，他一方面强调居住环境的选择，主张"里仁为美"，另一方面强调社会交往的选择，主张"就有道而正焉"。

（二）教育的作用

孔子认为教育对社会发展有重要作用，是立国治国的三大要素之一，教育事业的发展要建立在经济发展的基础上。他在前往卫国的旅途中，与弟子讨论了这个问题。《论语·子路》记载"子适卫，冉有仆。子曰：'庶矣哉'。

冉有曰：'既庶矣，又何加焉？'曰：'富之？'曰：'既富矣，又何加焉？'曰：'教之'"。这里论说的是治国的基本大纲，要解决三个重要条件：首先是"庶"，要有众多的人口；其次是"富"，要使人民群众有丰足的物质生活；再次是"教"，要使人民受到政治伦理教育，知道如何安分守己。三者的先后顺序，表明相互间的关系，庶与富是实施教育的先决条件，只有在庶与富的基础上开展教育，才会取得社会成效。孔子是中国历史上最先论述教育与经济发展关系的教育家，认为先要抓好经济建设以建立物质基础，随之而来就应当抓教育建设，国家才会走上富强康乐之路。

孔子在政治上主张实行利民的德政，反对害民的苛政。为了达到德政的目的，他强调以德育作为施政的基本手段，要宣传忠君孝亲、奉公守礼，这是教育最直接为政治服务的表现。特别是在社会动荡不安的时候，不宜只用强制性的刑罚，而应加强感化性的礼教。他说"道之以政，齐之以刑，民免而无耻；道之以德，齐之以礼，有耻且格"（《论语·为政》）。如果用道德来诱导他们，用礼教整顿风俗，人民就有廉耻之心，而且归服于领导。

（三）教育目的

孔子教育的基本目的是培养德才兼备的士与君子。一方面士必须立志为道，"士志于道，而耻恶衣恶食者，未足与议也"（《里仁》），"笃信好学，守死善道"（《泰伯》），"志士仁人，无求生以害人，有杀身以成仁"（《卫灵公》），他的学生对此也颇有体会，如曾参说："士不可以不弘毅，任重而道远。仁以为己任，不亦重乎？死而后已，不亦远乎！"（《泰伯》）；子夏曰："百工居肆以成其事，君子学以致其道"（《子张》）。另一方面士必须有才能，能处理实际政务。他说："行己有耻，使于四方，不辱君命，可谓士矣"（《论语·子路》）。

孔子对君子的要求更多体现在品格上，《论语》中谈到君子就有107次之多，《论语·宪问》载："子路问君子，子曰：'修己以敬。'曰：'如斯而已乎？'曰：'修己以安人。'曰：'如斯而已乎？'曰：'修己以安百姓，尧舜其犹病诸。'"孔子对君子品格的要求体现在两方面，对己要能"修己"，对人要能"安人"，以至"安百姓"。修养自身是从政之人的先决条件，君子要能做到"仁者不忧，知者不惑，勇者不惧"（《论语·宪问》）。

子夏说"学而优则仕"，从理论上概括了孔子教育目的另一个重要方面。

"学而优则仕"包含多方面的意思：学习是通向做官的途径，培养官员是教育最主要的政治目的，而学习成绩优良是做官的重要条件，如果不学习或虽学习而成绩不优良，也就没有做官的资格。孔子对提倡"学而优则仕"的态度非常明确，他说"先进于礼乐，野人也；后进于礼乐，君子也。如用之，则吾从先进"，先学习礼乐而后做官的是平民，先有了官位而后学习礼乐的是贵族子弟。如果要选用人才，孔子主张选用先学习礼乐的人。学习与做官有了密切的联系，他鼓励学生们"不患无位，患所以立"，不必担心没有官做，要担心的是做官所需要的知识本领学好没有。弟子们受此思想灌输，头脑中普遍存在为做官而学习的念头，既然已学为君子，不做官是没有道理的，子路心直口快说出"不仕无义"，这是很有代表性的。孔子积极向当权者推荐有才能的学生去处理政治事务，但他在输送人才时也坚持一些原则：首先，学不优则不能出来做官；其次，国家政治开明才能出来做官，否则宁可隐退。孔子培养的一批弟子，大多或早或迟地参加政治活动，他们"散游诸侯，大者为师傅卿相，小者友教士大夫"。

"学而优则仕"和孔子倡导的"举贤才"是一致的，确定了培养统治人才这一教育目的，在教育史上具有重要的意义。把学优与仕优联系起来，以学优保证仕优，有利于推行贤人政治，改良社会政治，它反映封建制兴起时的社会需要，反对了不学而仕的世袭制，为平民开拓了从政的道路，成为当时积极分子积极学习的巨大推动力量。

（四）教育的对象

从人性观入手，孔子把受教育的范围扩大到平民，提出"有教无类"的办学方针，打破了官学以贵族身份为入学条件的限制，体现了大众教育的平等理念。

"有教无类"的意思就是不分贵贱贫富和种族，人人都可以入学受教育。孔子实行"有教无类"的方针，广泛地吸收学生。他说"自行束脩以上，吾未尝无诲焉"（《论语·述而》），只要本人有学习的愿望，主动奉送十条干肉以履行师生见面礼，也就可以成为弟子。事实表明，他的弟子来自各个诸侯国，有齐、鲁、宋、卫、秦、晋、陈、蔡、吴、楚等国，分布地区较广。弟子的成分复杂，出身于不同的阶级和阶层。大多数出身平民，如穷居陋巷箪食瓢饮的颜回，卞之野人以黎藿为食的子路，穷困至于三天不举火十年不制衣的曾参，居室蓬户不完上漏下湿之原宪，父为贱人家无置锥之地的仲弓。也有个别商人出身，如曾从事投机贩卖的子贡。还有少数出身于贵族的，如鲁国的孟懿子和南宫敬叔，宋国的司马牛等。孔子私学之中，弟子品类不齐，各色人物都有，实在是"有教无类"的真实案例，当时有人对此不理解，产生种种疑问。南郭惠子问子贡说："孔夫子的门下，怎么那样混杂？"子贡回答说："君子端正自己品行以待四方求教之士，愿意来的不拒绝，愿意走的不制止。正如良医之门病人多、良工之旁弯木多一样，所以夫子门下人品较混杂。"（《荀子·法行》）虽然门人鱼龙混杂，但孔子皆能兼收并蓄，教之成才，这说明教育家胸怀的宽大能容，教育艺术的高明善化。

实行开放性的"有教无类"方针，满足了平民入学受教育的愿望，适应了社会发展需要，孔子所办私学成为当时规模最大、培养人才最多、社会影响最广的一所学校。

（五）课程内容

在孔子的教育内容体系中，包含两大部分，即道德教育和知识教育，并以前者为重心。《论语·述而》云："子以四教：文、行、忠、信。"后三项都是道德教育的要求。他还说："弟子入则孝，出则弟，谨而信，泛爱众，而亲仁。行有余力，则以学文。"即首先要求弟子做一个品行符合道德标准的社会成员，其次才是文化知识的学习，所以，在孔子的教育内容中，道德教育占首位，文化知识的学习则是为了立足社会。

孔子继承了西周以来"六艺"教育的传统，吸收、选择了有用学科，又根据现实需要创设了一些新学科，充实了教育的内容。六艺指《诗》《书》《礼》《乐》《易》《春秋》，由于《乐》的失传，后世的儒家教育只有"五经"。

1.《诗》

中国最早的诗歌选集。春秋时流传诗歌很多，孔子收集并整理，编为教材，存其精华305篇，概称300篇，其特点是思想内容纯正无邪，合乎周礼。诗有风、雅、颂三种类型，分列为三部分。风，包括15国的民歌，反映各地区平民和贵族的风尚和习惯，抒情诗居多，是《诗》中最有价值的篇章；雅，西周宫廷的诗歌，内容多是反映贵族生活与政治情况，颇有史料价值；颂，庙堂的诗歌，内容为歌颂祖先功业，格调庄严肃穆的祭祀歌辞。孔子的教学往往从《诗》入手，认为《诗》在思想政治教育方面有四种作用：一是"可以兴"，由比喻而联想，可以激发人的情感意志；二是"可以观"，由多种生活情境，可以考察社会风俗盛衰；三是"可以群"，利用切磋诗义，可以增进相互情谊；四是"可以怨"，利用讽刺的形式，批判不合理的政治。《诗》对个人品德修养和人际交往都有重要作用，所以受到重视，列为必学的科目，不仅要求记诵它，而且要求在社会生活中加以应用。

2.《书》

又称《尚书》，古代历史文献汇编。春秋时有不少古代历史文献流传，如《夏书》《商书》《周书》等，孔子重视这些历史文献，他"好古敏以求之"，收集编纂。所选取的材料，都符合垂世立教示人轨范的政治标准，目的是要人学习先王之道，特别是恢复文武之道。孔子说"文武之政，布在方策。其人存，则其政举；其人亡，则其政息"（《礼记·中庸》）。要弟子们从学习文献而继承和恢复周道。据传，作为有系统的教材，《书》本有百篇，经秦焚书之后，至西汉初年伏生所传仅存 29 篇，用当时通行的隶书书写，故称《今文尚书》。

3.《礼》

又称《士礼》，传于后世称为《仪礼》。孔子认为礼是立国的根本，在社会生活中有重大的作用。他说："夫礼，先王以承天道，以治人之情，故失之者死，得之者生。"（《礼记·礼运》）礼是发展的，故有因有革有损有益，孔子以周礼为依据，从春秋的社会现实出发加以部分改良，编成一部士君子必需掌握的礼仪规范，称为《礼》，作为教材，他说："不学礼，无以立"（《论语·季氏》）。知礼是立足于社会的重要条件，不仅要学会礼的仪式，更重要的是理解礼的精神实质。

4.《乐》

"乐"是各种美育教育形式的总称，内涵广泛，与诗、歌、舞、曲密切结合在一起。在社会生活中，乐与礼经常配合发挥作用而为政治服务，所以礼乐常常并提。但礼乐的作用却是不同的。乐的作用表现在两方面：对个人来说，陶冶情操，净化心灵，形成崇高的品格；对社会来说，乐教使人性情宽和朴实，帮助移风易俗改造社会。孔子重视对弟子们的乐教，编辑了教材。孔子不仅爱好"乐"，且对"乐"有较高的修养，会唱会奏，还能欣赏能评价。对于"乐"，首先在思想内容上要达到善的标准，其次在艺术形式上要达到美的标准，内容与形式都和谐统一，才能达到尽善尽美的地步。根据这种评价标准，他赞扬古代的韶乐，反对流行歌曲郑声。强调乐的道德标准，重视乐的社会效果，这种思想给学生们重要影响。《乐》传至秦，因秦焚书而散失。

5.《易》

《易》的出现不晚于后周，共有《连山》《归藏》《周易》，前两部也遗失。《周易》以阴爻象征阴，阳爻象征阳，由阴爻阳爻两种基本符号配合组成八卦，象征八类事物（天、地、雷、风、水、火、山、泽），再将八卦两两相重组成六十四卦，象征各类事物间的关系，是中国先哲最古老的宇宙和社会人事运行的模型。

《周易》通过卜筮对事物的发展进行预测。《周易》每卦有卦辞，每爻有爻辞，这些文字，称为《易经》。《易经》早已存在，据说孔子晚年对它进行了深入研究，才写出了《易传》（包括《彖辞》上下、《象辞》上下、《系辞》上下、《文言》《序卦》《说卦》《杂卦》，合称《十翼》）。

6.《春秋》

孔子六十八岁自卫返鲁，有时间从事史事的收集和编纂，有阅读鲁国档案史料的条件。他据鲁史记、周史记等史料而作《春秋》，上起鲁隐西元年（前722年），下迄鲁哀公十四年（前481年），共242年的历史，记载了当时政治、经济、军事、天文、地理、灾异等方面材料，共有1232条。他编《春秋》是为了寄托自己的社会政治主张，留供后世效法。孔子在《春秋》这部书中维护名分，寓意褒贬，贯注他的学说，他表示要理解我的人，只有通过《春秋》；要指责我的人，也只有抓住《春秋》。《春秋》作为历史教材，是一部提纲挈领的教学大纲。由于记事简略，言辞古朴，后来有人为了学习的方便进行了阐释和补充，称为《传》，流传至今有三部，即《春秋公羊传》《春秋谷梁传》《春秋左氏传》，合称《三传》。《春秋》是我国现存第一部编年史，具有重要的历史价值。

以上六种教材，各有教育任务，对人的思想教育都有重要价值。《诗》教使人态度温和，性情柔顺，为人敦厚朴实，而不致是非不辨；《书》教使人上知自古以来历史，通晓先王施政之理，而不致乱作评论；《礼》教使人恭敬严肃，知道道德规范，而不致做事没有节制；《乐》教使人心胸宽畅，品性善良，而不致奢侈无度；《易》教使人知道人事正邪吉凶，事物之理的精微，而不致伤人害物；《春秋》之教使人知道交往用词得体，褒贬之事有原则，而不致犯上作乱。这些看法，影响着后世对这六种教材的利用。

（六）教学方法

1. 因材施教

教学活动不同于一般的生产活动，它的教育对象是不同的有着独立意识的个人，而孔子有教无类，广收弟子。他们的智力、性格、志趣各有差别，这就决定了在教学活动中不能采用同一种方式、方法。孔子很早就注意到这一点，创造性地发明了因材施教的教学方法。

实行因材施教的前提条件是承认学生间的个别差异，并了解学生的特点。孔子了解学生，最常用的方法有两种。第一，通过谈话。有目的地找学生谈话，有时个别谈，有时二三人或四五人聚集一起谈，方式较为灵活，他了解学生的志向，就是通过与几位学生自由交谈而达到的。第二，个别观察。注意从学生的言论来了解学生的思想特点，但也要避免单凭言论做判断的片面性，因此要"听其言而观其行"；只凭公开场合的行为表现作判断还有片面性，还要"退而省其私"；只凭一时的行为做判断还有片面性，还应对行为的全过程进行考察，要"视其所以，观其所由，察其所安"（《论语·为政》），就是要注意学生的所作所为，观看他所走的道路，考察他的感情倾向，这就可以把一个人的思想面貌了解透彻。他在考察人的方面积累很多经验，认为不同的事务不同的情境都可以考察人的思想品质。

通过了解，孔子熟悉了学生的个性特征，并做出了评价。在了解学生的基础上，根据学生的具体情况，有针对性地进行教育。《论语》中记载许多学生提问什么是"仁"，孔子根据樊迟未知仁的基本思想、颜回未知仁与礼的关系、仲弓与子贡不知实行仁的方法、司马牛为人多言而躁、子张为人较为偏激等情况，做了不同的回答，这些回答的角度不同，但都围绕着仁道这一中心原则。

2. 启发诱导

孔子是世界上最早提出启发式教学的教育家，比古希腊教育家苏格拉底（前469—前399年）提出引导学生自己思索，自己得出结论的"助产术"早几十年。

孔子认为不论学习知识或培养道德，都要建立在学生自觉需要的基础上，应充分发挥学生的主动性、积极性。自己对问题能加以思考，获得切实的领会，才是可靠和有效的。为了帮助学生形成遇事思考的习惯，培养善于独立思考的能力，他反对机械灌输，提倡启发式教学。

他主张"不愤不启，不悱不发。举一隅不以三隅反，则不复也"（《论语·述而》）。愤与悱是内在心理状态在外部容色言辞上的表现，朱熹《论语集注》说"愤者，心求通而未得之意；悱者，口欲言而未能之貌。启谓开其意，发谓达其辞。物之有四隅者，举一可知其三，返者还以相证之义。复，再告也"。意思是：在教学时必先让学生认真思考，已经思考相当时间但还想不通，然后可以去启发他；虽经思考并已有所领会，但未能以适当的言辞表达出来，此时可以去开导他。教师的启发是在学生思考的基础上进行的，启发之后，应让学生再思考，获得进一步的领会。比如一个方的东西，已说明一个角的样子，如果这个学生不能类推其余三角的样子，这表明他未开动脑筋去思考或者是他的接受能力还不够，教师就暂不必多讲，否则就是包办和硬灌，难于达到培养学生思考能力的目的。这种启发教学包含三个基本要点：第一，教师的教学要引导学生探索未知的领域，激发其强烈的求知欲，积极去思考问题，并力求能明确表达；第二，教师的启发工作以学生的积极思考为前提条件，其重要作用就体现在"开其意""达其辞"；第三，使学生的思考能力得到发展，能从具体事例中，概括出普遍原则，再以普遍原则类推于同类事物，而扩大认识范围。

（七）学习方法

孔子非常重视学习，他认为人只有通过学习才能获得知识、提高能力、修养品德，即使你有追求良好品德和才能的愿望，如果不努力学习，不仅不会达到目的，反而会带来毛病。孔子曾指出不好学习的六种毛病：喜好仁爱而不好学习的毛病是愚蠢，喜好聪明而不好学习的毛病是放荡，喜好诚实而不好学习的毛病是容易被人伤害，喜好直爽而不好学习的毛病是急躁，喜好勇敢而不好学习的毛病是闯祸，喜好刚强而不好学习的毛病是狂妄。孔子主张学习的内容不在多而在于应用。孔子自述"吾十有五而志于学""学而不止，阖棺乃止"，一生都在如饥似渴地追求知识。他学无常师，敏而好学，不耻下问，在一生的学习经历中总结出了学思结合、温故知新、每事问、举一反三等学习方法。

1. 学思结合

孔子主张学习与思考相结合，他说"学而不思则罔，思而不学则殆"，只读书而不思考就会迷惘不解；只思考而不读书就会困乏无益。孔子十分精辟地论述了学习与思考的辩证关系，学习必须多读书，在读书的基础上认真分析思考，"学"是"思"的基础，"思"是"学"的灵魂，读书的目的是掌握知识，只有通过思考，书本上的知识才能被掌握，才能成为自己的知识。

2. 温故知新

孔子主张"学而时习之""温故而知新"，对学习过的内容要经常进行温习，通过温习学习过的内容而有新的发现，新的收获。孔子的观点是符合认识的客观规律的，学习是把外在知识转化为内在能力的过程，他人的知识不可能通过一次学习就能全部理解，成为自己的知识，转化为自身的能力，只有对已经学过的知识不断地进行复习才能真正掌握。当然，复习不是简单地重温学过的内容，而是对学过的内容加深理解，从不同的角度、不同的方面去理解，每次复习才会有不同的感觉和体会，才会有不同的发现和收获。弟子子夏深得孔子温故知新的真谛，他说"日知其所亡，月忘其所能，可谓好学也矣"，每天都有新的收获，每月都不忘记自己学过的旧知识，就可以说是好学了。

3. 每事问

孔子对学习采取每事问的态度，他进入鲁国的太庙，每事都要问，以至于别人认为他不懂得礼仪，孔子听到后说"这就是礼"。孔子对待学习的态度是"知之为知之，不知为不知"，知道的就是知道，不知道的就是不知道，不能不懂装懂，自己不懂的就要向他人请教。向他人请教时要"不耻下问"，不计较他人的地位、身份、年龄。

4. 学无常师

据记载孔子曾问官郯子，问礼老子，学琴师襄，访乐苌弘，进太庙每事问，"三人行必有我师""见贤思齐"，随时随地地向人学习。

5. 举一反三

孔子提倡演绎类推的学习方法，主张举一隅而以三隅反，指出器物的一面就能推知其他的三面，举一反三这个词就是从孔子的话中产生的。学习不仅要举一反三，还要"闻一知十"，子贡认为自己不如颜回聪明，自己闻一知二，颜回能闻一知十，通过一件事就能推知十件事，孔子同意子贡的意见，谦虚地赞许颜回说"我和你都赶不上他"。

（八）道德教育

1. 立志有恒

孔子认为人生活在社会上，不应该以个人现在物质生活为满足，还应有将来精神上的更高要求，这就是对社会发展有自己的理想和尽自己的义务。他在教育学生如何对待现在和将来的关系时，总是教导学生立足于现在而面向将来，确定志向，树立人生的目的和理想，作为个人努力的方向。

孔子常和学生们"言志"，一天，他对学生颜渊、子路说："你们何不谈谈各人的志向？"子路说："我愿拿出车马、衣服、皮袍与朋友们共同使用，用坏了也不抱怨。"颜渊说："我的志向是不夸耀自己的长处，不表白自己的功劳。"子路说："我们愿听听您老人家的志向。"孔子说："我的志向是老者安之，朋友信之，少者怀之。"通过与学生无拘束的谈话，示意学生朝着"仁"道的方向去修养去提高，这是他指导学生立志的一种方式。

孔子认为"立志"是重要的起点，但要坚持和实现其志向，并不是容易的事。他说"吾十有五而志于学，三十而立，四十而不惑，五十而知天命，六十而耳顺，七十而从心所欲，不逾矩"，少年有志，经过十余年的努力才立，可见立志是一个人成长发展的关键。确立志向后，又经过长期不懈地学习、修养，使之思想、感情和行为，达到道德的高度自觉与"不逾矩"的境界，表明了道德教育的终身性、长期性和阶段性。

孔子教育学生"志于仁"。"仁"是孔子最高的道德标准与理想，他要求学生以"仁"指导日常的道德行为，坚持道德信仰而不动摇。"君子无终食之间违仁，造次必于是，颠沛必于是"，要求君子在吃一顿饭的瞬间也不要离开仁德，在匆忙紧迫的情况下也不要离开仁德，在颠沛流离的环境中也不要离开仁德。他要求学生"笃信好学，守无善道"，对仁德和理想要坚信，要好学，要坚守，并用生命去捍卫。"志士仁人，无求生以害仁，有杀身以成仁"，即要求君子仁人，不贪生怕死而损害仁德，要勇于牺牲来成全仁德。他认为志向和理想甚至比个人生命都还重要。

孔子说"士志于道，而耻恶衣恶食者，末足与议也"，他认为一个学生总以吃穿不好为耻，心思都放在追求物质享受方面，那就很难谈得上树立远大的理想。他赞扬学生颜渊说，"贤哉回也，一箪食一瓢饮，在陋巷，人不堪其忧，回也不改其乐"。在孔子看来，颜渊是个有志向的学生，他的心思都集中在学道与守道上面，而不去计较个人生活的困难。他还说过，"饭疏食饮水，曲肱而枕之，乐亦在其中矣。不义而富且贵，于我如浮云"，吃粗粮饮冷水，弯着胳膊当枕头，乐在其中，用不正当的手段得到的富贵，对于我就像浮云一般。他还教导学生"谋道不谋食""忧道不忧贫""人无远虑，必有近忧""见小利则大事不成"，他认为一个有远大抱负的人，不应迷恋和陶醉于眼前的物质享受，更不能为了追求一时享乐而去贪图不义之财，从而葬送了自己的前途。

2. 克己内省

在人与人的交往中，有一个如何对待自己和如何对待别人的问题，这两方面是相互联系相互制约的。孔子在处理人际关系时，主张重在严格要求自己，约束和克制自己的言行，使之合乎道德规范，他把这称为"克己"。

孔子说"克己复礼为仁"。克己是复礼的基本条件，不能克制自己，也就不能使自己的言论行为符合客观的"道"；只有克制自己，才能使自己的言行回复到"礼"的道德规范上来。"君子求诸己，小人求诸人。"所谓"求诸己"，也就是遇事反躬自问，严格要求自己，随时检查自己的言行是否符合礼义。"躬自厚而薄责于人"，即对自身厚责，严以责己，宽以待人，对别人薄责，这种做法，不仅不会增加矛盾，且会缓解和消除矛盾。"己所不欲，勿施于人"，克制自己包括以同情之心待人，设身处地为别人着想，自己不想得到的，不要强加给别人；自己不要痛苦和麻烦，也不要把这种痛苦和麻烦加到别人身上。"攻其恶，无攻人之恶"，即对自身的缺点错误要勇于批评，对别人的缺点错误要宽容谅解；能自我批评，承担责任，与别人的关系也就容易相处。

孔子主张把克己、求诸己的原则，贯彻到日常生活的各个方面。他说"不怨天，不尤人"，不怨恨天，也不责备人。"人不知而不愠，不亦君子乎"！别人不了解自己而不抱怨，不也是有修养的君子吗？"不患人之不己知，患不知人也"，不要担忧别人不了解自己，应该忧虑自己不了解别人。"不患人之不己知，患其不能也"，不担心别人不了解自己，担心自己没有才能，"君子病无能焉，不病人之不己知也"君子担心自己没有才能，不担心别人不了解自己。"不患无位，患所以立，不患莫己知，求为可知也"，不愁没有职位，愁没有能够站稳脚跟的本领；不愁别人不知道自己，只求自己有值得别人知道的事情。所有这些，都着重在要求自己，不要求别人。当自己没有能够取得应有的社会地位和发挥应有的社会作用时，要多检查自己的道德精神和学问水平，而不要责怪别人；如果自己的道德精神、学问能力的条件不够，就应严格要求自己，努力提高自己，创造必须的条件，进而达到"己欲立而立人，己欲达而达人"的境界。

内省是靠自觉性来监督的，不自觉就难于真正进行内在的自我反省。孔子说："内省不疚，夫何忧何惧？"自己的行为都合乎道德规范，自我反省，问心无愧，那就会心安理得，还会有什么忧惧呢？"见贤思齐焉，见不贤而内自省也"，见别人好的道德品质，虚心学习，向他看齐；见别人不好的品德表现，就要联系自己，反省检查，引以为戒。"三人行，必有我师焉，择其善者而从之，其不善者而改之"，也是说要开展主观的思想分析，见善则学，不善则改。

孔子认为内省是日常必用的修养方法，在学生中间积极提倡，他的学生曾参说："吾日三省吾身，为人谋而不忠乎？与朋友交而不信乎？传不习乎？"意思是说，我每天多次反省自己："替人家办事没有尽心竭力吗？与朋友交往不讲信用吗？老师传授的学业没有认真复习吗？学生以社会规范为准，对行为进行自我检查，以便及时发现不符合规范的情况，避免继续在行为方面犯错误，这样就经常起一种监督作用，使之不敢放任，或纯用感情来支配行为，这种经验是值得我们重视的。

3. 改过迁善

孔子在处理过失和改过的关系方面，强调改过，他把道德修养过程也看作改过迁善的过程。孔子说："丘有幸，苟有过，人必知之。"他承认自己犯有过错，并认为过错被别人所了解，是自己的有幸。他反对对过错采取不承认的态度，"小人之过也必文"，文过饰非，把过错掩盖起来，这是不对的。他还说，"君子之过也，如日月之食焉。过也，人皆见之，更也，人皆仰之"。他认为君子的过错，好比日蚀和月蚀；他有过错，人人都看得见，他改正了，人人都仰望他尊敬他。孔子提出"过则勿惮改"的要求，还说"过而不改，是谓过矣""不善不能改，是吾忧也"。

要正确对待自己的过错，也要正确对待别人的过错，要容许别人犯错误，对别人过去的错误采取谅解的态度。孔子提出"既往不咎"，已经过去的事不要责备了，着重看现在的表现。

4. 身体力行

道德教育有知的问题，也有行的问题，这也就是道德的认识与道德的践履问题，这两方面是紧密联系的。孔子对于这两方面的关系，着重强调的是道德的践履，他提倡身体力行，要求言行相顾、言行一致，他认为道德认识的真假与深浅，依靠道德践履的检验证实。

孔子认为言而不行的人，不是道德高尚的人，他说"巧言令色，鲜矣仁"，花言巧语、伪装和善，这种人是很少有仁德的。对一般人来说，应当是"言必行，行必果"。有人说得多做得少，"言过其行"，孔子说应引以为耻。为了防止言行脱节，孔子主张"慎言"。他说"古者言之不出，耻躬之不逮也""仁者，其言也"，意思说，说话谨慎，怕说了之后做不到。为了防止说空话、说大话，可以"先行其言而后从之"，不妨先脚踏实地去做，做了以后再讲也不迟。"君子欲讷于言而敏于行"，说话迟钝一点不要紧，而行动必须敏捷。

孔子是在教育实践中总结经验教训，提出身体力行的要求，他说"始吾于人也，听其言而信其行；今吾于人也，听其言而观其行"。起初，他过分相信学生表态性的话，以为学生说的话都会实际去做，发现学生言行脱节以后，才对学生提出了言行一致的要求。他还说"吾之于人也，谁毁谁誉？如有所誉者，其有所试矣"。意思是：我对于别人，诋毁过谁？赞美过谁？如果有所赞美，那也是经过了实际考验的。这就是说，他对学生的表扬，不是凭印象听言论而想当然，是以实际行动的考察为依据的。总之，孔子要求言行一致而着重于行的思想，是值得我们重视的。

（九）教师观

在孔子的教育思想中，教师占有特殊位置。陶冶学生的品德，教导他们的知识，培养他们的才能，发展他们的专长等，都是教师的重大职责。孔子根据自己教育实践的经验，对教师提出了多方面的要求。

1. 以身作则，言传身教

孔子说："其身正，不令而行，其身不正，虽令不从。"上级或教师作风行为正派，就是不发命令，下级或学生也会执行；上级或教师作风行为不正派，就是发命令，下级或学生也不听从。他还说："不能正其身，如正人何？"如果不能端正自己，又怎么能端正别人呢？

孔子不仅是以身作则的提出者，而且也是这一原则的实践者。要以身作则，就要言传身教，把"有言之教"和"无言之教"结合起来。孔子说："可与言，而不与之言，失人；不可与言，而与之言，失言。知者不失人亦不失言。"意思是说，可以与他谈，进行有言之教，而不去同他谈，这叫作错过了人才；不可同他谈，只能进行无言之教，却偏与他谈，这叫作浪费了语言。聪明的教师既不要错过人才，也不要浪费语言，应采用"有言之教"与"无言之教"两种方式。孔子相信"无言之教"的威力。他对学生说过"予欲无言"，学生说："您老人家假若不说话，那我们还有什么可以传述的呢？"孔子说："天说了什么呢？四季照样运行，万物照样生长，天说了什么呢？"所谓无言之教，即是通过暗示或榜样去教育学生，这是有其一定的心理学依据的。

2. 学而不厌，诲人不倦

孔子的名言"学而不厌，诲人不倦"，即对教师的要求：对本人要努力学习永不满足；对学生要勤奋教导不辞辛劳。

孔子还说过："若圣与仁，则吾岂敢！抑为之不厌，诲人不倦，则可谓尔已矣。"学生说："正唯弟子不能学也。"至于圣与仁，我不敢当，只不过是学而不厌诲人不倦罢了。学生说，这正是我们所难以学到的。学生子贡称赞道："学不厌，智也；新不偿，仁也。仁且智，夫子既圣矣。"《吕氏春秋·尊师》也有相似的记载：于贡问孔子："后世怎样称道您老人家？"孔子说："我何足以称道呢？一定要说吧，就算是学而不厌、诲人不倦，大概就是这样吧！"

3. 爱护学生，无私无隐

爱护学生、关心学生是一个教师事业成功必须具备的条件。孔子说过："仁者爱人""智者知人"。孔子热爱关心学生品德和学业的增进以及学生们的生活与健康状况。他看到他的学生闵子骞、子路、冉有、子贡的表现，感到由衷的高兴。原宪家贫，他常接济。冉伯牛有病，他去看望，并十分伤感。颜渊、子路死了，他非常悲痛。他和学生有深厚的情谊，他曾说过，自从得了颜回，学生们更加亲密；自从得了子路，再也没有人敢骂我了。他说："爱之，能勿劳乎？忠焉，能勿诲乎。"爱学生，能够不叫他勤劳吗？忠于学生，能够不教诲他吗？又说："二三子以我为隐乎？吾无隐乎尔。否无行而不与二三子者，是丘也。"意思是说，学生以为我会隐瞒什么吗？我对你们是没有任何隐瞒的。我没有什么不告诉你们的，这正是我孔子的为人。这说明孔子对学生传授知识毫无保留，做到了"无私无隐"。

对于青年一代，孔子是寄予很大希望的。他说："后生可畏，焉知来者之不如今也？"青年后生是可敬畏的，怎能断定他们将来赶不上现在的成年人呢？这里包含有青年人超过老年人、学生超过教师、长江后浪推前浪的发展观点。尤其难能可贵的是，孔子认为当一种正义事业需要人去承担时，年青一代要敢于勇往直前，责无旁贷，即使在老师面前也不必谦让。"当仁不让于师"。面临着实行仁德的事情，可以不必对老师谦让。这里包含着在仁德和正义面前师生一律平等的思想以及"吾爱吾师，更爱真理"的观点。

4. 讲究教法，循循善诱

孔子认为教师要讲究教学方法，善于启发学生的心智。"温故而知新，可以为师矣"。教师必须经常温习故业，融会贯通，做到有新的领悟、新的体会、新的发现，才能胜任教学工作。教师不仅给学生以知识，还要使学生独立求知，独立思考，并能做一个有道德修养的人，这样才算是好的教师。他说："弗学何以行？弗思何以得？小子勉之。"

孔子教育的成功，其中一个重要原因，是他讲究教育教学方法，这是教师必备的一种心理品质。正如颜渊所赞叹的"夫子循循善诱人"，善于启发学生思维，使学生在学习上有"欲罢不能"之势，说明孔子教育技巧之高超、教育能力之高强。

五、原著选编 [1]

（一）学而篇

子曰："学而时习之，不亦说乎？有朋自远方来，不亦乐乎？人不知而不愠，不亦君子乎？"

有子曰："其为人也孝弟，而好犯上者，鲜矣；不好犯上而好作乱者，未之有也。君子务本，本立而道生。孝弟也者，其为人之本与！"

子曰："巧言令色，鲜矣仁！"

曾子曰："吾日三省吾身：为人谋而不忠乎？与朋友交而不信乎？传不习乎？"

子曰："道千乘之国，敬事而信，节用而爱人，使民以时。"

子曰："弟子入则孝，出则弟，谨而信，泛爱众，而亲仁，行有余力，则以学文。"

子夏曰："贤贤易色；事父母，能竭其力；事君，能致其身；与朋友交，言而有信。虽曰未学，吾必谓之学矣。"

子曰："君子不重则不威，学则不固。主忠信，无友不如己者，过则勿惮改。"

曾子曰："慎终追远，民德归厚矣。"

子禽问于子贡曰："夫子至于是邦也，必闻其政，求之与，抑与之与？"子贡曰："夫子温、良、恭、俭、让以得之。夫子之求之也，其诸异乎人之求之与？"

子曰："父在，观其志；父没，观其行；三年无改于父之道，可谓孝矣。"

有子曰："礼之用，和为贵。先王之道，斯为美，小大由之。有所不行，知和而和，不以礼节之，亦不可行也。"

有子曰："信近于义，言可复也。恭近于礼，远耻辱也。因不失其亲，亦可宗也。"

---

① （春秋）孔丘. 论语译注 [M]. 杨伯峻译注. 北京：中华书局，2006.

子曰："君子食无求饱，居无求安，敏于事而慎于言，就有道而正焉。可谓好学也已。"

子贡曰："贫而无谄，富而无骄，何如？"子曰："可也。未若贫而乐，富而好礼者也。"子贡曰："《诗》云：'如切如磋，如琢如磨'，其斯之谓与？"子曰："赐也，始可与言《诗》已矣，告诸往而知来者。"

子曰："不患人之不己知，患不知人也。"

[译文]

孔子说："学了又时常温习和练习，不是很愉快吗？有志同道合的人从远方来，不是很令人高兴的吗？教育别人没效果，我也不怨恨、恼怒，不也是一个有德的君子吗？"

有子说："孝顺父母，顺从兄长，而喜好触犯上层统治者，这样的人是很少见的。不喜好触犯上层统治者，而喜好造反的人是没有的。君子专心致力于根本的事务，根本建立了，治国做人的原则也就有了。孝顺父母、顺从兄长，这就是仁的根本啊！"

孔子说："花言巧语，装出和颜悦色的样子，这种人的仁心就很少了。"

曾子说："我每天多次反省自己，为别人办事是不是尽心竭力了呢？同朋友交往是不是做到诚实可信了呢？老师传授给我的学业是不是复习了呢？"

孔子说："治理一个拥有一千辆兵车的国家，就要严谨认真地办理国家大事而又恪守信用，诚实无欺，节约财政开支而又爱护官吏臣僚，役使百姓要不误农时。"

孔子说："弟子们在父母跟前，就孝顺父母；出门在外，要顺从师长，言行要谨慎，要诚实可信，寡言少语，要广泛地去爱众人，亲近那些有仁德的人。这样躬行实践之后，还有余力的话，就再去学习文献知识。"

子夏说："一个人能够看重贤德而不以女色为重；侍奉父母，能够竭尽全力；服侍君主，能够献出自己的生命；同朋友交往，说话诚实恪守信用。这样的人，尽管他自己说没有学习过，我一定说他已经学习过了。"

孔子说："君子，不庄重就没有威严；学习可以使人不闭塞；要以忠信为主，不要同与自己不同道的人交朋友；有了过错，就不要怕改正。"

曾子说："谨慎地对待父母的去世，追念久远的祖先，自然会导致老百姓日趋忠厚老实了。"

子禽问子贡说："老师到了一个国家，总是预闻这个国家的政事。（这种资格）是他自己求得呢，还是人家国君主动给他的呢？"子贡说："老师温良恭俭让，所以才得到这样的资格（这种资格也可以说是求得的），但他求的方法，或许与别人的求法不同吧？"

孔子说："当他父亲在世的时候（因为他无权独立行动），要观察他的志向；在他父亲死后，要考察他的行为；若是他对他父亲的合理部分长期不加改变，这样的人可以说是尽到孝了。"

有子说："礼的应用，以和谐为贵。古代君主的治国方法，可宝贵的地方就在这里。但不论大事小事只顾按和谐的办法去做，有的时候就行不通。（这是因为）为和谐而和谐，不以礼来节制和谐，也是不可行的。"

有子说："讲信用要符合于义，（符合于义的）话才能实行；恭敬要符合于礼，这样才能远离耻辱；所依靠的都是可靠的人，也就值得尊敬了。"

孔子说："君子，饮食不求饱足，居住不要求舒适，对工作勤劳敏捷，说话却小心谨慎，到有道的人那里去匡正自己，这样可以说是好学了。"

子贡说："贫穷而能不谄媚，富有而能不骄傲自大，怎么样？"孔子说："这也算可以了。但是还不如虽贫穷却乐于道，虽富裕而又好礼之人。"子贡说：《诗经》上说'要像对待骨、角、象牙、玉石一样，切磋它，琢磨它'，就是讲的这个意思吧？"孔子说："赐呀，你能从我已经讲过的话中领会到我还没有说到的意思，举一反三，我可以同你谈论《诗》了。"

孔子说："不怕别人不了解自己，只怕自己不了解别人。"

（二）教育目的：圣、仁、君子、士

子贡曰："如有博施于民而能济众，何如？可谓仁乎？"子曰："何事于仁！必也圣乎？尧舜其犹病诸！夫仁者，己欲立而立人，己欲达而达人。能近取譬，可谓仁之方也已。"（《论语·雍也》）

[译文]

子贡问："假若有这么一个人，广泛地给人民以好处，又能帮助大家生活得很美满，怎么样？可以说是仁道了吗？"孔子道："哪里只是仁道！这一定是圣德了！尧舜或者都难以做到哩！仁是什么呢？自己要站得住，同时也使别人能站得住；自己要行得通，同时也使别人能行得通。能够就目前的事情选择例子一步一步去做，可以说是实践仁道的方法了。"

子曰："仁远乎哉？我欲仁，斯仁至矣。"（《论语·述而》）

[译文]

孔子道："仁道难道离我们很远吗？我要它，那它就来了。"

颜渊问仁。子曰："克己复礼为仁。一日克己复礼，天下归仁焉。为仁由己，而由人乎哉？"

颜渊曰："请问其目。"子曰："非礼勿视，非礼勿听，非礼勿言，非礼勿动。"

颜渊曰："回虽不敏，请事斯语矣。"（《论语·颜渊》）

[译文]

颜渊问什么叫仁。孔子道："克制自己的欲望，使言语行动都合于礼，就是仁。一旦能做到这样，天下的人都会称许你是仁人。实践仁的道德，完全凭自己，难道还凭他人吗？"

颜渊道："希望能教给我一些行动的纲领。"孔子道："不合乎礼制的事情不要去看，不合乎礼仪的言辞不要去听，不合乎礼规的话语不要去说，不合乎礼法的事情不要去做。"

颜渊道："我虽然迟钝，也要照您的话去实行。"

仲弓问仁。子曰："出门如见大宾，使民如承大祭。己所不欲，勿施于人。在邦无怨，在家无怨。"

仲弓曰："雍虽不敏，请事斯语矣。"（《论语·颜渊》）

[译文]

仲弓问怎样去实践仁德。孔子道："出门（做事），好像去接待贵宾一样认真，役使百姓，好像去承办盛大祀典一样慎重。自己所不喜欢的事物，不要加在别人身上。在府衙任职时不做令百姓怨恨的事，在家居住时也没有让乡邻厌恶的行为。"

仲弓道："我虽然迟钝，也要照您的话去实行。"

子曰："巧言令色，鲜矣仁。"（《论语·学而》）

[译文]

孔子说："（惯于）花言巧语，装出一副伪善面貌，这种人，很少有仁德。"

子曰："刚、毅、木、讷，近仁。"（《论语·子路》）

[译文]

孔子说："刚强、坚毅、质朴和严谨，具备这几种品质的人，就近于仁了。"

子曰："人而不仁如礼何！人而不仁如乐何！"（《论语·八佾》）

[译文]

孔子说："人若是没有仁德，如何对待礼仪制度呢？人若是没有仁德，如何对待乐理呢？"

子曰："荀志于仁矣，无恶也。"（《论语·里仁》）

[译文]

孔子说："假如立定志向去行仁德，就不会做出为恶之事。"

子曰："唯仁者能好人，能恶人。"（《论语·里仁》）

[译文]

孔子说："只有仁人才有资格褒扬人，批评人。"

子曰："志士仁人，无求生以害仁，有杀身以成仁。"（《论语·卫灵公》）

[译文]

孔子说："志士仁人绝不会因贪生怕死而损害仁义，只会勇于牺牲来成全仁义。"

子曰："当仁，不让于师。"（《论语·卫灵公》）

[译文]

孔子说："面对仁德，即使对于老师，也不犹豫退让。"

子贡曰："管仲非仁者与？桓公杀公子纠，不能死，又相之。"子曰："管仲相桓公，霸诸侯，一匡天下，民到于今受其赐。微管仲，吾其被发左衽矣。岂若匹夫匹妇之为谅也，自经于沟渎而莫之知也？"（《论语·宪问》）

[译文]

子贡道："管仲大概不是仁人吧？桓公杀掉了公子纠，他不但不能以身殉难，还去辅弼他。"孔子道："管仲辅弼桓公，使桓公成为诸侯的盟主，使天下一切得到匡正，人民到今天还受到他的恩惠。假若没有管仲，我们都会披着头发，衣襟向左边开而沦为夷狄了。所以，他难道要像普通的男人和妇女一样守着小信小节，在山沟中自杀了还没有人知道吗？"

子贡曰："有一言而可以终身行之者乎？"子曰："其恕乎！己所不欲，勿施于人。"（《论语·卫灵公》）

[译文]

子贡问："有没有一句可以终身奉行的话呢？"孔子道："那大概是'恕'吧！自己所不想要的东西，不要强加给别人。"

子曰："参乎！吾道一以贯之。"曾子曰："唯。"

子出，门人问曰："何谓也？"曾子曰："夫子之道，忠恕而已矣！"（《论语·里仁》）

[译文]

孔子说："参啊！我的学说贯穿着一个基本观点。"曾子说："是的。"

孔子走出去以后，别的学生便问曾子："这是什么意思？"曾子道："他老人家的学说，只是忠和恕两个字罢了！"

子路问君子。子曰："修己以敬。"

曰："如斯而已乎？"曰："修己以安人。"

曰："如斯而已乎？"曰："修己以安百姓。修己以安百姓，尧舜其犹病诸？"（《论语·宪问》）

[译文]

子路问怎样才能算是一个君子。孔子道："提高自身的品德修养而敬重他人。"

子路道："这样就够了吗？"孔子道："提高自己的品德修养，就能安定人心。"

子路道："这样就够了吗？"孔子道："修养自己来使老百姓都得到安乐。修养自己来使老百姓都得到安乐，尧舜恐怕也不易做到哩！"

子曰："君子博学于文，约之以礼，亦可以弗畔矣夫！"（《论语·雍也》）

[译文]

孔子说："君子广博地学习文献，再用礼节来加以约束，也就可以不离经叛道了。"

（三）启发诱导

子曰："不愤不启，不悱不发。举一隅不以三隅反，则不复也。"（《论语·述而》）

[译文]

孔子说："教导学生，不到他想求明白而不得的时候，不去开导他；不到他想说出来却说不出的时候，不去启发他。一个矩形告诉他一角，他却不能由此推知其他三个角，便不再继续对他讲了。"

子贡曰："贫而无谄，富而无骄，何如？"子曰："可也；未若贫而乐（道），富而好礼者也。"

子贡曰："《诗》云'如切如磋，如琢如磨'，其斯之谓与？"子曰："赐也；始可与言《诗》已矣，告诸往而知来者。"《论语·学而》）

[译文]

子贡道："贫穷却不巴结奉承，富有却不骄傲自大，怎么样？"孔子道："可以了；但是还不及虽贫穷却乐于道义，虽富有却谦虚好礼啊。"

子贡道："《诗》上说'要像治骨角的，切开了再锉光；治象牙、玉石的雕琢了再磨细，精益求精'，那就是这个意思吧！"孔子道："真聪明啊！现在可以和你讨论《诗》了，告诉你过去的事你就能领悟到将来的事。"

子夏问曰："'巧笑倩兮，美目盼兮，素以为绚兮'何谓也？"子曰："绘事后素。"

曰："礼后乎？"子曰："起予者商也！始可与言《诗》已矣。"（《论八佾》）

[译文]

子夏问道："'俊美的脸笑得美啊，黑白分明的眼睛婉转妩媚啊，洁白的纸张好画花卉啊！'这几句诗是什么意思？"孔子道："先有白色的纸张，然后绘画。"

予夏道："那么，是不是礼乐的产生在（仁义）以后呢？"孔子道："卜商啊，你真是能启发我的人。现在可以同你讨论《诗》了。"

（四）因材施教

子贡问曰："赐也何如？"子曰："女，器也。"

曰："何器也？"曰："瑚琏也。"（《论语·公冶长》）

[译文]

子贡问道："我是怎样的人？"孔子道："你好比一个器具。"

子贡道："什么器具？"孔子道："宗庙里盛黍稷的瑚琏啊。"

德行：颜渊、闵子骞、冉伯牛、仲弓。言语：宰我、子贡。政事：冉有、季路。文学：子游、子夏。（《论语·先进》）

[译文]

孔子的学生各有所长。德行好的：颜渊、闵子骞、冉伯牛、仲弓。长于说话的：宰我、子贡。能办理政事的：冉有、季路。熟悉古代文献的：子游、子夏。

闵子侍侧，訚訚如也；子路，行行如也；冉有、子贡，侃侃如也。子乐。（《论语·先进》）

[译文]

闵子骞站在孔子身旁，表现出恭敬而正直的样子；子路是刚强而英勇的样子；冉有、子贡呢，则是温和而快乐的样子。孔子很高兴。

柴也愚，参也鲁，师也辟，由也喭。(《论语·先进》)

[译文]

高柴愚笨，曾参迟钝，颛孙师偏激，仲由鲁莽。

子贡问："师与商也孰贤？"子曰："师也过，商也不及。"

曰："然则师愈与？"子曰："过犹不及。"(《论语·先进》)

[译文]

子贡问孔子："颛孙师（子张）和卜商（子夏）两个人相比谁更贤明一些？"孔子道："师呢，有些过分；商呢，有些不到位。"

子贡道："是这样，那么，师强一些吗？"孔子道："过分和不到位同样不好。"

子路问："闻斯行诸？"子曰："有父兄在，如之何其闻斯行之？"冉有问："闻斯行诸？"子曰："闻斯行之。"

公西华曰："由也问闻斯行诸？子曰：'有父兄在'；求也问闻斯行诸？子曰：'闻斯行之'。赤也惑，敢问。"子曰："求也退，故进之；由也兼人，故退之。"(《论语·先进》)

[译文]

子路问："听到了就去做吗？"孔子道："有父兄在，怎么能不得到允许，听到了就去做呢？"

冉有问："听到了就去做吗？"孔子道："听到了就去做。"

公西华道："仲由问听到了就去做吗？您说：'有父兄在'；冉求问听到了就去做吗？您说：'听到了就去做'。（两个人问题相同，而您的答复相反。）我有些迷惑，大胆地来问问原因。"孔子道："冉求平时做事退缩，所以要催促他；子路的胆量却有两个人的大，敢作敢为，所以要抑制他。"

子曰："中人以上，可以语上也；中人以下，不可以语上也。"（《论语·雍也》）

[译文]

孔子说："中等水平以上的人，可以告诉他高深的学问；中等水平以下的人，不可以告诉他高深的学问。"

第三章　孟子与《孟子》

一、作者简介

孟子（前372—前289年），名轲，字子舆（待考，一说字子车或子居）。战国时期邹国人，鲁国庆父后裔。中国古代著名思想家、教育家，战国时期儒家代表人物。著有《孟子》一书。孟子继承并发扬了孔子的思想，成为仅次于孔子的一代儒家宗师，有"亚圣"之称，与孔子合称为"孔孟"。孟子的生平和孔子很相似，都是贵族后裔，平民出身，幼年丧父，一生所走的道路都是求学、教书、周游列国。拜孔子之孙孔汲的门人为师时姓曾名参（孔子亦有徒名曰曾参，即曾子），后更改名轲，邹（今山东邹城市）人。

孟子从小立志学儒习礼，十五岁左右，他入学读书，"受业于子思（孔子之孙）之门人"。三十岁到四十岁之间，孟子在邹鲁一带收徒讲学，门生有数百人。

大约四十岁时，以士的身份游说诸侯，想要推行自己的政治主张，到过梁（魏）国、齐国、宋国、滕国、鲁国。当时几个大国都致力于富国强兵，争取通过暴力的手段实现统一。孟子的仁政学说被认为是"迂远而阔于事情"，没有得到实行的机会。前319年，齐宣王继位，恢复了建于临淄城西的"稷下学宫"，一时间，会集了上千名士，成为当时政治咨询、学术文化的交流中心和诸子百家争鸣的重要场所。于是，孟子再次前往齐国，希望在这里能够实现他的理想。齐宣王聘他为客卿。

在稷下学宫，孟子吸收各家所长，突破了孔子的思想局限，较全面、系统地阐明了君仁臣义、尊贤使能、以民为本、统一天下等仁政理论。这既是孟子从事政治活动的一个重要阶段，又是其思想发展成熟的一个重要标志。孟子的仁政主张曾使齐宣王受到一定鼓舞和赞赏，但齐王欲以武力称霸诸侯，与孟子产生了分歧。由于政治抱负不能实现，孟子离开齐国返归故里。

回到邹国时，孟子已六十多岁，从此他不再出游，而是在家乡兴办学校，广收门徒，与万章、公孙丑等弟子答疑解难，编著《孟子》。此书记述了他一生的主要言论、活动及其思想学说，丰富多彩，博大精深，是他留给后人的宝贵精神财富。前289年冬至，孟子去世，享年八十四岁，葬于邹国境内（今邹城市城东北约十二千米）的四基山西麓，即今孟子林。邹国人因孟子去世十分悲痛，废除了在冬至日贺冬的习俗（"邹人因哭孟子而废贺冬之礼"）。

二、成书背景

春秋以来，礼崩乐坏，原来相对稳定的社会结构遭到了破坏，社会开始发生重大的变化。天下大乱致使许多人失去了原有的宗族统属关系，成为散落于社会的游离者，这些人中自然以士一级居多。

私学的兴起打破了"学在官府"的局面，将文化知识普及民间，使广大平民有机会学习文化知识，增长才智，从而唤起了他们参与政治、求取功名、改善社会地位的欲望。

孟子生活在战国中期，那时封建制度已基本确立，正是列强兼并非常激烈的时期。他继承孔子"仁"的思想，想以王道仁政来实现中国的统一。他提出了很有历史意义的重民思想，认为"民为贵，社稷次之，君为轻"。然而，孟子的政治理想在当时并不合时宜。那时"秦用商君，富国强兵；楚、魏用吴起，战胜弱敌。……天下方务于合纵连横，以攻伐为贤"。孟子曾到齐、梁、宋、滕等国去游说，见过梁惠王、齐宣王等，他依据仁义学说与各种学派辩论，寄理想于氏族贵族的贤人政治以及人民在农村公社里安乐自由的生活。他看到贵族的腐败没落，因而主张打破君位世袭，讴歌尧舜禅让，当时的统治者说他"迂远而阔于事情"。但他的仁政思想体现了可贵的民主精神。他认为统治者原靠天命取得政权，而天命以民心为转移，人民本身有巨大的力量，得民心者可以统一天下；失民心者如桀纣，虽贵为天子，也不过是人人得而诛之的独夫。

孟子的思想在当时的思想界产生了极大影响，他一生长于辩论，在教育思想上影响比较大的是同告子关于人性论思想的争论，对儒家学派有极大的贡献。

三、原著概要

《孟子》是记述孟轲言行以及他和当时人或门中弟子互相问答的书。《孟子》和《论语》有相同处，有相异处。《孟子》各篇，题目没有实在意义，不像《墨子》"尚贤""非攻"，《庄子》"逍遥游""齐物论"之类，只是摄取篇首两三个字为篇题。这一点和《论语》完全相同。《孟子》每篇之中有若干章，章和章之间没有什么逻辑联系，各自为章，也和《论语》完全相同。

《孟子》七篇是《梁惠王》《公孙丑》《滕文公》《离娄》《万章》《告子》《尽心》。后汉赵岐作《孟子章句》，每篇分为上、下，所以七篇共十四卷。

卷一 梁惠王上

孟子主张"重义而轻利"，君王要与民同乐，反对"后义而先利"的思想。体现在政治上就是"王道"，而"仁政"是实行"王道"的具体政治措施。孟子针对当时的社会现实，提出了行"仁政"的两个措施：一是"保民"，二是"敬德"。

卷二 梁惠王下

孟子在"与民同乐"的爱民思想上，提出大国对小国应以仁者的态度，尊重小国，不引起小国的疑虑，这样可以保有天下，这是仁者乐行天道。反映了孟子民贵君轻的思想，接着讨论了人才的使用和对战争作用的理解。

卷三 公孙丑上

首先，反映孟子反对霸道，主张王道的思想。提出实行仁政的五项措施，认为实施了这五项措施，可无敌于天下。士、商、旅、农、氓，主要是从经济方面考虑。这符合孟子先富后教的思想，也就是先得民心，才能无敌于天下。

其次，孟子阐述"性善论"的基本观点。"性善论"是孟子思想的核心，孟子的"仁"的学说、"王道""仁政"都是与此相联系的。"性善论"的主要内容：①"四心"说及"四端"说；②"四心""四端"是区分人与非人的标准；③天赋善性，天赋道德；④人性的完善，道德的完备，在于后天的培养。

最后，孟子讲了如何养气，及"反求诸己"。首先应该为"仁"，然后才能知耻，才能做到"反求诸己"。"反求诸己"体现了孔子"为仁由己"的思想。

卷四 公孙丑下

一是论述决定战争胜负的因素不是天时和地利，而是人和，表现了孟子民本思想的一个侧面。二是孟子认为君臣关系应建立在仁义的基础上，而不仅是表现在礼节形式上。他提出了两个观点：①臣的恭敬不应该只在礼节形式上表示恭顺，而是表现在"责难"和"陈善"。②君的珍贵，不应表现在地位的优越上，君对臣要"尊德乐道"。

卷五 滕文公上（阐述人性善的问题）

孟子提出"性善"，并勉励滕文公学习圣人之道。孟子认为滕国虽然是个小国，如果滕文公学习尧舜，也可以有一番作为。孟子仁政的重点是"有恒产者有恒心"，这和孔子先富后教的思想是一致的。孟子的主张可以概括为四点：①"取于民有制"，老百姓的负担不能太重。②对人民征收要有一定税制，主张采用"助法"。③兴办庠、序、学、校，教育百姓。④恢复井田的共耕制度。

卷六 滕文公下

主要是论述士人讲究气节的问题。在实现理想的过程中，孟子的态度是既要保持人格的独立与自尊，但也不故作清高，摆出一副拒人于千里之外的架子。他认为不能为个人私利而放弃自己的理想信念，出卖自己的人格和良心，这与孔子所说的士君子为人的基本原则一致。

孟子认为，"士"的职责是宣扬"仁义"，农夫的职责是耕种收获粮食，这是社会分工不同；"士"和农夫都"有功"，都应当"得食"。他主张根据客观效果给予报酬，而不是根据主观动机来取舍。

卷七 离娄上

主要阐述孟子的仁政思想。这五章孟子阐述的仁政思想主要有两个特点：一是崇尚人治，道德教化，但并非否定法制，而认为"徒法不能以自行"。二是主张法先王，率由旧章，认为尧、舜、汤、文、武等先王之法是治国永恒不变的准则。

卷八 离娄下

说明历代圣王所持的道义准则是一样的，都是以民为本，实行仁政。孟子提出君臣关系是相互的。君臣关系的好坏，决定于国君，他反对对君主的"愚忠"。孟子主张对国君不是唯命是从，逆来顺受，而是要以"义"为准，以国君对百姓的态度来选择是否拥护他。

孟子认为，人只有通过正确的学习方法，才能达到高深的造诣。这样就能左右逢源，得心应手。学问首先要博览群书，能够详尽地解说它，然后通过自己的独立思考融会贯通，才能用简约的语言说出它的精神实质。孟子主张身教重于言教。只有以身作则，道德教化才会有效果。孟子主张性本善，但很注重后天的"养善"。

卷九 万章上

主要是孟子对舜尽孝的赞美。舜拥有财富、地位、民心、美女等，却还是忧愁。因为舜无论自己怎样孝敬父母，只要得不到父母欢心，就会深深自责，认为自己不孝。孟子主张禅让制，是以民心向背为依据的，体现了孟子的民本思想。

卷十 万章下

孟子主张交朋友应当没有任何私心，要诚心诚意。这样结交的朋友才靠得住。交友是要交心，要心心相通。交际只是人们之间的表面往来。本章孟子所说的交际，实际是指君臣上下间授受去就的关系。主张臣下对君主不能盲目服从，不能愚忠，而是要匡君谏主，对于有"大过"的国君，则应当另立国君。

卷十一 告子上

主要是孟子与告子之间围绕"人性"的辩论。孟子主张人性本善，认为人天生就有恻隐之心、羞恶之心、恭敬之心和是非之心。但孟子并不认为仁、义、礼、智天生就是完备的，而只是有达到完备的可能。这就是说人性本善，但要注意后天的养护，否则也可能变成恶的。

卷十二 告子下

孟子经常谈到礼义的含义有三种：一是指礼法，即社会政治制度；二是指礼义，即人的社会行为规范；三是指礼仪，即人际交往中的礼节、习俗。儒家主张以"礼"来规范"欲"。当"礼"与"欲"发生冲突时，孟子认为如果不违背"礼"的基本原则，可以不考虑形式，可以通权达变。不过，这种儒家思想的灵活性不能违背原则性。

卷十三 尽心上

不论命运如何，一个人都应当加强修养，顺势而为，全力以赴，积极发挥人的主观能动性。孟子认为仁义之心是人的天性，无须学习和思考。我们要注意的是，人性虽是善的，但这只是善的萌芽，后天应该注意对善的扩充。如果后天不重视对善的养护，那么可能出现兄弟互相残杀的场面。

孟子阐述了社会经济与社会道德的关系。孟子认为百姓富裕了，道德就会提高；社会富裕了，社会道德就会提高；反之，百姓穷困了，道德就会低下；社会穷困了，社会道德就会低下。孟子提出百姓富裕和社会富裕的方法是"易其田畴，薄其税敛"。孟子这里所说的和他提出的"有恒产然有恒心"是互相贯通的。

孟子作为一名杰出的教育家，提出了五种教育方法，反映了"因材施教""因人施教""教亦多术"等教育思想。

卷十四 尽心下

孟子反对非正义的战争。他认为应以德服人，而不是靠武力来称霸。即使是武王伐纣，孟子也认为他真正依靠的是"仁"，才使殷商的百姓心服。

孟子认为老师传授的只是方法，要想达到高深境界，主要还需靠自己去独立思考和领悟。这和通常所说的"师傅领进门，修行在个人"，有异曲同工之妙。

四、教育思想解读

（一）人性假设

孟子认为人的本性天生是善的，每个人生来就有怜悯同情之心、羞耻憎恶之心、恭敬辞让之心和是非之心。这四种心是仁、义、礼、智四种道德的萌芽。他认为，人生而就有"不学而能"的"良能"和"不虑而知"的"良知"，"孩提之童，无不知爱其亲者；及其长者，无不知敬其兄者。亲亲，仁也；敬长，义也；无他，达之天下也"（《尽心上》）。因此，孟子认为："恻隐之心，人皆有之；羞恶之心，人皆有之；恭敬之心，人皆有之；是非之心，人皆有之。"（《告子上》）"恻隐之心，仁之端也；羞恶之心，义之端也；辞让之心，礼之端也；是非之心，智之端也。人之有是四端也，犹其有四体也。"（《公孙丑上》）这里所谓的"四端"或者说"四德"即"仁义礼智"是人善性的集中体现。人的这四种道德的萌芽如同他的四肢一样，是与生俱来的。他充分肯定了人身上具有潜在的善性萌芽，人具有可塑性，即"人皆可以为尧、舜"，是可以通过教育引向善的，但还需要后天的学习努力，这是非常必要的。"求则得之，舍则失之"（《告子上》），说明了扩充善性的重要性。他认为圣人不过是把人所固有的善端加以扩充而已，如果凡人也能将固有的善端加以扩充，也可以成为圣人。

（二）教育目的

孟子声明教育的最终目的在于"明人伦"。他说过："设为庠序学校以教之。庠者，养也；校者，教也；序者，射也。夏曰校，殷曰序，周曰庠，学则三代共之，皆所以明人伦也。人伦明于上，小民亲于下。"他第一次明确地概括出中国古代学校教育的目的是"明人伦"，又说明了教育就是通过实现"明人伦"来为政治服务的。"人伦"就是"人道"。具体来说，"人伦"就是五对关系："父子有亲，君臣有义，夫妇有别，长幼有序，朋友有信"。后世称之为"五伦"，体现了中国古代社会的宗法关系，即实施维护上下尊卑的封建社会秩序的道德教育，并以此为中心，建立了一个道德规范体系即"五常"，即仁、义、礼、智、信。仁，事父母；义，从兄长；智，明白以上二者的道理并坚持下去；礼，孝悌在礼节上的表现；信，老老实实地做事，讲信用。孟子并不认为人的完善道德品质是先天的，而人的本性仅具有善的萌芽，是谓性"善端"，有待于以后教育的扩充和完善，如果得不到正确的教育，人的"善端"就得不到发展，甚至会向相反的方向转化，成为小人、恶人。因此，教育的作用在于把人天赋的善端加以保持、培养、扩充、发展，或把已经丧失的善端找回来，启发人们恢复天赋的善良本性，使之成为道德上的"完人"。另外，他强调好的政治既非完善的政治制度，也非高明的统治手段，而是教育，其社会作用是"行仁政""得民心"。

（三）德育作用

孟子认为世上最可贵的东西是人的道德品质和精神境界，它们远大于外在于人的物质财富和权力地位。孟子把追求道德品质和精神境界的人称为"大丈夫"，并说"富贵不能淫，贫贱不能移，威武不能屈，此之谓大丈夫"。为了实现"大丈夫"这一人格理想，孟子从以下几条提出了自己的养成之道。

1. 尚志养气

孟子继承和发展了孔子立志有恒的思想，认为一个人最主要的问题是立志。齐国王子垫问孟子："士干什么事？"孟子曰："尚志。"意思是使自己志向高尚。王子垫又问："何谓尚志？"孟子回答说："行仁义罢了。居住于仁，行走由义，这就叫志行高尚。"

孟子与孔子一样，要求学生树立远大的理想和宏伟目标，对社会发展有自己的理想和尽自己的义务。孔子把这称为"杀身成仁"。孟子把这称为"舍生取义"。孟子说："生亦我所欲也，义亦我所欲也；二者不可得兼，舍生而取义者也。"生命和道义都是我所喜欢的，如果二者不能并有，即便牺牲生命，也要保全道义。生死与荣辱发生矛盾时，志士仁人宁愿光荣而死，不愿屈辱而生。死虽可恶，但还有比死更可恶的行为，就不应该避死而苟活，那就要舍掉个人的幸福以至生命，实现其道德理想。可见孟子认为道德生活比个人幸福、个人生命都重要。

在立志问题上，孟子与孔子不同之点在于，孟子提出了立志与"养气"的关系。

"气"是什么？孟子认为"气"是充满人身、能够影响肉体运动，而且还能反作用于心志、道德的东西，这就相当于中医说的"营卫气血"之"气"。孟子认为，普通的人只要注意"养气"，经过量的积累可以质变，逐渐形成圣人身上的所谓"浩然之气"，它是正大刚直之气。

孟子的养气说表现出高度推崇理性自觉与坚定志向的作用。于是他的"浩然之气"实际上使其经过长期的道德修养而达到一种高度自觉、志向坚定的崇高精神境界。他认为有了这种境界，不仅贫富贵贱不动于心，生死祸福也能置之度外，这种人可谓顶天立地的大丈夫。

2. 反求诸己

孟子最服膺孔子的内省方法。孟子认为，当自己的行为与别人发生矛盾时，首先要自我反省。他说，"爱人不亲，反其仁；治人不治，反其智；礼人不答，反其敬；行有不得，皆反求诸己"。意思是说，我爱别人可是别人不亲近我，那得反问自己，自己的智慧才能够不够？我有礼貌地对待别人，可是得不到相应的回答，那得反问自己，自己的恭敬够不够？任何行为如果没有得到预期的效果，便反躬自责。

孟子以为一个人的祸与福，都决定于他本人的作为。他说"祸福无不自己求之者"，即祸害或幸福都是自找的。一个人要"自求多福"，不可"自作孽"。他常引《商书》太甲的话"自作孽，不可活"。作的罪孽，逃也逃不了，无法挽救了。孟子多次强调反求诸己，在协调人与人的关系中，厚于责己，不要自暴自弃，认为自己残害自己的人，不能和他谈出有价值的言语，自己抛弃自己的人，不能和他做出有价值的事业。他还说，不要埋怨超过自己的人，"仁者如射，射者正己而后发；发而不中，不怨胜己者，反求诸而已"。意思是说，在道德修养方面如同比赛射箭一样，射箭时先端正自己的姿态而后放箭；如果没有射中，不埋怨那些胜过自己的人，反躬自问罢了。

3. 意志锻炼

孟子认为一个人的道德、聪明和才智，都是从艰苦和患难的锻炼中得来的。他说，"人之有德慧术知者，恒存乎疾。独孤臣孽子，其操心也危，其虑患也深，故达"。意思是说，人之所以有道德、智慧、本领和才能，经常是由于他处于灾患逆境之中；那些孤立之臣、庶孽之子，他们时常提高警惕，考虑患害也深，所以他们往往通达事理。孟子还说过"生于忧患而死于安乐也"。忧愁患害足以使人生存，安逸快乐足以使人死亡。人常在困难忧患中自下而上成长。

他历数传说中尧舜、管仲、孙叔敖、百里奚等任大事的人，都曾在艰苦的环境中成长和被选拔出来。于是他得出结论："天将降大任于斯人也，必先苦其心志，劳其筋骨，饿其体肤，空乏其身，行拂乱其所为，所以动心忍性，曾益其所不能。人恒过，然后能改，困于心，衡于虑而后作"。意思是说，天将要把重大任务落到某人身上，一定先要苦恼他的心意，劳累他的筋骨，饥饿他的肠胃，穷困他的身体，他的每一行为总是不能如意，这样便可以震动他的心意，坚韧他的性情，增强他的能力。一个人错误常发生，才能改正；心意困苦，思虑阻塞，才能有所愤发而创造。在实践中不断磨炼和提高自己的意志与道德品质，乃是造就一个有作为的人的必备条件。

（四）教学思想

1. 深造自得

孟子从"尽心、知性、知天"思想出发，认为知识的学习，并非从外而来，必须经过自己主动自觉地努力钻研，才能彻底领悟。既然万事万物的道理都在我心中，那么只有自求自得，才能深入心通，心有所得，达到运用自如的地步。所以他说："君子深造之以道，欲其自得之也。自得之，则居之安；居之安，则资之深；资之深，则取之左右逢其原，故君子欲其自得之也。"他认为君子的高深造诣要有正确的办法，这就是要求他自觉地追求得到。自觉地追求得到的，掌握得比较牢固，牢固的掌握而不动摇，就能积蓄很深，积蓄很深，便能取之不尽，左右逢源，所以君子要自觉地有所得。他还说："求则得之，舍则失之，是求有益于得也，求在我者也。"追求探索，便会得到；放弃，便会失掉，这是有益于收获的探求，因为所探求的对象存在于我自身之内。这就是说，他重视学生自得，认为自觉得到的知识才能真正成为自己的知识，这种知识用起来可以探索求源，左右取之不尽，运用合宜，这样便可以步步深造。

孟子认为深造自得必须注意由博返约。他说，"博学而详说之，将以反说约也"。广博地学习，详细地解说，在融会贯通之后，再回到简略地述说大意的地步。孟子认为深造自得要注意能将广博的知识，融会贯通，然后再归纳为简约的结论以达到"约"的地步。这是一种重要的思维方法与学习方法，也是一种教学方法。作为教师，要把一个道理讲明白，如果没有关于这个道理的广博知识并能融会贯通，就很难把这个道理的重点、难点与关键之处向学生讲清楚。由博返约，以简驭繁，这是古人留给我们的重要的教学与学习方法。

2. 启发思维

孟子同孔子一样，善于启发思维，善于使用问答法达到他预期的结果。他的善于用比喻的方法，使学生容易明白他所讲的道理。他要求学生主动积极，开动脑筋，不急于代替学生做结论。

他有一句名言：“尽信《书》，则不如无《书》”。完全相信《书》，那还不如没有《书》。他要求学生有存疑精神。这是对孔子“多闻阙疑”“多见阙殆”思想的发展。有疑才有思，疑，正是启发思维的起点。

他还说：“大匠不为拙工改废绳墨，弈不为拙射变其彀率。君子引而不发，跃如也。中道而立，能者从之。”意思是说，高明的工匠不因为拙劣的工人改变或废弃规矩，高明的弓手弈也不因为拙劣射手变更拉开弓的标准。君子教导别人正如射手张满了弓，却不发箭，做出跃跃欲试的姿势，以启发和诱导学生，激发学生有进无退的学习积极性。教师不能降低要求，要在正确的道路中站住，有能力的学生便跟随而来。这是教师引导的结果。

3. 循序渐进

孟子重视循序渐进地学习知识，他继承了孔子“循循然善诱人”的思想，所谓“循循然”意味着孔子善于按照次序、一步一步地进行诱导。孟子认为学习是一个自然发展的过程，一方面应自强不息，不可松懈或间断；一方面也不应流于急躁。他说“其进锐者，其退速”，前进太猛的人，后退也会快。他还把进学的次第比作流水，“不盈科不行”，流水遇到坎坷时，必须等水盈满后才能继续往前进行，“盈科而后进”，日夜不停地流到海里去。“君子之志于道也，不成章不达”。所谓“成章”，意为事物达到一定阶段或具有一定规模。孟子的意思是，君子的有志于道，没有一定的成就，也就不能通达。不能投机取巧，不能急躁冒进，没有循序渐进的积累，就不可能达到伟大的成就。所谓“源泉混混，不舍心昼夜，盈科而后进，放于四海”，就是这个意思。

孟子认为学习既要不间断地努力，但又不能拔苗助长。他讲了一个故事，他说：一定有事作，时刻记住它，但也不能违背规律人为地帮助它生长。不要学一个宋国人那样，担心禾苗不长而一一拔高，疲倦回到家里，对家里人说，今天累坏了，我帮助禾苗生长了。他儿子赶快跑去一看，禾苗都枯槁了。其实天下不帮助禾苗生长的人是很少的。以为培养工作没有益处而放弃不干的，那是种庄稼而不锄的懒汉；违背规律去帮助它生长的就是拔苗的人。这种助长行为，不但无益，反而有害。他以禾苗的自然生长来譬喻人在受教育过程中的发展，反对急躁冒进、急于求成。要求教学过程中遵循客观规律，脚踏实地，循序渐进。

4. 专心有恒

孟子重视学习的专心致志，反对三心二意。他以下围棋为例，他说，下围棋只是小技术，如果不一心一意，那也学不会。弈秋是全国的下棋能手，假如让他教授两个人下棋，一个人很专心，听弈秋指导；另一个表面听着，心里却在想，要是有只天鹅飞来，就拿起弓箭去射它。后者的学习成绩一定不如前者。这是因为后者不如前者聪明吗？自然不是。这说明学习上的差异，和对学习是否专心有关，而不完全取决于人的天资的高低。这是中国教育史上讨论注意问题的开端，包括有意注意与无意注意以及注意的分配问题。

他说，"无或乎王之不智也。虽有天下易生之物也，一日曝之，十日寒之，未有能生者也"。意思是，莫怪王的不聪明，纵使有一种最容易生长的植物，晒它一天，冷它十天，没有能够生长的。这里表明他反对一曝十寒，主张专心有恒。他还教人不要有头无尾，功亏一篑，他说，"有为者辟若掘井，掘井九轫而不及泉，犹为弃井也"。有作为的人做一件事譬如掘井，掘到六七丈深不见泉水，这时停止挖掘了，结果仍是一个废井，这说明有为者必有恒心，取得最后成功才罢手；半途而废，前功尽弃，是没有恒心的表现。

5. 因材施教

孟子认为教学方法是多种多样的，总的精神是因材施教，启发诱导。他说，"君子之所以教者五：有如时雨化之者，有成德者，有达材者，有答问者，有私淑艾者，此五者，君子之所以教也"，意思是说，君子的教育方式有五种，有的像及时雨一般润泽万物，有成全品德的，有培养才能的，有解答疑问的，还有以流风余韵为后人所私自学习的。这五种便是孟子提出的教育方式。他还说过，"教亦多术矣，予不屑之教诲也者，是亦教诲之而已矣"。孟子说，在各种教育方式中，还有一种是不屑于去教诲他，这也是一种教诲呢！这是一种激励愤发的方式。孟子不喜欢"好为人师"。他说，"人之患在好为人师"，人的毛病在于喜欢充当别人的老师。孟子指的是那些自己没有多少学问却偏想摆教师架子的人。孟子是尊重教师的，是乐于当教师的。他对学生的态度是"往者不追，来者不拒"。无论谁，只要怀着学习的愿望来，孟子都不拒绝。他对教师提出了一条标准，那就是"以其昭昭，使人昭昭"而不可"以其昏昏，使人昭昭"。你想教导别人，必先使自己首先明白，然后才去教别人明白；如果自己还糊里糊涂，怎样使别人明白呢？这话说的是十分深刻的。

五、原著选编①

（一）梁惠王章句上·第一节

孟子见梁惠王。王曰："叟不远千里而来，亦将有以利吾国乎？"

孟子对曰："王何必曰利？亦有仁义而已矣。王曰'何以利吾国'？大夫曰'何以利吾家'？士庶人曰'何以利吾身'？上下交征利而国危矣。万乘之国弑其君者，必千乘之家；千乘之国弑其君者，必百乘之家。万取千焉，千取百焉，不为不多矣。苟为后义而先利，不夺不餍。未有仁而遗其亲者也，未有义而后其君者也。王亦曰仁义而已矣，何必曰利？"

[译文]

孟子拜见梁惠王。梁惠王说："老先生，你不远千里而来，一定是有什么对我的国家有利的高见吧？"

孟子回答说："大王！何必说利呢？只要说仁义就行了。大王说'怎样使我的国家有利？'大夫说，'怎样使我的封地有利？'一般人士和老百姓说，'怎样使我自己有利？'结果是上上下下互相争夺利益，国家就危险了啊！在一个拥有一万辆兵车的国家里，杀害它国君的人，一定是拥有一千辆兵车的大夫；在一个拥有一千辆兵车的国家里，杀害它国君的人，一定是拥有一百辆兵车的大夫。这些大夫在一万辆兵车的国家中就拥有一千辆，在一千辆兵车的国家中就拥有一百辆，他们的拥有不算少。可是，如果把义放在后而把利摆在前，他们不夺得国君的地位是永远不会满足的。反过来说，从来没有讲仁的人却抛弃父母的，从来也没有讲义的人却不顾君王的。所以，大王只说仁义就行了，何必说利呢？"

---

① （战国）孟子.孟子译注 [M].杨伯峻译注.北京：中华书局,2008.

（二）梁惠王章句下·第三节

宣王问曰："交邻国有道乎？"

孟子对曰："有。惟仁者为能以大事小，是故汤事葛，文王事昆夷；惟智者为能以小事大，故大王事獯鬻，勾践事吴。以大事小者，乐天者也；以小事大者，畏天者也。乐天者保天下，畏天者保其国。诗云：'畏天之威，于时保之。'"

王曰："大哉言矣！寡人有疾，寡人好勇。"

对曰："王请无好小勇。夫抚剑疾视曰，'彼恶敢当我哉'！此匹夫之勇，敌一人者也。王请大之！诗云：'王赫斯怒，爰整其旅，以遏徂莒，以笃周祜，以对于天下。'此文王之勇也。文王一怒而安天下之民。书曰：'天降下民，作之君，作之师。惟曰其助上帝，宠之四方。有罪无罪，惟我在，天下曷敢有越厥志？'一人衡行于天下，武王耻之。此武王之勇也。而武王亦一怒而安天下之民。今王亦一怒而安天下之民，民惟恐王之不好勇也。"

[译文]

齐宣王问道："和邻国交往有什么讲究吗？"

孟子回答说："有。只有有仁德的人才能够以大国的身份侍奉小国，所以商汤侍奉大国，周文王侍奉昆夷。只有有智慧的人才能够以小国的身份侍奉大国，所以周太王侍奉獯鬻，越王勾践侍奉吴王夫差。以大国身份侍奉小国的，是以天命为乐的人；以小国身份侍奉大国的，是敬畏天命的人。以天命为乐的人安定天下，敬畏天命的人安定自己的国家。《诗经》说：'畏惧上天的威灵，因此才能够安定。'"

宣王说："先生的话可真高深呀！不过，我有个毛病，就是逞强好勇。"

孟子说："那就请大王不要好小勇。有的人动辄按剑瞪眼说：'他怎么敢抵挡我呢？'这其实只是匹夫之勇，只能与个把人较量。大王请不要喜好这样的匹夫之勇！"

"《诗经》说：'文王义愤激昂，发令调兵遣将，把侵略莒国的敌军阻挡，增添了周国的吉祥，不辜负天下百姓的期望。'这是周文王的勇。周文王一怒便使天下百姓都得到安定。"

《尚书》说：'上天降生了老百姓，又替他们降生了君王，降生了师表，这些君王和师表的唯一责任，就是帮助上帝来爱护老百姓。所以，天下四方的有罪者和无罪者，都由我来负责，普天之下，何人敢超越上帝的意志呢？'所以，只要有一人在天下横行霸道，周武王便感到羞耻。这是周武王的勇。周武王也是一怒便使天下百姓都得到安定。如今大王如果也做到一怒便使天下百姓都得到安定，那么，老百姓就会唯恐大王不喜好勇了啊。"

（三）公孙丑章句上·第二节

公孙丑问曰："夫子加齐之卿相，得行道焉，虽由此霸王不异矣。如此，则动心否乎？"

孟子曰："否。我四十不动心。"

曰："若是，则夫子过孟贲远矣。"

曰："是不难，告子先我不动心。"

曰："不动心有道乎？"

曰："有。北宫黝之养勇也，不肤挠，不目逃，思以一豪挫于人，若挞之于市朝。不受于褐宽博，亦不受于万乘之君。视刺万乘之君，若刺褐夫。无严诸侯。恶声至，必反之。孟施舍之所养勇也，曰：'视不胜犹胜也。量敌而后进，虑胜而后会，是畏三军者也。舍岂能为必胜哉？能无惧而已矣。'孟施舍似曾子，北宫黝似子夏。夫二子之勇，未知其孰贤，然而孟施舍守约也。昔者曾子谓子襄曰：'子好勇乎？吾尝闻大勇于夫子矣：自反而不缩，虽褐宽博，吾不惴焉；自反而缩，虽千万人，吾往矣。'孟施舍之守气，又不如曾子之守约也。"

曰："敢问夫子之不动心，与告子之不动心，可得闻与？"

"告子曰：'不得于言，勿求于心；不得于心，勿求于气。'不得于心，勿求于气，可；不得于言，勿求于心，不可。夫志，气之帅也；气，体之充也。夫志至焉，气次焉。故曰：'持其志，无暴其气。'"

"既曰'志至焉，气次焉'，又曰'持其志无暴其气'者，何也？"

曰："志壹则动气，气壹则动志也。今夫蹶者趋者，是气也，而反动其心。"

"敢问夫子恶乎长？"

曰："我知言，我善养吾浩然之气。"

"敢问何谓浩然之气？"

曰："难言也。其为气也，至大至刚，以直养而无害，则塞于天地之间。其为气也，配义与道；无是，馁也。是集义所生者，非义袭而取之也。行有不慊于心，则馁矣。我故曰，告子未尝知义，以其外之也。必有事焉而勿正，心勿忘，勿助长也。无若宋人然：宋人有闵其苗之不长而揠之者，芒芒然归。谓其人曰：'今日病矣，予助苗长矣。'其子趋而往视之，苗则槁矣。天下之不助苗长者寡矣。以为无益而舍之者，不耘苗者也；助之长者，揠苗者也。非徒无益，而又害之。"

[译文]

公孙丑问："先生您要是担任齐国的卿相大官，能推行您的道路，虽然由此而成就霸道和王道，不异于古之霸王之君矣。像这样，您会动心吗？"

孟子说："不，我四十岁后就不动心了。"

公孙丑说："若是这样，先生比孟贲要强多了。"

孟子说："做到这个并不难，告子做到不动心比我还要早。"

公孙丑问："做到不动心有什么诀窍吗？"

孟子说："有，北宫黝培养勇气的方法是，肌肤被刺破而不屈服，看见可怕的不逃避，即使有一根毫毛被别人伤害，也觉得犹如在大庭广众下遭到鞭打一样，他不受制于贫贱的人，也不受制于大国的君主；把刺杀大国君主看作如同刺杀普通平民一样；他不尊敬诸侯，受到辱骂必然要回骂。孟施舍培养勇气的方法又不同，他说：'在失败的情况下还要看到胜利，如果估量敌方的强弱而后前进，思虑胜败后才交锋，就是害怕敌方的三军。我怎么能因为必胜才战斗？我只要无所畏惧就行了。'孟施舍像曾子，北宫黝像子夏。这两个人的勇气，不知道谁更好些，然而孟施舍却能遵守约定。从前曾子告诉子襄说'你崇尚勇敢吗？我曾经听孔子说过大的勇敢，反躬自问而不退缩，虽然是平民，我也不恐惧；反躬自问而退缩，虽然有千万人，我也前往'。孟施舍保持无所畏惧的态度，又不如曾子之遵守约定了。"

公孙丑说："请问先生的不动心与告子的不动心，可以说来听听吗？"

孟子说："告子说：'不懂得对方的语言，就无法理解对方的心思；不理解对方的心思，就无法理解对方的意气。'不理解对方的心思，就无法理解对方的意气，是可以的；不懂得对方的语言，就无法理解对方的心思，就不可以了。人的意志，乃是人的意气的主帅，人的意气，是充满人体内的巨大的精神力量。那意志是周密而周到的，意气比起来就稍差一点。所以说：'保持自己的意志，不要糟蹋自己的意气。'"

公孙丑又问："既然说：'那意志是周密而周到的，意气比起来就稍差一点。'又说：'保持自己的意志，不要糟蹋自己的意气。'这是为什么呢？"

孟子说："意志专一则会使意气转移，意气专一又会使意志摇摆，现在看那些倒行逆施、趋炎附势的人，正是因为意气用事，反而牵动他们的心。"

公孙丑又问："请问先生擅长于什么呢？"

孟子说："我知道语言的作用，我善于修养我的浩然之气。"

公孙丑说："请问什么叫作浩然之气？"

孟子说："这很难说透，这种气，最伟大、最刚强，用正直去培养它而不损害它，那就会充满于天地之间。这种气，要配上最佳行为方式和正常的道路，如果不是，就会泄气。它是集聚最佳行为方式在心中所生起的，不是凭偶然的最佳行为方式所能获取的。行为中有不满足于心的，就会泄气。所以我说，告子不一定知道最佳的行为方式，因为他把义看作外在的东西。如果有事情必然要发生，先不要去纠正，心里面不要忘记它，不要去助长它。千万不要像宋国人那样，宋国有个人担心他的禾苗长不快而把禾苗拔高，累了一天回家，告诉家里人说：'今天我太担忧，所以帮助禾苗长高了。'他的儿子赶快跑去一看，禾苗都枯萎了。天下不拔苗助长的人太少了。以为没有什么益处而放弃的人，就是不锄草松土的懒汉；帮助禾苗快速成长的人，就是拔苗助长的人；他们这样做，不但没有什么好处，反而会伤害事情的发展。"

（四）公孙丑章句下·第一节

孟子曰："天时不如地利，地利不如人和。三里之城，七里之郭，环而攻之而不胜。夫环而攻之，必有得天时者矣；然而不胜者，是天时不如地利也。城非不高也，池非不深也，兵革非不坚利也，米粟非不多也；委而去之，是地利不如人和也。故曰：域民不以封疆之界，固国不以山溪之险，威天下不以兵革之利。得道者多助，失道者寡助。寡助之至，亲戚畔之；多助之至，天下顺之。以天下之所顺，攻亲戚之所畔；故君子有不战，战必胜矣。"

[译文]

孟子说："有利的时机和气候不如有利的地势，有利的地势不如人的齐心协力。一个三里内城墙、七里外城墙的小城，四面围攻都不能够攻破。既然四面围攻，总有遇到好时机或好天气的时候，但还是攻不破，这说明有利的时机和气候不如有利的地势。另一种情况是，城墙不是不高，护城河不是不深，兵器和甲胄不是不锐利，粮草也不是不充足，但还是弃城而逃了，这就说明有利的地势不如人的齐心协力。所以说：老百姓不是靠封锁边境线就可以限制住的，国家不是靠山川险阻就可以保住的，扬威天下也不是靠锐利的兵器就可以做到的。拥有道义的人得到的帮助就多，失去道义的人得到的帮助就少。帮助的人少到极点时，连亲戚也会叛离；帮助的人多到极点时，全天下的人都会顺从。以全天下人都顺从的力量去攻打连亲戚都会叛离的人，必然是不战则已，战无不胜的了。"

（五）滕文公章句上·第一节

滕文公为世子，将之楚，过宋而见孟子。孟子道性善，言必称尧舜。

世子自楚反，复见孟子。孟子曰："世子疑吾言乎？夫道一而已矣。成覵谓齐景公曰：'彼丈夫也，我丈夫也，吾何畏彼哉？'颜渊曰：'舜何人也？予何人也？有为者亦若是。'公明仪曰：'文王我师也，周公岂欺我哉？'今滕，绝长补短，将五十里也，犹可以为善国。书曰：'若药不瞑眩，厥疾不瘳。'"

[译文]

滕文公还是太子的时候，要到楚国去，经过宋国时拜访了孟子。孟子给他讲善良是人的本性的道理，话题不离尧舜。

太子从楚国回来，又来拜访孟子。孟子说："太子不相信我的话吗？道理都是一致的啊。成覸对齐景公说：'他是一个男子汉，我也是一个男子汉，我为什么怕他呢？'颜渊说：'舜是什么人，我是什么人，有作为的人也会像他那样。'公明仪说：'文王是我的老师；周公难道会欺骗我吗？'现在的滕国，假如把疆土截长补短也有将近方圆五十里吧。还可以治理成一个好国家。《尚书》说：'如果药不能使人头昏眼花，那病是不会痊愈的。'"

（六）滕文公章句下·第二节

景春曰："公孙衍、张仪岂不诚大丈夫哉？一怒而诸侯惧，安居而天下熄。"

孟子曰："是焉得为大丈夫乎？子未学礼乎？丈夫之冠也，父命之；女子之嫁也，母命之，往送之门，戒之曰：'往之女家，必敬必戒，无违夫子！'以顺为正者，妾妇之道也。居天下之广居，立天下之正位，行天下之大道。得志与民由之，不得志独行其道。富贵不能淫，贫贱不能移，威武不能屈。此之谓大丈夫。"

[译文]

景春说："公孙衍和张仪，难道不是真正的大丈夫吗？他们一发怒，诸侯就害怕；他们一安于辨别，天下的争斗就熄灭。"

孟子说："这怎么能算大丈夫呢？你没有学习社会行为规范吗？男子行成年礼，父亲对他有所嘱托；女子要出嫁，母亲有所嘱托并送到大门口，告诫她说：'到了你自己的家，必须恭敬，必须谨慎，不要违抗丈夫。'以顺从作为准则，是为人妻妾的人生道路。辨别天下众多可辨别的东西，树立天下正确的名位，推行天下最大的道路；如果得志，让人民遵从遵照；如果不得志，就自己走自己的道路。富贵时不能过度，贫贱时不要动摇改变意志，面对威武之势而不屈服，这才叫大丈夫！"

（七）离娄章句上·第二节

孟子曰："规矩，方员之至也；圣人，人伦之至也。欲为君尽君道，欲为臣尽臣道，二者皆法尧舜而已矣。不以舜之所以事尧事君，不敬其君者也；不以尧之所以治民治民，贼其民者也。孔子曰：'道二：仁与不仁而已矣。'暴其民甚，则身弒国亡；不甚，则身危国削。名之曰'幽厉'，虽孝子慈孙，百世不能改也。诗云'殷鉴不远，在夏后之世'，此之谓也。"

[译文]

孟子说："圆规和曲尺，是方与圆的准则；圣人的作为，是人与人之间关系的准则。想要做君主，就要走君主的道路；想要做臣子，就要走臣子的道路。这二者不过是效法尧、舜罢了。不以舜之所以侍奉尧的作为来侍奉君主，就是不敬奉自己的君主；不以尧之所以治理民众的作为来治理民众，就是残害自己的百姓。孔子说：'道路只有两条，爱民与不爱民而已。'残暴虐害老百姓太过分则身被杀国亦亡；不太过分，则自身危险国力削弱，这就称之为'昏暗乱常和暴虐嗜杀'，即使有孝子及孙子，历百世也改变不了。《诗经》上说：'殷商可以借鉴的教训并不遥远，就是在前一代的夏朝。'说的正是这个意思。"

（八）离娄章句下·第三节

孟子告齐宣王曰："君之视臣如手足，则臣视君如腹心；君之视臣如犬马，则臣视君如国人；君之视臣如土芥，则臣视君如寇雠。"

王曰："礼，为旧君有服，何如斯可为服矣？"

曰："谏行言听，膏泽下于民；有故而去，则君使人导之出疆，又先于其所往；去三年不反，然后收其田里。此之谓三有礼焉。如此，则为之服矣。今也为臣。谏则不行，言则不听；膏泽不下于民；有故而去，则君搏执之，又极之于其所往；去之日，遂收其田里。此之谓寇雠。寇雠何服之有？"

[译文]

孟子告诉齐宣王说："君主看待臣子如同看待自己的手足，臣子就会把君主看待如同心腹；君主看待臣子如同犬马，臣子就会把君主看待如同常人；君主看待臣子如同尘土草芥，臣子就会把君主看待如同强盗仇敌。"

齐宣王说："按礼制，臣要为自己过去的君主服丧，应该怎样做才能让臣子为之服丧呢？"孟子说："君主对臣子的劝告能够接受，建议能够听取，因而恩惠能够下达到百姓；臣子因故要离去，君主能派人引导其出国境，并派人事先前往其要去的地方进行妥善安排；其离去三年后不回来，才收回他的土地房产；这样做叫作三有礼。做到这些，臣子就会为他服丧。现在做臣子，劝谏不被接受，建议不被听取，因此恩惠到不了百姓；臣子因故要离开国家，君主就派人拘捕他的亲族，并故意到他要去的地方为难他，离开的当天就没收了他的土地房产，这就叫作强盗仇敌。对于强盗仇敌，为什么还要服丧呢？"

（九）万章章句上·第八节

万章问曰："或谓孔子于卫主痈疽，于齐主侍人瘠环，有诸乎？"

孟子曰："否，不然也。好事者为之也。于卫主颜雠由。弥子之妻与子路之妻，兄弟也。弥子谓子路曰：'孔子主我，卫卿可得也。'子路以告。孔子曰：'有命。'孔子进以礼，退以义，得之不得曰'有命'。而主痈疽与侍人瘠环，是无义无命也。孔子悦于鲁卫，遭宋桓司马将要而杀之，微服而过宋。是时孔子当阨，主司城贞子，为陈侯周臣。吾闻观近臣，以其所为主；观远臣，以其所主。若孔子主痈疽与侍人瘠环，何以为孔子？"

［译文］

万章问："有人说孔子在卫国宦官痈疽家里主持私塾教务，在齐国太监瘠环家里主持私塾教务，有这样的事吗？"

孟子说："不，不是这样的，这是好事之徒捏造出来的。孔子在卫国时在颜雠由家主持私塾教务，弥子的妻子和子路的妻子是姐妹，弥子告诉子路说：'孔子住在我家，可以得到卫国的卿位。'子路将这话告诉孔子，孔子说：'这有天命安排。'孔子进依照行为规范，退依照行为方式，得到或得不到都说是'有天命安排'。而在痈疽家和太监瘠环家里主持私塾教务就是不合行为方式和不顾天命。孔子在鲁国和卫国都不顺心，又遇上宋国的司马桓魋，要拦截杀害他，于是就改变装束通过宋国。那个时候孔子正走厄运，在陈国司城贞子家里主持私塾教务，做了陈侯周的臣子。我听说，观察在朝的近臣，看他所接待的主持私塾教务的人；观察外来的远臣，就看他接受什么样的人主持教育。如果孔子在宦官痈疽和太监瘠环家里主持私塾教务，怎么还能算是孔子呢？"

（十）万章章句下·第一节

孟子曰："伯夷，目不视恶色，耳不听恶声。非其君不事，非其民不使。治则进，乱则退。横政之所出，横民之所止，不忍居也。思与乡人处，如以朝衣朝冠坐于涂炭也。当纣之时，居北海之滨，以待天下之清也。故闻伯夷之风者，顽夫廉，懦夫有立志。

"伊尹曰：'何事非君？何使非民？'治亦进，乱亦进。曰：'天之生斯民也，使先知觉后知，使先觉觉后觉。予，天民之先觉者也；予将以此道觉此民也。'思天下之民匹夫匹妇有不与被尧舜之泽者，若己推而内之沟中，其自任以天下之重也。……"

[译文]

孟子说："伯夷这个人，眼睛不看丑恶的色彩，耳朵不听丑恶的声音。不是他理想的君主，不侍奉；不是他信任的民众，不役使。国家有治就积极进取，国家混乱就退避隐居。横暴放纵的政事出现的地方，横暴放纵的民众居住的地方，他都不能忍受在那里居住。想象着和乡下人相处，就像穿戴着上朝的衣帽坐在污泥炭灰之中一样。在商纣王的时候，他住在北海之滨，以等待天下能够清明。所以，听到伯夷这种风范的，痞顽的人也会变得清廉，懦弱的人也会树立志向。

"伊尹说：'为何侍奉不理想的君主呢？为何役使不信任的民众呢？'国家有治积极进取，国家混乱也积极进取，他又说：'上天生育这些民众，使先明理的人启发后明理的人，使先觉悟的人启发后觉悟的人。我，是上天生育这些民众中先觉悟的人，我要用这个尧、舜之道来启发上天所生的民众。'想那天下的百姓，一个个男子和女子如果有没受到尧、舜之道恩惠的，就好像是自己将他们推进水沟中一样。伊尹就是这样自愿把天下的重担挑在肩头的。"

（十一）告子章句上·第一节

告子曰："性，犹杞柳也；义，犹桮棬也。以人性为仁义，犹以杞柳为桮棬。"

孟子曰："子能顺杞柳之性而以为桮棬乎？将戕贼杞柳而后以为桮棬也？如将戕贼杞柳而以为桮棬，则亦将戕贼人以为仁义与？率天下之人而祸仁义者，必子之言夫！"

[译文]

告子说："人性，好比是柳树，行为方式好比是杯盘；使人性具有仁义，就好比是用柳树制成杯盘。"

孟子说："你是顺着杞柳的本性来做成杯盘呢？还是伤害它的本性来做成杯盘？假如说要伤害杞柳的本性来做成杯盘，那么你也会伤害人的本性来使人具有仁义吗？带领天下人来祸害仁义的，必定是你这种言论。"

（十二）告子章句下·第十五节

孟子曰："舜发于畎亩之中，傅说举于版筑之间，胶鬲举于鱼盐之中，管夷吾举于士，孙叔敖举于海，百里奚举于市。故天将降大任于斯人也，必先苦其心志，劳其筋骨，饿其体肤，空乏其身，行拂乱其所为，所以动心忍性，曾益其所不能。人恒过，然后能改；困于心，衡于虑，而后作；征于色，发于声，而后喻。入则无法家拂士，出则无敌国外患者，国恒亡。然后知生于忧患而死于安乐也。"

[译文]

孟子说："舜原在历山耕地被尧起用而发展，傅说原在傅岩地方做建筑工人而被选拔，胶鬲从贩卖鱼盐的商人中被选拔上来，管夷吾从狱官手下被选拔，孙叔敖从海边隐居时被选拔，百里奚从交易场所被选拔。所以，上天要让某个人担负重任，必定先要让他的心志受苦，让他的筋骨劳累，让他的身体发肤挨饿，让他穷困，所有的行为不会违背他的行为方式，这就可以摇动他的心灵和磨炼他的性格，使他增长干弥补不足。人经常有过错，才能够改正。心灵被困，思虑被塞，而后才有所作为。表现在脸上，发出声音，然后才能让人明白。进入一个国家如果没有制定法律的专家和专门违背君主的谏臣，出国境没有敌国和外来的忧患，这个国家经常会消亡。这样才能知道人是生在忧患中，而会死于安乐之中的。"

（十三）尽心章句上·第十五节

孟子曰："人之所不学而能者，其良能也；所不虑而知者，其良知也。孩提之童，无不知爱其亲者；及其长也，无不知敬其兄也。亲亲，仁也；敬长，义也。无他，达之天下也。"

[译文]

孟子说："人们没有经过学习就会的，是人的良能。不经过考虑就知道的，是人的良知。二三岁的小孩子，没有不知道喜爱父母的，等到长大，没有不知道尊敬兄长的。亲近亲人，就是建立人与人之间相互亲爱的关系；尊敬兄长，就是最佳行为方式；这没有别的原因，表达出来是天下人共同的方法。"

（十四）尽心章句下·第十四节

孟子曰："民为贵，社稷次之，君为轻。是故得乎丘民而为天子，得乎天子为诸侯，得乎诸侯为大夫。诸侯危社稷，则变置。牺牲既成，粢盛既洁，祭祀以时，然而旱干水溢，则变置社稷。"

[译文]

孟子说："人民最为宝贵，土神和谷神次要，君主为轻。因此得到群聚的人民的承认者就可以成为天子，得到天子承认的就可以成为诸侯，得到诸侯承认的就可以成为大夫。诸侯危害社稷国家，就另外改立。用作祭祀的牲畜已经长成，用作祭祀的粮食已经洁净，就按时祭祀，但仍发生旱灾水灾，那么就另外改换土神和谷神。"

第四章 学记

一、作者简介

《学记》的作者到现在为止，仍然是一个谜。但在历史上主要是两种说法。一说认为是孔门弟子所作；另一说则认为是汉儒所记。持前说者如唐代的孔颖达，他在《礼记正义序》中说"《礼记》之作，出自孔氏，但正礼残阙，无复能明。……至孔子殁后，七十二之徒共撰所闻，以为此《记》。"北宋程颢虽认为《礼记》杂出于汉儒，但仍说其中如《乐记》《学记》《大学》等，出于孔门弟子"无可议者"。冯友兰认为《学记》为荀学。郭沫若认为应是孟学。他认为《学记》"是乐正氏所作"。高时良在人民教育出版社 1982年出版的《学记评注》中，进一步做了具体阐发。他说《学记》的作者是思孟学派的乐正克，这是因为，第一，乐正克是孟轲的得意门生，受孟轲思想熏陶较深。第二，乐正氏亦师承曾参。因为郭沫若对当代影响甚大，所以，很多资料直接采用这种说法，认为《学记》的作者是乐正克。

二、成书背景

春秋末年开始，奴隶制逐步为封建制所代替，经济、政治、意识形态都发生了巨大的变化。尤其是"士"阶层兴起壮大，活跃于整个社会。他们代表不同阶级、阶层的利益，针对当时的社会变革，发表评论，提出各自的主张，展开论辩，在思想文化界形成了百家争鸣的局面。

传播个人主张，最重要的方式就是通过教育。因此，诸子百家进行了大量的教学实践，并在此基础上，总结了教学的基本原则，对教与学的规律有了不断的加深和了解。同时，随着对儿童成长阶段的认识，把儿童按照年龄进行分段教育的思想也逐渐体现在学校制度的建立上。《学记》在总结先秦儒家教育教学成功和失败的经验教训，以及借鉴道家等其他各家教育长处的基础上，提出了一套教育、教学原则和方法。

三、原著概要

《学记》是中国古代文献中最早、体系比较完整而又极有价值的一部教育论著，是我国教育史上一份极为珍贵的遗产，也是世界教育史上最早出现的自成体系的教育学专著，它是人类的共同财富，更是中华民族的骄傲。《学记》是《小戴礼记》49篇中的一篇，全文只有1229个字，言简意赅，含义深刻。它成书于战国后期，是先秦时期儒家教育经验与教育思想的总结。其中包括的教育内容非常丰富。对教育目的、学校制度、教育原则、教学原则、教学方法、教师素质，以及教师的作用等问题，都做了比较全面、系统的论述。

四、教育思想解读

（一）教育目的

重视教育的社会作用，是先秦儒家学者教育思想的结晶。《学记》对先秦儒家的这一思想，做出了经典性的理论概括，并开宗明义地说："发虑宪，求善良，足以馉闻，不足以动众；就贤体远，足以动众，未足以化民。君子如欲化民成俗，其必由学乎。""玉不琢，不成器；人不学，不知道。是故古之王者，建国君民，教学为先。"《学记》把教育的社会作用概括为"建国君民""化民成俗"，一方面强调通过教育国家需要的德才兼备的统治人才，积极推行德政；一方面强调通过教育，形成统一的社会道德风尚，形成良好的社会习俗，使社会安定，民富国丰，政通人和，国泰民安。这段论述，明显地揭示了教育是立国之本的理论问题。《学记》要求明智的统治者要站在治理国家，统治人民，实现"王道"的高度上，把教育摆在首位，优先发展教育。这一论述成为后世儒家学者论述教育作用时经典性的引言，对中国封建社会的教育产生重要影响。

（二）教育制度和学校管理

1. 关于学制系统与修业年限

《学记》通篇论述的主要是大学之道、大学之教、大学之法和大学之礼，但其中也有关于学制系统的描述。它以托古的方式提出了从中央到地方按行政建制层层设立学校的设想。《学记》指出："古之教者，家有塾，党有痒，术有序，国有学。"古代二十五户为一"家"（或称"闾"），二十"家"为一"党"，二十五"党"为"术"（遂），体现各级地方行政区划。《学记》主张从"家"到诸侯国的国都都分设不同级别的学校，从而构成一个从中央到地方相当完善的学校系统，实施政教合一的管理职能。这个设想在中国古代教育发展史上具有极重要的意义。从汉代开始，历代封建王朝基本上是根据这个设想去兴办学校教育事业的。

关于学年，《学记》把大学教育的修业年限定为两段、五级、九年。第一、三、五、七学年为一段，学成后谓之"小成"。第九学年为第二段，学成之后谓之"大成"。每个阶段的要求都包括个人学业（离经、敬业、博习、论学、知类通达）和品行修养（辨志、乐群、亲师、取友、强立而不反）两个方面，呈现出循序渐进、不断提高的特点。这是中国古代年级制的萌芽。

2. 关于入学仪式和教学组织形式

《学记》记载，大学开学时要举行隆重的典礼。师生冠服严整，祭品陈列，祭祀"先圣先师"，以示"敬道"。然后合唱三首《诗经》中的诗歌。在正式上课之前，先击鼓召集学生，然后打开书本授读，以使学生敬重学业。这些典礼仪式以其庄重、肃穆对参加者通常都有一种强烈的感召力，形成一种良好的教育氛围。

《学记》指出："大学之教也，时教必有正业，退息必有居学。"也就是说，大学的教学形式，既有按时传授的正课，又有正课之外的课余学习。"正业"必须伴以"居学"，"居学"是配合"正业"的。"时教"要求教师认真进行课堂教学，"退息"则要求学生自觉复习巩固，做好课外作业。《学记》还做了许多比喻，论证广泛开展课外活动对学生学业长进的作用，要求学生在"时教"时要专心研习正课，在"退息"时则尽情从事各种有益活动，做到"藏焉修焉，息焉游焉"四者的紧密结合，使学生的身心都得到健康发展。

3. 视学制度与考核制度

《学记》主张最高统治者必须亲自过问教育事业。大学开学，天子要率百官亲临学宫参加开学典礼。每年夏季，天子要举行隆重的大祭，然后亲临学校视察。《学记》中规定："未卜禘不视学。"《礼记·月令》也有"命乐正习舞释菜，天子乃帅三公九卿诸侯大夫亲往视之"的记载。这种君主视学的制度被后世历代封建王朝所继承，成为中国古代教育管理制度的一个传统。

（三）教学原则

《学记》在具体分析教育、教学的成功与失败的经验教训的基础上，提出了一系列教育、教学的原则和方法，这也是《学记》中所占篇幅、字数最多，最有价值的部分，是《学记》精华之所在。

1. 教学相长

《学记》在教育史上首次明确提出"教学相长"的命题，把教与学看作教学过程中紧密相连、互相促进的矛盾体。"虽有嘉肴，弗食，不知其旨也；虽有至道，弗学，不知其善也。是故学然后知不足，教然后知困。知不足，然后能自反也；知困，然后能自强也。故曰：教学相长也。"也就是说，教与学是相辅相成、互相促进的，人们只有经过学习实践，才会发现自己的知识水平不够，也才会推动自己更勤奋地学习；只有通过教学实践，才会发现自己的困惑之处，也才会促使自己进一步进修提高。教与学是不断深入、不断发展的同一过程的两个方面，教因学而益深，学因教而日进。这就叫作教学相长。

2. 藏息相辅

《学记》指出："大学之教也，时教必有正业，退息必有居学。不学操缦，不能安弦；不学博依，不能安诗；不学杂服，不能安礼。不兴其艺，不能乐学。故君子之于学也，藏焉修焉，息焉游焉。"也就是说，按规定时间进行的正课学习与课外练习必须兼顾，相互补充，相互促进。课外练习可以深化正课学习的内容和提高对正课学习的兴趣。"藏息相辅"的教学原则要求课外练习与正课学习有机配合，学习与休息兼顾，学习与游乐相间，亲师与乐友结合，使学习成为学生的一种内在需要。

3. 豫时孙摩

《学纪》在总结"教之所由兴"和"教之所由废"的重要规律时指出：

"大学之法：禁于未发之谓豫；当其可之谓时；不陵节而施之谓孙；相观而善之谓摩。此四者，教之所由兴也。"这被称为"大学之法"的豫、时、孙、摩，就是使教学成功的四个基本原则。豫，就是预防性原则。在学生不良行为发生前就加以防范叫作预防。如果不良行为发生之后再去禁止，积习已深就难以矫正。所以这个原则要求教师在教学上要有预见性。时，是及时施教原则。"当其可之谓时"，抓住最佳的时机，及时施教，因势利导，就会取得良好的教育效果。否则，"时过然后学，则勤苦而难成"。孙，是循序渐进原则。"不陵节而施之谓孙"，教学必须遵循一定的顺序（"孙"），根据学生的年龄特征和接受水平妥善地安排教学进度。否则，"杂乱而不孙"，不按顺序教学，就会使教学陷于混乱而难以收到效果。摩，即学习观摩原则。"相观而善之谓摩"，学友间相互观摩，相互学习，取长补短，就能共同进步。否则，"独学而无友，则孤陋而寡闻"。

4. 启发诱导

《学记》主张采用启发式的教学，激发学生的学习兴趣，充分调动学生学习和思考的积极性、主动性，指出："故君子之教，喻也。道而弗牵，强而弗抑，开而弗达。道而弗牵则和，强而弗抑则易，开而弗达则思。和易以思，可谓善喻矣。"这就从三个方面概括了启发式教学的要点：一是"道而弗牵"，是积极引导学生，而不是硬牵着他们走。这样师生之间便能和悦相亲。二是"强而弗抑"，即严格要求学生，不断进行勉励和督促，而不是压抑他们，这样他们学习自然感到容易。三是"开而弗达"，即开启学生的思路，让他们自己去钻研，而不是代替学生得出结论，这样就能促使学生独立思考。

5. 长善救失

《学记》指出："学者有四失，教者必知之。人之学也，或失则多，或失则寡，或失则易，或失则止。此四者，心之莫同也。知其心然后能救其失也。教也者，长善而救其失者也。"指出了学生学习过程中普遍存在的四种毛病，即贪多务得、片面狭窄、贫乏浅薄、畏难不前。这四种毛病又是个体心理差异造成的。教师只有了解了学生的这些心理状态，才能矫正这些缺点。这就要求教师深入了解学生，坚持正面教育，重视因材施教，善于因势利导，发展学生的积极因素，克服其消极因素。

（四）教学方法

1. 讲解法

要求是"约而达"，即语言简约而意思通达；"微而臧"，即义理微妙而说得精透；"罕譬而喻"，即举少量典型的例证而使道理明白易懂。

2. 问答法

教师的提问应先易后难，循序渐进。回答问题时应有针对性作答，恰如其分，适可而止。

首先，如何提问。《学记》认为提问应由易到难，从容易的问题入手，容易的解决了，难的才能够解决。它认为一个善问的人应当像匠人攻伐坚木那样，"先其易者，后其节目"。当然，也不排斥在某种情况下，有时是需要单刀直入，提问难点的。但一般来说，应按"先易后难，先简后繁"的顺序为宜。

其次，如何回答问题。《学记》指出要注意两点：一是教师回答学生提的问题，要大小得当。如果学生问的问题小而浅，教师就不要小题大做，旁征博引。如果学生提的问题大而深，教师就要深入地进行分析，做出正确的回答。学生回答老师的提问也是一样，大小适宜，做到"叩之以小者则小鸣，叩之以大者则大鸣"。二是要求从容问答。提问题要从容，回答问题也要从容，这样才能把道理说透。好像撞钟一样，只有从容地撞，才能"尽其声"。"待其从容，然后尽其声"。这个生动形象而贴切的例子，对教学工作有深刻的意义。

3. 练习法

如学诗须多诵读吟唱，学乐则须多操琴拨弦，学礼则多按规矩去做。根据学习的内容，来安排必要的学习，练习需要有规范，并逐步进行。

4. 类比法

《学记》还主张教学中多运用"比物丑类"，用同类事物相比较，使学生能触类旁通，举一反三。这样不仅由此及彼，因理推论，巩固消化运用已学知识，而且还能使学生扩展知识，猎取知识，发展能力。

《学记》主要是从正面论述了教学理论、原则和方法。除此之外，还结合实际，从反面批评了当时教学的缺点及其不良后果，增强了正面论述的说服力。这里引用《学记》批评当时教学弊端的一段原文，其见解是十分精辟而中肯的。

"今之教者，呻其占毕，多其讯言，及其数进而不顾其安。使人不由其诚，教人不尽其材。其施之也悖，其求之也佛（拂）。夫然，故隐其学而疾其师，苦其难而不知其益也。虽终其业，其去之必速，教之不刑，其此之由乎！"

这段话，很生动地指出了当时教学的五大弊端及其不良后果。一曰"呻其占毕"。教师只顾朗读课文，不求学生理解其意义。二曰"多其讯言"。教师一味注入灌输，不考虑学生的自觉性和积极性。三曰"及其数进而不顾其安"。就是教学只顾赶进度，不管学生能不能接受和消化理解。四曰"使人不由其诚"。教学不从学生的志趣出发，没有激发学生内在的学习动机。五曰"教人不尽其材"。教师没有因材施教，就不能发展学生个人的才能，埋没人才。

由于这五大弊端，所以教学的效果与人的愿望相反，造成了不良的后果。使学生厌恶学习；怨恨教师；苦于学习的困难，"苦其难"；不了解学习的目的和作用，"不知其益"。这样学生即使毕了业，很快就会忘得一干二净，学了等于没有学，"虽终其业，其去之必速"。

五、原著选编[①]

学记

发虑宪，求善良，足以謏闻，不足以动众；就贤体远，足以动众，未足以化民。君子如欲化民成俗，其必由学乎！

玉不琢，不成器；人不学，不知道。是故古之王者建国君民，教学为先。《兑命》曰："念终始典于学。"其此之谓乎！

虽有嘉肴，弗食，不知其旨也；虽有至道，弗学，不知其善也。是故学然后知不足，教然后知困。知不足，然后能自反也；知困，然后能自强也。故曰：教学相长也。《兑命》曰："学学半。"（前一个"学"字音 xiào，本字读作"斅"，意思是教育别人；后一个"学"字音 xué，意思是向别人学习。）

---

① 高时良 . 学记研究 [M]. 北京 : 人民教育出版社 ,2006.

其此之谓乎？

古之教者，家有塾，党有庠（xiáng），术（suì）有序，国有学。比年（隔一年）入学，中年考校。一年视离经辨志；三年视敬业乐群；五年视博习亲师；七年视论学取友，谓之小成。九年知类通达，强立（坚强的意志）而不反，谓之大成。夫然后足以化民易俗，近者说（yuè"悦"）服而远者怀（向往）之，此大学之道也。《记》曰："蛾子时术之。"其此之谓乎！

大学始教，皮弁（biàn）祭菜，示敬道也。《宵雅》肄（yì）三，官其始也。入学鼓箧（qiè），孙（以逊顺之心）其业也。夏楚二物，收其威也。未卜禘（dì）不视学，游其志也。时观而弗语，存其心也。幼者听而弗问，学不躐（liè 同后文"陵"，超越）等也。此七者，教之大伦（纲要）也。《记》曰："凡学，官先事，士先志。"其此之谓乎！

大学之教也，时教必有正业，退息必有居学。不学操缦，不能安弦；不学博依，不能安诗；不学杂服，不能安礼。不兴其艺，不能乐学。故君子之于学也，藏焉修焉，息焉游焉。夫然，故安其学而亲其师，乐其友而信其道，是以虽离师辅而不反也。《兑命》曰："敬孙务时敏，厥修乃来。"其此之谓乎！

今之教者，呻其占毕，多其讯言，及其数进而不顾其安，使人不由其诚，教人不尽其材。其施之也悖，其求之也佛（拂）。夫然，故隐其学而疾其师，苦其难而不知其益也。虽终其业，其去之必速，教之不刑，其此之由乎！

大学之法：禁于未发之谓豫；当其可之谓时；不陵节而施之谓孙；相观而善之谓摩。此四者，教之所由兴也。

发然后禁，则扞（hàn）格而不胜；时过然后学，则勤苦而难成；杂施而不孙，则坏乱而不修；独学而无友，则孤陋而寡闻；燕朋逆其师；燕辟废其学。此六者，教之所由废也。

君子既知教之所由兴，又知教之所由废，然后可以为人师也。故君子之教，喻也。道（dǎo）而弗牵，强而弗抑，开而弗达。道而弗牵则和，强而弗抑则易，开而弗达则思。和易以思，可谓善喻矣。

学者有四失，教者必知之。人之学也，或失则多，或失则寡，或失则易，或失则止。此四者，心之莫同也。知其心然后能救其失也。教也者，长善而救其失者也。

善歌者，使人继其声；善教者，使人继其志。其言也，约而达，微而臧，罕譬而喻，可谓继志矣。

君子知至学之难易而知其美恶，然后能博喻，能博喻然后能为师，能为师然后能为长，能为长然后能为君。故师也者，所以学为君也，是故择师不可不慎也。《记》曰："三王四代唯其师。"其此之谓乎！

凡学之道：严师为难。师严然后道尊，道尊然后民知敬学。是故君之所以不臣于其臣者二：当其为尸，则弗臣也；当其为师，则弗臣也。大学之礼，虽诏于天子无北面，所以尊师也。

善学者，师逸而功倍，又从而庸之。不善学者，师勤而功半，又从而怨之。善问者如攻坚木，先其易者，后其节目，及其久也，相说以解。不善问者反此。善待问者如撞钟，叩之以小者则小鸣，叩之以大者则大鸣，待其从容，然后尽其声。不善答问者反此。此皆进学之道也。

记问之学，不足以为人师，必也听语乎！力不能问，然后语之，语之而不知，虽舍之可也。

良冶之子，必学为裘；良弓之子，必学为箕；始驾马者反之，车在马前。君子察于此三者，可以有志于学矣。

古之学者，比物丑类，鼓无当于五声，五声弗得不和；水无当于五色，五色弗得不章；学无当于五官，五官弗得不治；师无当于五服，五服弗得不亲。

君子曰：大德不官，大道不器，大信不约，大时不齐。察于此四者，可以有志于学矣。三王之祭川也，皆先河而后海，或源也，或委也，此之谓务本！

[译文]

说话和考虑问题合乎法度，招求一些贤良人士辅佐自己，那就足可以有小的声誉，但还不足以耸动群众的听闻。礼贤于德行贤良的人，亲近于才艺广远的人，就足以耸动群众的听闻，但还不足以教化臣民，成其美俗。处于君位的人如果要教化臣民，成其美俗，这一定要通过学习呀！

玉石不经过雕琢，就不能变成好的器物；人不经过学习，不会明白儒家之道。所以古代的君王，建立国家，统治人民，要把兴办教育作为首要任务。《尚书·兑命》篇中说"由始至终要经常想着学习先王正典"，这就是它所要表达的意思呀。

虽然有美味佳肴，不吃就不知道它的味美；虽然有最好的道理，不学习就不知道它的好处。所以深入学习之后才知道自己德行不足，教书育人之后才知道自己学识不通达。知道自己德行不足然后才能自我反省，知道自己学识不通达然后才能自我奋勉。所以说：教与学是相互促进的。《尚书·兑命》篇中说：教育别人所起到的效果，其中一半就是使自己增长德行学识。这就是它所要表达的意思呀。

古代设学施教，每一间设有学校叫塾，每一党设有学校叫庠，每一术设有学校叫序，在天子或诸侯的国都设有大学。新生每年都可入学，隔年考试一次。第一年考查学生离析经文义理和辨别志向所趋的能力；第三年考查学生是否尊敬师长，能否和学友和睦相处；第五年考查学生是否广学博览，亲敬师长；第七年考查学生在学术上的见解和择友的眼光，称之为"小成"。第九年考查学生是否能够触类旁通，知识渊博通达，临事不惑，不违背老师教诲，称之为"大成"。然后就足可以教化臣民，移风易俗，使亲近的人心悦诚服，疏远的人人心归附。这就是大学教育的纲要。《记》中说："幼蚁时时学习它（幼蚁时时术学衔土之事，而成大垤，犹如学者时时学问，而成大道）。"这就是它所要表达的意思呀。

大学开学时，官吏身穿朝服以素菜祭祀先圣先师，教育学生求学要首先具备谦虚和恭敬的态度；祭祀时，齐颂《小雅》，练习三首（指《鹿鸣》《四牡》《皇皇者华》），从学习像这三首诗所描述的长幼有序，各自勉励那样去做官开始；学生入学时乐师的助手击鼓召集学生，然后发放盛有所发经书的书筐，这样是为了让学生恭顺于学业；夏楚两件东西，是为了让学生害怕，用以整肃学生的威仪；夏祭之前天子诸侯不视察学校，不考查学生经业，是为了让学生有充裕的时间按自己的志愿去学习；教师时时观察学生，而不加以指导，当学生遇到疑难问题时，让学生在心里翻来覆去地思考，直到怎么想也想不通，想来想去都无法表达时，才去启发，这样学生才会牢牢地记在心里；如果有疑难问题必须请教老师时，则推举学长一人请教老师，初学者只可以听，不允许插嘴，教育学生要知道谦让，长幼有序不能逾越次第。这七点，教学的宗旨呀。《记》中说："凡学习，想做官的先学习管理，想做学者的先立志。"这就是它所要表达的意思呀。

大学的教育，要让学生时时练习，一定要用先王正典进行教学，休息一定要有固定住处。学习的关键在于练习基本功，学习音乐时，如果课余不练习基本指法，课内就不可能把琴弹好；学习诗书时，如果不依靠课余广泛练习比喻，课内就不能学好诗书；学习礼法时，如果课余不学习各种场合办事应酬的规矩，课内就学不好礼仪。总的来说，如果对这些课外的操缦、博依、六艺不感兴趣，就不可能对《诗经》《尚书》等正典感兴趣。所以，君子学习的方法是：时刻放在心上，任何时候都不能放弃学习，休息时也要做与学习有关的事情，哪怕闲暇旅游时也要牢记学习。这样，才能潜心于学业并亲敬师长，与学友和睦相处并深信所学圣贤之道，即使离开师友也不会违背。《尚书·兑命》篇中说："一个人只要能做到敬重圣贤之道、逊顺于学业、时时练习、立即行动，他就会学业有成。"这就是它所要表达的意思呀。

今天的教师，单靠朗诵课文，大量灌输，一味赶进度，而不顾学生的接受能力，致使他们不能安下心来求学。教人不能因材施教，不能使学生的才能得到充分的发展。教学的方法违背了教学的原则，提出的要求不合学生的实际。这样，学生就会痛恶他的学业，并怨恨他的老师，苦于学业的艰难，而不懂得它的好处。虽然学习结业，他所学的东西必然忘得快，教学的目的也就达不到，其原因就在这里啊！

大学教育的原则：在青春期之发育前进行教育叫作"防止叛逆"；在德行和学业有所成就时进行教育叫作"及时"；不超越学生的接受能力进行教育叫作"顺利"；相互琢磨师生的问答从而达到各自理解叫作"观摩"。这四点，教育成功的基础呀。

问题发生之后再设法禁止，则学生会产生强烈抗拒心理而没有效果；如果错过了最佳学习时机才去学习，即使勤奋刻苦也难有成效；如果教学杂乱无章而不能做到循序渐进，则教学会陷入混乱而学生学习没有成效；如果独自冥思苦想的学习而没有学友相互切磋，则会学识浅薄见闻不广；与品行不好的朋友交往会学到一些坏习气而违逆师长的教诲；从事一些不正经的交谈会荒废学业。这六点，教学失败的原因呀。

立志从事教育的人如果既懂得了教育成功的经验，又懂得了教育失败的原因，然后就可以胜任教师的工作了。所以教师的教学就是让学生明白道理。引导而不威逼，劝勉使学生增强意志力而不严加管教，适当启发而不将结论和盘托出。引导而不威逼则师生关系融洽，劝勉而不严加管教则学生会感到学习是件轻松愉快的事，适当启发而不将结论和盘托出则学生会用心思考。如果能做到师生关系融洽、学生学得轻松愉快并且能够用心思考，这样的教师就可以称得上一个善于教书育人的教师了。

学生在学习上经常有四种过失，教师一定要清楚地知道。这四种过失是：或者失于贪多而不求甚解；或者失于不求进取，知识面狭窄；或者失于把学习看得太容易，一遇到问题就问师长，从来不深入思考，结果就像没有学过一样无知；或者失于遇到问题从来不问师长，只是停下来独自冥思苦想，而最终仍然迷惑不解。产生这四种过失的根源，在于学生的心理特点各不相同。懂得了学生的心理特点，然后才能补救学生的过失。教学，就是发扬学生的优点，补救学生的过失。

擅长唱歌的人，能使人情不自禁地跟着他唱；擅长教学的人，能使人不由自主地继承他的志向（如今人继承周、孔志向）。如果一个教师的语言简洁而透彻，含蓄而妥帖，很少用比喻而且容易明白，这样的教师可算是善于让人继承他的志向了。

教师知道了学生学有所成在什么情况下最困难，在什么情况下最容易，而且知道怎样讲解效果好，怎样讲解效果差，知道了这四点，然后就能够触类旁通全面明白教育教学的方法了；能全面明白教育教学的方法，然后就能够成为一名优秀的教师；能做一名优秀的教师，然后就能够做好官长；能做好官长然后就能做好一国之君。所以从师学道，就是要通过学习使自己具有君德。正是这个缘故，选择老师不可不谨慎。《记》中说："三王四代没有一个选择老师不谨慎的。"这就是它所要表达的意思呀！

大凡在求学这件事上，尊敬老师是难能可贵的。尊师才能重道。重道才能使人敬重学业。所以君王不以对待臣子的态度对待臣子的有两种情况：当他在祭祀中作为祭尸时，则不以臣子相待；当他作为君主老师时，则不以臣子相待。根据大学礼制，给天子授课，授课的臣下无顺北面而居臣位，这就是为了表示尊师重道的缘故。

善于学习的人，老师很轻松，而教学效果反而加倍的好，学生跟随着老师学习更把功劳归于老师教导有方。不善于学习的人，老师很勤苦而学生收效甚微，学生跟随着老师学习还要埋怨老师教导无方。善于提问题的人，就像木工砍伐坚硬的木头，先从纹理较顺的部位着手，再砍坚硬的节疤一样，功夫到了，学生就可以轻松地理解。不善于提问题的人恰恰与此相反。善于回答问题的人就如同撞钟一样，用力小，钟声则弱，用力大，钟声则强，等到尽力撞击时，则发出最为洪亮的一声。不善于回答问题的人恰巧与此相反。这些都是增进学问的方法呀。

自己没有领悟经文义理，只记住一些别人的观点，到上课时为学生解说的人，或者学生没有问就给学生谈自己见解的人，没资格做教师。一定要等到学生问问题之后，再根据学生的问题加以解答。学生没有能力提出问题时，则一定要等到学生非常想明白，怎么想也想不通时，才加以指点；老师指点后学生仍不明白，只好暂时放弃指导，以待将来。

高明的冶金匠的儿子，一定要先去学缝皮衣；高明的弓匠的儿子，一定要先去学编簸箕；刚学驾车的小马都先拴在车后，让小马在车后跟着走。君子懂得了这三个例子反映的道理，就可以立定求学的志向了。

古代的学者，善于对不同事物进行比较，找出它们的共同点，然后汇总为一类。鼓声不在五声之列，而如果没有鼓声则五声就没有谐和之节拍；水色不在五色之列，而五色如果没有水调和，则不能分明；学习之目的在于博闻强识，而不在于学会做五官中任何一官，而五官中任何一官不经过学习就没有办事能力；教师不属于五服中的任何一种亲属关系，但没有教师教导，则五服之情就不和亲了。

君子说："德行很高的人不仅仅能担任某一种官职；普遍的规律不仅仅适用于某一件事物；真正守信不必盟约发誓；天时变化的时间并不相同。"君子领会到这四点，就可以立定以学为本的志向了。三王祭祀百川的时候，都是先祭河而后祭海，因为河是水的源头，海是水的归宿。这就叫作抓住了根本。

第五章　颜之推与《颜氏家训》

一、作者简介

颜之推（531—约591年），字介，原籍琅琊临沂（今山东临沂市）。东汉关内侯颜盛之后，自九世祖颜含随晋元帝南渡，世居建康（今江苏南京）。其父颜勰，曾为梁湘东王萧绎镇西府谘议参军，卒于大同五年（539年）。颜之推幼年丧父，不辍于学，七岁能诵《鲁灵光殿赋》。十二岁时，萧绎自讲《庄》《老》，曾为门徒，然性不喜道家之言，故仍精研其家世传之《礼记》《左传》，博览群书，词采华茂，深为梁湘东王萧绎赏识。

太清三年（549年），十九岁的颜之推被任命为湘东王萧绎右常侍，加镇西墨曹参军，驻江陵。大宝元年（550年），随中抚军梁湘东王世子萧方诸出镇郢州，迁中抚军外兵参军，掌管记。大宝二年（551年）四月，侯景击破郢州刺史萧方诸军，颜之推被俘，因侯景行台郎中王则相救未被杀害，囚送建康。大宝三年（552年），侯景败死，获释还江陵。同年十一月，萧绎在江陵称帝，改元承圣，史称梁元帝。颜之推回到江陵后，被梁元帝任命为散骑侍郎，奏舍人事，奉命校书。

承圣三年（554年）九月，西魏宇文泰命其柱国万纽、于谨率军来寇，十一月俘梁元帝萧绎，十二月杀之。西魏军攻陷江陵，大肆杀掠，江陵文物，玉石俱焚。颜之推再次被俘，囚送长安。他看到北齐曾以礼遣返梁之旧臣谢挺、徐陵，随生奔齐之心，计划经北齐返回江南。北齐天保七年（556年），他乘黄河水涨，备好船只，带领妻子儿女，从弘农（今河南省灵宝市）偷渡，经砥柱之险，逃奔北齐。但南方陈朝代替了梁朝，颜之推南归之愿未遂，只得仕于北齐。

北齐文宣帝天保年间为奉朝请，武成帝河清末年被举为赵州功曹参军。

后主武平四年（573 年），北齐置文林馆，颜之推待诏文林馆，实掌馆事，除司徒录事参军，后为直散骑常侍、迁黄门侍郎。武平七年（576 年），北周攻陷晋阳，北齐后主高纬轻骑还邺，颜之推献奔陈之策，因丞相高阿那肱阻止，后主不能用其策，然仍命颜之推为平原太守，令守河津。577 年，北周灭北齐，颜之推遂入北周，于北周静帝大象年间被征为御史上士。

581 年，隋朝取代北周，颜之推又仕于隋。曾于开皇二年（582 年）上书隋文帝正雅乐，后被太子杨勇召为东宫学士，大约卒于开皇十一年（591 年）之后。有颜之仪、颜之善两兄。有三子：长子颜思鲁，次子颜愍楚，三子颜游秦。《北齐书》有传。其著作，据历代著录有《颜氏家训》七卷、《训俗文字略》一卷、《证俗音字略》六卷、《急就章注》一卷、《笔墨法》一卷、《集灵记》二十卷、《冤魂志》三卷、《七悟》一卷、《稽圣赋》一卷等数种。另有《观我生赋》一篇。

颜之推是南北朝时期著名的思想家、教育家、诗人、文学家，他是当时最博学、最有思想的学者之一，是一位百科全书式的学者。他经历南北两朝，深知南北政治、俗尚的弊病，洞悉南学北学的短长，当时所有大小学问，他几乎都钻研过，并且提出自己的见解，他的理论和实践对于后人颇有影响。《颜氏家训》是他对自己一生有关立身、处世、为学经验的总结，涉及范围极其广泛，可补正史之不足。被后人誉为家教典范，享有"古今家训，以此为祖"的美誉。清人王钺在《读书丛残》中说："北齐黄门颜之推《家训》二十篇，篇篇药石，言言龟鉴，凡为人子弟者，当家置一册，奉为明训，不独颜氏。"

颜之推生于乱世，长于戎马，历仕四朝，"三为亡国之人"，遍历南北，饱尝离乱之苦，深怀忐忑之虑，其人生经历、性格特点、思想倾向和为人处世很值得研究。

二、成书背景

《颜氏家训》写于南北朝，成书于隋朝统一全国后。南北朝是我国历史上南北分裂割据的年代，首先在政治、经济领域，封建地主阶级的统治危机四伏，高门士族享有特权，没有真才实学，考试时找人替考，应邀参加宴会，不会吟诗作赋还要托人代笔。民族矛盾、士族地主与庶族地主的矛盾、地主与农民的矛盾十分尖锐，整个封建社会呈现四分五裂的状态，社会秩序动荡不安。当时的社会生产比前代有了一定的发展。在南方，被遣送的劳动人民带去了先进的农业生产技术，提高了粮、麻等农作物的产量；他们还开垦了大量荒地，扩大了耕地面积。随着农业生产的发展，江南的麻纺织技术、造纸和造船等技术的提高推动了手工业和商业的繁荣，出现了较大的城市。在北方，北魏孝文帝改革，加强中央集权统治，促进了民族融合，也使北方的生产得以恢复和发展。

其次，在思想文化方面，儒、道、佛融合存在。西汉王朝奉行"罢黜百家，独尊儒术"的政策，到魏晋南北朝时神学思想受到猛烈抨击，其地位一落千丈。这个时代，虽然儒学表面上仍然是官方所提倡的学说，但道家的玄学和佛教的释学地位越来越高。玄学思想适应当时贵族的需要，认为"天地万物，皆以无为为本"，"无"即"无为"，"自然"是玄妙的"道"，进而提出"名教出于自然"的论点，即"名教"是"有为"，有为处于"无为"中，无为符合"自然"，这样的解释和高门士族放纵享乐的思想相吻合。佛教自西汉末年传入中国后，在南北朝时期更加盛行，并在此期间完成了儒家学说、道家学说和佛教思想的最初融合。

最后，颜之推的个人经历是该书形成的一个重要因素。颜之推生活在战乱时期，一生经历了四个朝代，这样的经历给了他与众不同的人生感受。颜之推出身于士大夫家庭，儒家忠孝仁义的信条是他的思想基础，而他从出生到二十岁都生活在萧梁王朝，梁武帝虔信佛教，这也影响了颜之推的思想。此外，他在战乱中看到王公贵族大多没有学问和本领，遇到改朝换代什么都干不了，而有学识的平民百姓尚可为人师表。他撰写《颜氏家训》，教导子孙希望后代能够务实致用，安身立命。

颜之推的期望没有落空，他的后代都继承了家学。颜之推长子颜思鲁隋代任东宫学士，唐初任秦王（李世民）府记室参军，《颜之推文集》（含《颜氏家训》）就是由他整理编定的。次子颜愍楚，继承了颜之推音韵学上的成就，著《礼俗音略》。三子颜游秦，唐武德间任廉州刺史、鄂州刺史，对《汉书》有独到见解，著《汉书决疑》，其学问又被其侄颜师古继承。

《颜氏家训》中，颜之推反复告诫子孙要恪守儒家的忠孝仁义，这点被颜氏后人遵循不悖，其中最为人称道的是颜杲卿（692—756 年）和颜真卿（709—785 年）。两颜是堂兄弟。唐安史之乱初，颜杲卿任常山（今河北正定）太守，颜真卿任平原（今山东西部）太守。安史之乱平定后，颜真卿出任吏部尚书、太子太师，封鲁郡开国公，他历任三朝（肃宗、代宗、德宗）。德宗时藩镇割据，他奉命去河南汝州淮西节度使李希烈处。李在藩镇中位置最重要，势力最大，很想称帝。以此李逼颜真卿叛唐。颜真卿怒斥："汝知有骂安禄山而死者颜杲卿乎，乃吾兄也。吾年八十，知守节而死耳，岂受汝辈诱胁乎！"李希烈还在颜真卿住处挖一大坑，欲坑杀之，颜真卿坦然道："何必多事，只要一剑便可。"最终颜真卿被李希烈缢杀于蔡州。颜之推后人在安史之乱这一特殊年代表现出的忠、孝、节、义，是颜氏家风得以传承的最好体现。

三、原著概要

《颜氏家训》七卷，二十篇，是颜之推对自己一生有关立身、处世、为学经验的总结，是我国历史上第一部内容丰富、体系宏大的家训，被后人誉为家教典范，影响很大。其内容涉及许多领域，强调教育体系应以儒学为核心，尤其注重对孩子的早期教育，并在儒学、文学、佛学、历史、文字、民俗、社会、伦理等方面提出了自己独到的见解。文章内容切实，语言流畅，具有一种独特的朴实风格，对后世的影响颇为深远。作为中国传统社会的典范教材，《颜氏家训》直接开后世"家训"的先河，是我国古代家庭教育理论宝库中的一份珍贵遗产。

四、教育思想解读

（一）教育目的

颜之推宣扬性三品说，他把人性分为三等，即上智之人、下愚之人和中庸之人。他说："上智不教而成，下愚虽教无益，中庸之人，不教不知也。"他认为上智之人是无须教育的，因为上智是天赋的英才，不学自知、不教自晓。其次，下愚之人"虽教无益"，尽管教他，都是无效果的，因为"下愚"

是无法改变的。颜之推强调中庸之人必须受教育，因为不受教育就会无知识，陷于"不知"的愚昧状态。教育的作用就在于教育中庸之人，使之完善德行，增长知识。

关于教育的目的，颜之推指出："古之学者为人，行道以利世也；今之学者为己，修身以求进也"。行道的"道"自然是儒家之道，即儒家宣扬的那一套政治理想和道德修养的内容；"修身以求进"思想渊源于孔子的"修己以安人"，善于"为己"（有良好的道德修养）才能更有效地"利世也"（治国平天下）。从这一教育目的出发，颜之推批判当时士大夫教育的腐朽没落，严重脱离实际，培养出来的人庸碌无能，知识浅薄，缺乏任事的实际能力。他认为传统的儒学教育必须改革，培养的既不是难以应世经务的清谈家，也不是空疏无用的章句博士，而是于国家有实际效用的各方面的统治人才，它包括朝廷之臣、文史之臣、军旅之臣、藩屏之臣、使命之臣、兴造之臣。从政治家到各种专门人才，都应培养。这些人才应专精一职，具有"应世任务"的能力，是对国家实际有用的人才。颜之推的这种观点，冲破了传统儒家培养比较抽象的君子、圣人的教育目标，而以各种实用人才的培养作为教育的重要目标。

（二）论教育内容

为了培养"行道以利世"的实用人才，颜之推提倡"实学"的教育内容。他认为培养出来的人才必须"德艺同厚"。所谓"德"，即恢复儒家的传统道德教育，加强孝悌仁义的教育。士大夫为实践仁义道德的准则，应不惜任何代价，以至牺牲生命。他说："行诚孝而见贼，履仁义而得罪，丧身以全家，泯躯而济国，君子不咎也。"（《颜氏家训·养生》）

所谓"艺"，即恢复儒家的经学教育并兼及"百家之书"，以及社会实际生活所需要的各种知识和技艺。关于"艺"的教育，当然是以五经为主。他认为学习五经，主要是学习其中立身处世的道理，"夫圣贤之书，教人诚孝，慎言检迹，立身扬名，亦备矣。"但读书不能限于五经，还应博览群书，通"百家之言"。此外，他还重视学习"杂艺"。他认为在社会动荡的非常时期，学习"杂艺"可以使人在战乱"无人庇荫"的情况下"得以自资"，保全个体的生存和士族的政治、经济地位。颜之推倡导的"杂艺"内容相当广泛，主要包括文章、书法、弹琴、博弈、绘画、算术、卜筮、医学、习射、投壶等，这些技艺在生活中有实用意义，也有个人保健、娱乐的价值。但这些"杂艺""可以兼明，不可以专业"。

值得注意的是，颜之推强调士大夫子弟要"知稼穑之艰难"，学习一些农业生产知识。他从自己的阅历中体会到了农业生产的重要，认为农业是社会发展的根本，这与一般士大夫轻视农业的观点不同。

（三）家庭教育

1. 提倡尽早施教

颜之推认为家庭教育要及早进行，有条件的还应在儿童未出生时就实行胎教。儿童出生之后，便应以明白孝仁礼义的人"导习之"。稍长，看他"识人颜色，知人喜怒"之时，就该加以"教诲"，该做的事就引导他去做，不该做的就不让他做。如此教育下去，到九岁以后，自可"少成若天性，习惯如自然"。

颜之推认为早期教育之所以重要，至少有两条原因：其一，幼童时期学习效果较好，得益较大。他说："人生小幼，精神专利。长成已后，思虑散逸，固须早教，勿失机也。"他根据幼童阶段与成年以后的不同心理特征，说明幼年时期受外界干扰少，精神专注，记忆力旺盛，能保持长久的记忆。而成年人思想复杂，精神不易集中，记忆力逐渐衰退。其二，人在年幼时期，心理纯净，各种思想观念和行为习惯尚未形成，可塑性很大。颜之推认为这个时期，儿童受到的好的教育与环境影响，抑或坏的教育与环境影响，都会在儿童心灵上打上很深的烙印，长大以后也难以改变。

2. 提倡严格教育

颜之推认为家庭教育应当从严入手，严与慈相结合，不能因为儿童小而一味溺爱和放任，父母在子女面前要严肃庄重，有一定威信。他说："父母威严而有慈，则子女畏慎而生孝矣。"他认为善于教育子女的父母，能把对子女的爱护和教育结合起来，便会收到良好的效果。相反，如果没有处理好两者关系，"无教而有爱"，让孩子任性放纵，必将铸成大错。

3. 注重环境习染

颜之推继承孔子、孟子等儒家学者关于"慎择友"的教育思想，十分重视让儿童置身于比较优良的社会交往的环境之中。他认为家庭教育要注意选邻择友，是因为儿童的心理处于发展阶段，尚未定型，而儿童的好奇心和模仿性都很强，总在观看模仿别人的一举一动，无形之中，周围人的为人处世给儿童以"熏渍陶""潜移暗化"。因此，邻友对于儿童的影响，有时甚至可能比父母的作用还大。这就是"必慎交友"的道理。孔子说"无友不如己者"，择友确实不是一件易事，贤人是难以找到的，但有优于我者，便很可贵。对他就应景仰向慕，与之交游，向他学习。

4. 重视家庭的语言教育

他认为语言的学习应该成为儿童教育的一项重要内容。在家庭教育中，子女学习正确的语言，是做父母的重要责任。一事一物，不经查考，不敢随便称呼。学习语言应注意规范，不应强调方言，要重视通用语言。

5. 注重道德教育

颜之推承袭了孔孟以孝悌仁义等道德规范为主要内容的传统，十分注意对子女道德的教育。他认为士大夫子弟的教育应该"德艺周厚"，以德育为根本。他指出知识教育是道德教育的基础，并为道德教育服务。由于德艺二者关系的密切，因此有可能也有必要通过阅读记载前人道德范例书籍的途径来进行道德教育。

颜之推对子女的道德教育，是以孝悌等人伦道德教育为基础，以树立仁义的信念为主要任务，以实践仁义为最终目的。他教育子女为实践仁义道德的准则，应不惜任何代价，以至牺牲生命。他认为立志尤为重要，士大夫子弟只有确立远大的志向、理想，才经得起任何磨难，坚持不懈，成就大业。他说："有志尚者，遂能磨砺，以就素业。"他教育子女以实行尧舜的政治思想为志向，继承世代的家业，注重气节的培养，不以依附权贵、屈节求官为生活目标。

颜之推根据自己积累的经验与当时的现实，特别重视为人之道的教育。他所强调的为人之道，首先是"厚重"（"轻薄"的反义）。他认为"自古文人，多陷轻薄"，历史上许多文人都由"轻薄"而终为败累，惨遇杀祸。他认为要吸取这个惨痛的教训，就必须养成忠君、孝顺、谦恭、礼让这些"厚重"的道德品质。其次，他主张"少欲知足"。如果"不知其穷"的情性任其发展，不加以限制，就是如秦始皇、汉武帝"富有四海，贵为天子"的大人物，也会自取败累，至于一般士庶更不用说了。最后，"无多言""无多事"。颜之推欣赏"无多言，多言多败；无多事，多事多患"的铭言，认为

"天道"如此。所以，"论政得失""献书言计"等，都属于多言性质。同理，也不应该多做事。如果不是你分内的事，你就不必想它，不必做它。至于主持公道，打抱不平，"游侠之徒，非君子之所为也"。由此可见，颜之推所传授给子女的为人之道，是他历官四朝的经验总结，在政治腐败、朝政多变的封建专制社会里，不失为一种在丧乱之世明哲保身，以免"杀身之祸"的处世哲学。

（四）学习态度和方法

1. 论学习态度

《颜氏家训》非常重视学习态度问题，认为学习态度直接决定着人的学习目的和学习效果。它对于人的学业成就和道德养成具有重要意义。《颜氏家训》指出：

（1）学习是为了修身立名，而不是为了做官、窃名和充当谈资。"夫所以读书学问，本欲开心明目，利于行耳"（《颜氏家训·勉学》）。通过学习才能心开目明。所以，学习要首先端正态度，将学习目的指向"修身利行"上面去，而不可将学习作为增加谈资、显示学问或谋取官职的工具，"古之学者为己，以补不足也，今之学者为人，但能说之也；古之学者为人，行道以利世，今之学者为己，修身以求进也。夫学者犹种树也，春玩其华，秋登其实；讲论文章，春华也，修身利行，秋实也"（《颜氏家训·勉学》）。学习不是为了"求名"，更不是为了"窃名"，而是为了"立名"，为了"修身慎行"，广普善道，将德行推广到千万人之中去。

（2）学习应当虚心，不可骄傲自大。学海无涯，知识无限，故人之学习也是一个不断充实不断提高的过程，未可骄傲自满，不求再进。而且学习的目的就在于"修身利行"，而不是露才扬己，显示学问，所以，即使有了一点知识也不应该骄傲自大，盛气凌人，目空一切，"夫学者，所以求益耳，见人读数十卷书，便自高大，凌忽长者，轻慢同列，人疾之如仇敌，恶之如鸱枭，如此以学自损，不如无学也"（《颜氏家训·勉学》）。

（3）要珍惜光阴，不失时机，刻苦学习，以至终身。《颜氏家训》之重视早期教育已如前言，于此不再赘述。《颜氏家训》认为，即使少年失学，亦未可自暴自弃，成年从头学起，同是亡羊补牢，犹时未晚，即使是盛年失学，亦未可因循苟且，以老废学："人有坎壈，失于盛年犹当晚学，不可自弃"，"幼而学者，如日出之光，老而学者，如秉烛夜行，犹贤乎瞑目而无见者也"（《颜氏家训·勉学》）。《颜氏家训》列举了许多古人勤学的事例，劝人学而不厌，老而弥笃，以至终生：汉代公孙弘四十岁才读《春秋》，朱云四十岁才学《周易》《论语》，晋朝皇甫谧二十岁才开始学习《孝经》等蒙学教材，但最后都大器晚成，成为一代名儒。

2. 论学习方法

在《颜氏家训》中，有关学习方法的论述较多，除集中反映于《勉学》篇之外，《风操》《文章》《涉务》诸篇亦间有论述。《颜氏家训》提出的学习方法主要有：

（1）勤学博学。《颜氏家训》特别强调学习必须勤勉，反对高谈虚论，坐谈玄远的恶劣学风，指出，"古人勤学，有握锥投斧，照雪聚萤，锄则带经，牧则编简，亦为勤笃"（《颜氏家训·涉务》）。这里列举了苏秦（"握锥"）、文党（"投斧"）、孙康（"照雪"）、车胤（"聚萤"）、儿宽（"锄则带经"）、路温舒（"牧则编简"）等生动的古人勤学故事，来说明勤学的重要性和必要性。《颜氏家训·勉学》篇还列举了一些当时的勤学之人："彭城刘绮，早孤家贫，灯烛难办，常买荻尺寸折之，燃明夜读。义阳朱詹，家贫无资，累日不爨，乃时吞纸以实腹，寒无毡被，抱犬而卧。犬亦饥虚，起行盗食，呼之不至，哀声动邻，犹不废业，卒成学士"。人在智力上是有差别的，但只要勤学不倦，都可以达到精通和熟练的程度，"钝学累功，不妨精熟"《颜氏家训·勉学》。只有勤勉，才能博学；只有勤勉。才能对知识"皆欲寻根，得其原本"（《颜氏家训·勉学》）。

《颜氏家训》也很重视博学，认为"学者贵能博闻"，反对道听途说，偏信一隅，"观天下书未遍，不得妄下雌黄。或彼以为非，此以为是，或本同末异，或两文皆欠，不可偏信一隅"（《颜氏家训·勉学》）。博学的目的在于有利身行，有利涉务，所以，博学必须有"指归"，博学的内容必须是实学，而那种"书卷三纸，未见驴字"的博士之学风只能令人气塞！所以，真正的博学，应该是"博学求之，无不利于事也"（《颜氏家训·勉学》）。

（2）师古眼学。汉人盛行师法家法，故很重视学习典籍。魏晋以降，玄学兴起，重清谈轻典籍，道听途说已成当时学风。颜之推对此深恶痛绝，转而提倡师古和眼学的学习方法，认为，典籍所载，都是古人实践经验的结晶，学习典籍，认真借鉴古人的经验，不仅经济，而且易于减少片面性，"不知学古人，何其蔽也"（《颜氏家训·勉学》）。师古并不仅限于学习统兵、理政、治民、办案等统治经验，"爰及农商工贾、厮役奴隶，钓鱼屠肉、饭牛牧羊，皆有先达可为师表，博学求之，无不利于事也"（《颜氏家训·勉学》）。

眼学也很重要。耳闻易失真，眼见方为实，一味道听途说，专靠耳闻而得，往往经不起推敲和考察，所以，"谈说制文，必须眼学，勿信耳受"（《颜氏家训·勉学》）。当然，耳受也可以扩大知识，拓展视野。

（3）切磋琢磨。《颜氏家训》说："《书》曰：'好问则裕'。《礼》云：'独学而无友。则孤陋而寡闻'。盖须切磋相起明也。见有闭门读书，师心自是，稠人广坐，谬误差失者多矣"，"但优于我，便足贵之"（《颜氏家训·勉学》）。读书需要切磋琢磨，以利相互启明，文章写作也需要切磋琢磨，"学为文章，先谋亲友，得其评裁，知可施行，然后出手，慎勿师心自任，取笑旁人"，"江南文制，欲人弹射，知有病累，随即改之"（《颜氏家训·文章》）。这是一种虚心好学的好作风。

五、原著选编①

（一）教子篇

上智不教而成，下愚虽教无益，中庸之人，不教不知也。古者圣王，有"胎教"之法，怀子三月，出居别宫，目不邪视，耳不妄听，音声滋味，以礼节之。书之玉版，藏诸金匮。生子咳提，师保固明孝仁礼义，导习之矣。凡庶纵不能尔，当及婴稚识人颜色、知人喜怒，便加教诲，使为则为，使止则止，比及数岁，可省笞罚。父母威严而有慈，则子女畏慎而生孝矣。

吾见世间无教而有爱，每不能然，饮食运为，恣其所欲，宜诫翻奖，应呵反笑，至有识知，谓法当尔。骄慢已习，方复制之，捶挞至死而无威，忿

---

① 颜之推.颜氏家训[M].贾二强校点.沈阳：辽宁教育出版社,2001.

怒日隆而增怨，逮于成长，终为败德。孔子云："少成若天性，习惯如自然。"是也。俗谚曰："教妇初来，教儿婴孩。"诚哉斯语。

凡人不能教子女者，亦非欲陷其罪恶，但重於呵怒伤其颜色，不忍楚挞惨其肌肤耳。当以疾病为谕，安得不用汤药针艾救之哉？又宜思勤督训者，可愿苛虐於骨肉乎？诚不得已也！

父子之严，不可以狎；骨肉之爱，不可以简。简则慈孝不接，狎则怠慢生焉。

人之爱子，罕亦能均，自古及今，此弊多矣。贤俊者自可赏爱，顽鲁者亦当矜怜。有偏宠者，虽欲以厚之，更所以祸之。齐朝有一士大夫，尝谓吾曰："我有一儿，年已十七，颇晓书疏，教其鲜卑语及弹琵琶，稍欲通解，以此伏事公卿，无不宠爱，亦要事也。"吾时俯而不答。异哉，此人之教子也！若由此业自致卿相，亦不愿汝曹为之。

[译文]

上智的人不用教育就能成才，下愚的人即使教育再多也不起作用，只有绝大多数普通人要教育，不教就不知。古时候的圣王，有"胎教"的做法，怀孕三个月的时候，出去住到别的好房子里，眼睛不能斜视，耳朵不能乱听，听音乐吃美味，都要按照礼义加以节制，还得把这些写到玉版上，藏进金柜里。到胎儿出生还在幼儿时，担任"师"和"保"的人，就要讲解孝、仁、礼、义，来引导学习。普通老百姓家纵使不能如此，也应在婴儿识人脸色、懂得喜怒时，就加以教导训诲，叫做就得做，叫不做就不能做，等到长大几岁，就可省免鞭打惩罚。只要父母既威严又慈爱，子女自然敬畏谨慎而有孝行了。

我见到世上那种对孩子不讲教育而只有慈爱的，常常不以为然。要吃什么，要干什么，任意放纵孩子，不加管制，该训诫时反而夸奖，该训斥责骂时反而欢笑，到孩子懂事时，就认为这些道理本来就是这样。到骄傲怠慢已经成为习惯时，才开始去加以制止，那就纵使鞭打得再狠毒也树立不起威严，愤怒得再厉害也只会增加怨恨，直到长大成人，最终成为品德败坏的人。孔子说："从小养成的就像天性，习惯了的也就成为自然。"是很有道理的。俗谚说："教媳妇要在初来时，教儿女要在婴孩时。"这话确实有道理。

普通人不能教育好子女，也并非想要使子女陷入罪恶的境地，只是不愿意使他因受责骂训斥而神色沮丧，不忍心使他因挨打而肌肤痛苦。这该用生病来做比喻，难道能不用汤药、针艾来救治就能好吗？还该想一想那些经常认真督促训诫子女的人，难道愿意对亲骨肉刻薄凌虐吗？实在是不得已啊！

父子之间要讲严肃，而不可以轻忽；骨肉之间要有爱，但不可以简慢。简慢了就慈孝都做不好，轻忽了怠慢就会产生。

人们爱孩子，很少能做到平等对待，从古到今，这种弊病一直都很多。其实聪明俊秀的固然引人喜爱，顽皮愚笨的也应该加以怜悯。那种有偏爱的家长，即使是想对他好，却反而会给他招祸殃。

北齐有个士大夫，曾对我说："我有个儿子，已有十七岁，很会写奏札，教他讲鲜卑语、弹奏琵琶，差不多都学会了，凭这些来服侍三公九卿，一定会被宠爱的，这也是紧要的事情。"我当时低头没有回答。奇怪啊，这个人用这样的方式来教育儿子！如果用这种办法当梯子，做到卿相，我也不愿让你们去干的。

（二）文章篇

学问有利钝，文章有巧拙。钝学累功，不妨精熟；拙文研思，终归蚩鄙。但成学士，自足为人；必乏天才，勿强操笔。吾见世人，至无才思，自谓清华，流布丑拙，亦以众矣，江南号为"许痴符"。近在并州，有一士族，好为可笑诗赋，铣弊邢、魏诸公，众共嘲弄，虚相赞说，便击牛醜酒，招延声誉。其妻明鉴妇人也，泣而谏之，此人叹曰："才华不为妻子所容，何况行路！"至死不觉。自见之谓明，此诚难也。

学为文章，先谋亲友，得其评裁，知可施行，然后出手，慎勿师心自任，取笑旁人也。自古执笔为文者，何可胜言。然至於宏丽精华，不过数十篇耳。但使不失体裁，辞意可观，便称才士。要须动俗盖世，亦俟河之清乎。

凡为文章，犹人乘骐骥，虽有逸气，当以衔勒制之，勿使流乱轨躅，放意填坑岸也。

文章当以理致为心旅，气调为筋骨，事义为皮肤，华而为冠冕。今世相承，趋末弃本，率多浮艳，辞与理竞，辞胜而理伏；事与才争，事繁而才损，放逸者流宕而忘归，穿凿者补缀而不足。

时俗如此，安能独违，但务去泰去甚耳。必有盛才重誉，改革体裁者，实吾所希。

古人之文，宏才逸气，体度风格，去今实远；但缉缀疏朴，未为密致耳。今世音律谐靡，章句偶对，讳避精详，贤于往昔多矣。宜以古之制裁为本，今之辞调为末，并须两存，不可偏弃也。

[译文]

学问有利和钝，文章有巧和拙，学问钝的人积累功夫，不妨达到精熟；文章拙的人钻研思考，终究难免陋劣。其实只要有了学问，就是以自立做人，真是缺乏资质，就不必勉强执笔写文。我见到世人中间，有极其缺乏才思，却还自命清新华丽，让丑拙的文章流传在外的，也很众多了，这在江南被称为"伶痴符"。近来在并州地方，有个士族出身的，喜欢写引人发奖的诗赋，还和邢邵、魏收诸公开玩笑，人家嘲弄他，假意称赞他，他就杀牛斟酒，请人家帮他扩大声誉。他的妻是个心里清楚的女人，哭着劝他，他却叹气说："我的才华不被妻子所承认，何况不相干的人！"到死也没有醒悟。自己能看清自己才叫明，这确实是不容易做到的。

学做文章，先和亲友商量，得到他们的评判，知道拿得出去，然后出手，千万不能自我感觉良好，为旁人所取笑。从古以来执笔写文的，多得说也说不清，但真能做到宏丽精华的，不过几十篇而已。只要体裁没有问题，辞意也还可观，就可称为才士。但要当真惊世流俗压倒当世，那也就像黄河澄清那样不容易等待到了。

凡是做文章，好比人骑千里马，虽豪逸奔放，还得用衔勒来控制它，不要让它乱了奔走的轨迹，随意跃进那坑岸之下。

文章要以义理意致为核心脊梁骨，气韵格调为筋骨，用典合宜为皮肤，华丽辞藻为冠冕。如今相因袭的文章，都是弃本趋末，大多浮艳，辞藻和义理相竞，辞藻胜而义理伏，用典和才思相争，用典繁而才思损，放逸的奔流而忘归，穿凿的补缀而不足。时世习俗既如此，也不好独自立异，但求不要做得太过头。真出个负重名的大才，对这种体裁有所改革，那才是我所盼望的。

古人的文章，气势宏大，潇洒飘逸，体度风格，比现今的文章真高出很多。只是古人在结撰编著中，用词遣句、过渡钩连等方面还粗疏质朴，于是文章就显得不够周密细致。如今的文章，音律和谐华丽，辞句工整对称，避讳精细详密，则比古人的高超多了。应该用古文的体制格调为根本，以今人的文辞格调做补充，这两方面都做得好，并存不可以偏废。

（三）省事篇

铭金人云："无多言，多言多败；无多事，多事多患。"至哉斯戒也！能走者夺其翼，善飞者减其指，有角者无上齿，丰后者无前足，盖天道不使物有兼焉也。古人云："多为少善，不如执一；鼫鼠五能，不成伎术。"近世有两人，朗悟士也，性多营综，略无成名，经不足以待问，史不足以讨论，文章无可传於集录，书迹未堪以留爱玩，卜筮射六得三，医药治十差五，音乐在数十人下，弓矢在千百人中，天文、画绘、棋博、鲜卑语、胡书、煎胡桃油、炼锡为银，如此之类，略得梗概，皆不通熟。惜乎！以彼神明，若省其异端，当精妙也。

[译文]

铭刻在金人身上的文字说："不要多话，多话会多失败；不要多事，多事会多祸患。"这个训诫对极了啊！会走的不让生翅膀，善飞的减少其指头，长了双角的缺掉上齿，后部丰硕的没有前足，大概是天道不叫生物兼具这些东西吧！古人说："做得多而做好得少，还不如专心做好一件；鼫既有五种本事，可都成不了技术。"近代有两位，都是聪明人，喜欢多所经营，可没有一样成名，经学禁不起人家提问，史学够不上和人家讨论，文章不能入选集录流传，书法字迹不堪存留把玩，卜筮六次才有三次猜对，医治十人才有五人痊愈，音乐水平在几十人之下，弓箭技能在千百人之中，天文、绘画、棋博、鲜卑语、胡书、煎胡桃油、炼锡为银，诸如此类，只是懂个大概，都不精通熟练。可惜啊！凭这两位的灵气，如果不去弄那些异端，应该很精妙了。

（四）杂艺篇

真草书迹，微须留意。江南谚云："尺牍书疏，千里面目也"承晋宋馀俗，相与事之，故无顿狼狈者。吾幼承门业，加性爱重，所见法书亦多，而玩习功夫颇至，遂不能佳者，良由无分故也。然而此艺不须过精。夫巧者劳而智者忧，常为人所役使，更觉为累。韦仲将遗戒，深有以也。

……

画绘之工，亦为妙矣，自古名士，多或能之。吾家尝有梁元帝手画蝉雀白团扇及马图，亦难及也。武烈太子偏能写真，坐上宾客，随宜点染，即成数人，以问童孺，皆知姓名矣。萧贲、刘孝先、刘灵，并文学已外，复佳此法。玩阅古今，特可宝爱。若官未通显，每被公私使令，亦为狼役。吴县顾士端出身湘东王国侍郎，后为镇南府刑狱参军，有子曰庭，西朝中书舍人，父子并有琴、书之艺，尤妙丹青，常被元帝所使，每怀羞恨。彭城刘岳，橐之子也，仕为骠骑府管记、平氏县令，才学快士，而画绝伦。后随武陵王入蜀，下牢之败，遂为陆护军画支江寺壁，与诸工巧杂处。向使三贤都不晓画，直运素业，岂见此耻乎？

孤矢之利，以威天下，先王所以现德择贤，亦济身之急务也。江南谓世之常射，以为"兵射"，冠冕儒生，多不习此。别有"博射"，弱弓长箭，施於准的，揖让升降，以行礼焉，防御寇难，了无所益，乱离之后，此术遂亡。河北文士，率晓"兵射"，非直葛洪一箭，已解追兵，三九宴集，常縻荣赐。虽然，要轻禽，截狡兽，不愿汝辈为之。

算术亦是六艺要事，自古儒士论天道。定律历者，智学通之。然可以兼明，不可以专业。江南此学殊少，唯范阳祖恒精之，位至南康太守。河北多晚此术。

医方之事，取妙极难，不劝汝曾以自命也。微解药性，小小和合，居家得以救急，亦为胜事，皇甫谧、殷仲堪则其人也。

《礼》曰："君子无故不彻琴瑟。"古来名士，多所爱好。洎于梁初，衣冠子孙，不知琴者，号有所阙。大同以末，斯风顿尽。然而此乐音音雅致，有深味哉！今世曲解，虽变于古，犹足以畅神情也。唯不可令有称誉，见役勋贵，处之下坐，以取残杯冷炙之辱。戴安道犹遭之，况尔曹乎！

[译文]

对于真书、草书等书法技艺，是要稍加留意的。江南俗谚说："一尺书信，千里相见；一手好字，人的脸面。"今人继承了东晋刘家以来的习俗，都在书法上用功学习，因此从没有在匆忙中弄得狼狈不堪。我小时候受到家庭影响，加上本身也很爱好书法，所见到的书法字帖很多，而且临帖摹写也颇下功夫，可就是不能达到很高的造诣，确实是由于缺少天分的原因。然而这门技艺没必要学得太精深。否则就要能者多劳，智者多忧，常被人家役使，更感到累赘。魏代书法家韦仲将给儿孙留下"不要学书法"的训诫，是很有道理的。

……

擅长绘画，也是件好事，从古以来的名士，很多人有这本领。我家曾保存有梁元帝亲手画的蝉、雀白、团扇和马图，也是旁人很难企及的。梁元帝的长子萧方等专门善于画人物肖像，画在座的宾客，他只要用笔随意点染，就能画出几位逼真的人物形象。拿了画像去问小孩，小孩都指出画中人物的姓名。还有萧贲、刘孝先、刘灵除了精通文章学术之外，也善于绘画。赏玩古今名画，确实让人爱不释手。但如果善于作画的人官位还未显贵，则能绘画就会常被公家或私人使唤，作画也就成了一种下残的差使。吴县顾士端身为湘东王国的侍郎，后来任镇南府刑狱参军，他有个儿子名叫顾庭，是梁元帝的中书舍人，父子俩都通晓琴棋书画，常被梁元帝使唤，时常感到羞愧悔恨。彭城有位刘岳，是刘橐的儿子，担任过骠骑府管记、平氏县令，富有才学，为人爽快，绘画技艺独一无二，后来跟随武陵王到蜀地，下牢关战败，就被陆护军弄到枝江的寺院里去画壁画，和那些工匠杂处一起。如果这三位贤能的人当初都不会绘画，一直只致力于清高德雅的事业，怎么会受这样的耻辱呢？

弓箭的用处，可以威震天下，古代的帝王以射箭来考察人的德行，选择贤能。同时也是保全性命的紧要事情。江南的人将世上常见的射箭，看成武夫的射箭，所以儒雅的书生都不肯学习此道。另外有一种比赛用的射箭，弓的力量很弱，箭身较长，设有箭靶，宾主相见，温文尔雅，作揖相让，举行射礼。这种射箭对于防御敌寇，一点没有益处。经过了战乱之后，这种"博射"就没人玩了。北方的文人，大多数会"兵射"，不只是葛洪能一箭可以追杀贼寇，三公九卿宴会时常常赏赐射箭的优胜者。射箭技术的高低，关系到荣誉与赏赐。尽管这样，用射箭去猎获飞禽走兽这种事，我仍不愿意你们去做。

算术也是六艺中重要的一个方面，自古以来的读书人谈论天文，推定历法，都要精通算术。然而，可以在学别的本领的同时学算术，不要专门去学习它。江南通晓算术的人很少，只有范附的祖恒精通它，他的官位是南康太守，北方人中多通晓算术。

医学方面，要达到高水准极为困难，我不鼓励你们以会看病自许。稍微了解一些药性，略为懂得如何配药，居家过日子能够用来救急，也就可以了。皇甫谧、殷仲堪，就是这样的人。

《礼记·乐记》说："君子无故不撤去琴瑟。"自古以来的名士，大多爱好音乐。到了梁朝初期，如果贵族子弟不懂弹琴鼓瑟，就会被认为有缺点，大同末年以来，这种风气已不存在。然而音乐和谐美妙，非常雅致，意味无穷！现在的琴曲歌词，虽然是从古代演变过来，还是足以使人听了神情舒畅。只是不要以擅长音乐闻名，那样就会被达官贵人所役使，身居下座为人演奏，以讨得残杯剩饭，备受屈辱。戴安道尚且遭遇过这样的事，何况你们呢？

第六章　韩愈与《师说》等选读

一、作者简介

韩愈（768—824年），唐代文学家、哲学家。字退之，河阳（今河南省焦作孟州市）人，汉族。祖籍河北昌黎，世称韩昌黎。晚年任吏部侍郎，又称韩吏部。谥号"文"，又称韩文公。他是唐代古文运动的倡导者，主张学习先秦两汉的散文语言，破骈为散，扩大文言文的表达功能。宋代苏轼称他"文起八代之衰"，明人推他为唐宋八大家之首，与柳宗元并称"韩柳"，有"文章巨公"和"百代文宗"之名。作品都收在《昌黎先生集》里。

768年，韩愈出生，其家为北魏贵族后裔，父仲卿，为小官僚。博读诗书，较有名气。幼年父母早亡，养于其兄韩会家。韩愈早慧，十三岁时文章就小有名气。

792年，在经历过三次科举失败后，考中第十三名，先后赴汴州董晋、徐州张建封两节度使幕府任职，后至京师，官四门博士。796年7月，韩愈二十九岁，受董晋推荐，出任宣武军节度使观察推官。这是韩愈从政的开始。

元和初年（806年）和元和七年（812年），先后两次为国子博士。元和十二年（817年），升为刑部侍郎。元和十四年（819年），因劝谏唐宪宗迎佛骨，几被处死，在宰相裴度等人的求情下被贬为潮州刺史。

唐穆宗继位后，韩愈被召回任国子祭酒，后又出任过兵部侍郎等职。长庆四年（824年）病逝，享年五十七岁。

二、成书背景

韩愈主要生活在中唐的代宗、德宗、顺宗、宪宗、穆宗五朝。这个时期，经过安史之乱，唐王朝已经开始走向衰落。贞元、元和年间是唐中后期一个相对繁荣的时期，社会矛盾虽然极其尖锐，但表面相对稳定，韩愈的思想也是极其复杂和矛盾的。

汉代以后的社会，长期处于动摇不定的状态，儒家学说也随之衰落。道教和佛教盛行，大地主和寺院兼并土地，侵吞税户，"国赋散于权门，主税不入天府"，"十分天下之财而佛有七八"，人民生活困苦不堪。韩愈作为儒家学说的信徒，大力宣扬儒家的民本思想，尊圣崇贤，维护道统等观念。从贞元十二年（796年）到元和初年（806年），韩愈在仕途上虽然微不足道，但在思想上日趋成熟，他的文章受到了人们的重视，并逐渐成为中唐古文运动的领袖。由于当时社会僧侣的人数多达几十万，这些人"不耕而食"，"不织而衣"，"一僧衣食，岁计三万有余，五丁所出，不能致此"，无疑加重了人民的负担。韩愈作为儒学的捍卫者和统治集团的代表，写了许多宣传儒家思想和道统的文章来反对佛教和道教，同时也对现实中的一些不正之风进行了评判，如"五原"（《原道》《原毁》《原性》《原人》《原鬼》），还有一些书信等。韩愈的教育观点散见于杂著、传记、书启、碑志等。专门论述教育的文章集中体现在《原性》《师说》《进学解》中。

三、原著概要

1.《师说》中所论述的观点大体有以下几个方面

（1）师和"道"是密切结合，不可分离的。"道之所存，师之所存"。这是阐述教师标准的，意思是一个教师没有一定的"道"，那就不成其为教师，"道"是师存在的基础，是师存在的前提条件，师道不可分离。我们将"道"理解为一种主义、信仰和理想，那么它就是一个符合客观规律的教育思想。教师承担的社会职责是离不开政治信仰和理想的。离开政治信仰的教师是不存在的。

（2）教师的任务是传道、授业、解惑。《师说》中开宗明义第一句话就是"古之学者必有师，师者，传道、授业、解惑也"。在我国教育史上第一次完整地对教师的职责进行了论述。这个论述从韩愈作《师说》起至今一直在启示着教师忠实地履行着自己的天职，这个论断的生命力就在于韩愈在很大程度上提示了教师的职责这一客观真理。韩愈所说的"传道"当然指的是传儒家之道，传儒家修身、齐家、治国、平天下之道。授业是指讲古文、六艺之类的儒家经典，受到文化知识方面的教育。解惑则指教师在教学过程中解答学生在"道"与"业"两方面的疑。他认为上述三项任务是紧密相连的，但传道是教师的首要任务，传道是目的，是方向，授业解惑是进行传道的过程和手段。有主有次前后有序，职责分明地论述了教师的工作，在当时起到了提高教师的社会地位，开创一代师风的作用。

（3）圣人无常师。韩愈在《师说》中提出圣人无常师的观点，是"道之所存，师之所存"观点在师生关系上的一种论述。他认为，人不分"贵""长少"，只要有传道授业的本领，就具备了做教师的条件。"弟子不必不如师，师不必贤于弟子，闻道有先后，术业有专攻""三人行必有吾师"是韩愈"圣人无常师"的思想渊源。"吾爱吾师，吾尤爱真理"，成为我国教育史上的优良传统，这精辟的论断，使《师说》放出异彩。

韩愈在阐述教师问题时，认识到了"道与师""道与业""师与生"之间既矛盾又统一的关系，含有朴素的唯物辩证法的因素。提出了教师既应忠于理想，传播真理，又要学有专长，认真授业；提出了既要教师起主导作用，又要学生以能者为师，提倡教学相长，这些卓越的见解，不但丰富了我国古代教育理论，而且对我们今天正确理解教师职责、政治与业务、教书育人、教师与学生之间的关系，均具有启发意义。

2. 韩愈的《进学解》写于唐元和七年（812年）、八年（813年），时任国子监博士

书中对《尚书》《春秋》《易经》《诗经》《庄子》和《离骚》及司马迁、司马相如等人的著作进行了简要的评价，可谓一针见血。文章通过师生的问答，阐述自己对于卫道、治学、做人、作文等各方面的见解。同时暗喻了自己对被贬的不满。老师教诲学生要勤于学业，所以叫进学，学生提出疑问老师给予解答，所以称《进学解》。文中的国子先生是作者心目中的理想人物，

也是自我写照。

治学、写作、修养及处世做人等方面经验的总结是该文的精髓。"业精于勤，荒于嬉；行成于思，毁于随。"意思是说，学业的精进在于勤奋刻苦，学业的荒废在于嬉戏游乐；为人行事的成功在于深思熟虑，而败毁在于因循苟且。这也是韩愈个人的真实写照。文中也隐含了对社会不识人才、不善用人等弊端的批评，反映了庶族地主知识分子的政治要求。

文中所说的"勤"，表现为口勤（多吟诵）、手勤（多翻阅）、脑勤（多思考、多体会）。他说："口不绝吟于六艺之文，手不停披于百家之编"，"焚膏油以继晷，恒兀兀以穷年"。口中不停地吟诵儒家六经文章，手中不断地翻阅诸子百家的著作，晚上点灯读书，夜以继日，一年到头辛勤不息。

四、教育思想解读

（一）人性假设

韩愈是"性三品"论者。他写了《原性》一文，表达了他人性论的基本观点。他认为人性是先天的，人性具有"仁、义、礼、智、信"等道德品质；"性"分上、中、下三品。上品的人"善焉"，中品的人"可导而上下也"，而下品的人则是"恶焉"；他认为性之外还有情，情是"接于物而生的"，它包括"喜、怒、哀、惧、爱、恶、欲"七种。情也是分上、中、下三品的，他认为具有上品性的人，七情的表现都能"适中"；具有中品性的人，要求七情适中，但往往"有所甚""有所亡"，即过与不及，而不能恰如其分；具有下品性的人，"直情而行"，毫不控制。

韩愈认为，"三品"的人，都固定在天生的"品"的界限内，是"不移"的，不能互相转化。在"品"的内部，可用教化和刑罚，使人发生一定的改变。而教育的作用，就是在既定的品格之内使性移动。韩愈的性三品说，坚持上下品不可移，也明确提出教育的作用不是万能的。

（二）教育目的

韩愈的政治主张就是儒家的仁义之道以及"三纲""六纪"之说。他对人才规格的要求是忠君、清政、兼理法、继传统几个要点。为此，韩愈阐发了《大学》"修齐治平"的观点，进一步将培养目标标准化。《大学》是《礼记》中的一篇，自韩愈起《大学》的地位被提高了。韩愈在《原道》里引用了《大学》里一段重要的话："古之欲明明德于天下者，先治其国；欲治其国者，先齐其家；欲齐其家者，先修其身；欲修其身者，先正其心；欲正其心，先诚其意。"然则，"古之所谓正心而诚其意者，将以有为也"。这段话的意思是将修心养性看成万事之本。强调："诚意""正心"的目的是齐家治国平天下。宋朝以后，《大学》成为独立的儒家经典，被列为"四书"之一。

韩愈所说的"清政"，是指为官要廉政，政治要清明，要能除弊抑暴，目的是巩固封建国家的政权。

关于兼礼法，这里的礼指的是封建等级制度。"仁"与"礼"是儒家思想中相辅相成、互为一体的两个方面。韩愈将礼乐刑政并提，作为治国之方。他奉"六经"又通百家，是文人又兼官僚，修文事也治军事，因此，在治国问题上，他主张儒经与法律兼顾，刑政与教化并重。

礼乐是指思想文化、行为举止方面，刑政是指政治法律方面，两者不可或缺。

韩愈说的"传统"就是儒家的"道"，也就是体现"三纲""六纪"的封建等级制度，伦常道德和行为礼仪。

在上述诸标准中，忠君是核心内容，清政、兼礼法、重传统都是培养忠君，实行忠君思想的必然要求，儒生具备了这些品德，就可齐家治国平天下了。

（三）对教师问题的论述

韩愈在教育史上最突出的贡献是他关于"师道"的论述。唐德宗贞元十八年（802年），社会上存在着严重的"耻学于师"风气，而且，这种风气已从魏晋始流传几百年了，"师道之不闻也久矣"，当时韩愈刚进国子监当四门博士，面对这种不良风气，为恢复师道，不仅自己抗颜为师，并做《师说》，对师道做了精辟的论述。当时柳宗元评论说：在"师道不存的情况下，唯独韩愈不顾流俗，犯笑侮，收召后学，作《师说》，因抗颜而为师"。《师说》的基本精神与古文运动中"文以载重"的思想是一致的。《师说》是我国教育史上第一篇比较全面地从理论上论述师道的文章。它的思想意义在于继承和发展了前人关于师道的观点，是有创见的，是韩愈教育思想的精髓，为我国教育史提供了新的比较进步的见解。《师说》这篇文章虽然只有456

个字，但它精湛的思想一直影响着历代教育工作者，是我国古代教育史中珍贵的教育文献。是一份宝贵的教育遗产。

（四）关于教学的论述

韩愈勤奋求学，曾几度在太学任职，招收过很多学生，成为当时大批青年的导师，所以，在自学和教学方面均有相当丰富的经验和卓越的见解。

1. 重视因材施教

这一观点是建立在人的才能各不相同这一人才观之上的。他认为人的能力、特点是不相同的，因而教学时要根据学生的具体情况来具体加以对待。他以工匠使用木材为例说明了这一观点。最重要的是，他还进一步把因材施教与因才使用紧密地结合起来。这一教学经验至今仍为广大的教育工作者普遍认同，并被他们进一步运用于实际的教学中。

2. 教学方法的生动活泼

韩愈在教学方法上注重生动活泼。他说"讲评孜孜，以磨诸生，恐不完美，游以恢笑啸歌，使皆醉义忘归"。教学是一种感情艺术，因而教学语言的生动性与教学的严肃性并不是对立的。对其学生张籍对他这一问题的批评，他曾经这样辩解道："驳杂之讥，前书尽之吾子复之，昔夫子犹有所戏。《诗》不云乎：善戏谑兮，不为虐兮。《记》曰：张而不弛，文武不能也。恶害于道哉？吾子其未之思乎！"教学的生动性并不影响教学内容的思想性，这是他多年教学经验得出的精辟论断。试想一个对教育对学生漠不关心的人，是不可能去想如何使课堂活跃起来这一类问题的。他能实现教学活动生动活泼、不拘俗套的原因正是在于他能"抗颜为师""以师自任"及对教育事业充满了深厚感情。

3. 写作教学上的创见

在写作教学上，韩愈也是十分有见地的。他从"文以载道"观点出发，主张"以道弘文"。他认为文是手段，道是目的，文是形式，道是内容，文是为道服务的。他认为"道盛则气盛，气盛则文昌，文以贯道，文以明道，文以载道"。他还认为写文章要奇雄简约，浩浩荡荡，形成一种势不可当之势。因而他的文章能自成体系，形成所谓"韩文"派，对后世的文学发展影响深远。

（五）关于学习方面的经验

韩愈不止一次强调学习的重要性。在《招扬之罘一首》中，韩愈以"柏生两石间"和"野马不识人"的结果必然是"万岁终不大"和"难以驾车盖"的比喻，来说明人不学习到头来必将一事无成。在《符读书城南》中，韩愈对此有更警切的论述。他认为"人之能为人，由腹有诗书"。他还举例说："两家各生子，提孩巧相如。少长聚嬉戏，不殊同队鱼。年至十二三，头角稍相疏。二十渐乖张，清沟映污渠。三十骨骼成，乃一龙一猪。飞黄腾踏去，不能顾蟾蜍。一为马前卒，鞭背生虫蛆。一为公与相，潭潭府中居。问之何因尔，学与不学欤！"

1. 学业的精进在于勤勉

关于学生如何"进学"的问题，韩愈在《进学解》中提出的第一句名言就是："业精于勤，荒于嬉；行成于思，毁于随。"这是他治学多年宝贵经验的结晶，也是他对先人治学经验的总结。意思是说学业的精进在于勤奋刻苦，学业的荒废在于嬉戏游乐；为人行事的成功在于深思熟虑，而败毁在于因循苟且。在这里，他要求学生在业务方面要"精"，在德行方面要"成"，而达到精和成的唯一方法，就是"勤"和"思"；反之，如果嬉游终日，不勤奋用功，那么学业就会荒废；如果随随便便，不认真思考，那么德行就会毁堕。"诗书勤乃有，不勤腹空空。"这些虽然都是极平凡的道理，但是它却揭示出学习的客观规律。同时他还叙述了自己为学之勤已达到"焚膏油以继晷，恒兀兀以穷年"的地步。韩愈用最明确、形象、精练的语言把这一学习经验固定下来。这对后世人们的学习和思想修养起了极为有益的影响，甚至变成了人们的座右铭。自古以来，凡是在学业上有成就的人都离不开这两条宝贵的经验。韩愈自身的成功也正说明了这一经验的价值。他之所以能在文学方面有极其高深的造诣，恰恰就是依靠这两条经验。

2. 在博的基础上求精

韩愈在教学实践中领悟到博与精的辩证关系。博与精是辩证统一的关系：没有博，也就没有精；没有精，博就是一种大杂烩。韩愈一方面强调"贪多务得，细大不捐"。另一方面又要求讲究精约，提出"记事者必提其要，纂言者必勾其玄"。

韩愈还提出学习要讲究系统性。他反对"学虽勤而不由其统，言虽多不要其中"的学习方法。所谓"不由其统"，就是不由系统方面着手，只是掌握一些支离破碎的知识，不能形成知识系统。严格来说，这样的知识是没有用的，也是很容易忘记的。所谓"不要其中"是指不能抓住问题的关键所在，而仅仅去关注一些细枝末节及一些无关痛痒之处。进而提出"勾其玄""提其要"的学习方法，即要注重学习的系统性。

3. 把学习和独创结合起来

韩愈认为师古圣贤人，要师其意不师其辞。以古人为师不必拘泥于章句文辞，而是要学习古人文章中的思想、方法。如果只知道背诵、模仿古圣贤人的陈词滥调，那么到头来只不过是一个剽贼罢了，即所谓"降而不能乃剽贼"。他赞成吸取前人的优秀成果，但反对沿袭剽窃。他不屑于"蹞常途之促促，窥陈编以盗窃"的行为。他认为那种谨小慎微地追随世俗和没有创见地抄袭一些陈年书籍是没有出息的。他主张万事要有自己的真知灼见，能"抒言立意，自成一家心语"，从而达到"闳其中而肆其外"的境界。他十分欣赏有创造性和有个人见解的人，"能者非他，能自树立，不因循者是也"。韩愈自身就是其教育经验的实践者。韩愈的文章能造语生新，风格独具，自成一家，就得益于其能很好地把学习与独创结合起来。

五、原著选编 [①]

（一）原　性

性也者，与生俱生也；情也者，接于物而生也。性之品有三，而其所以为性者五；情之品有三，而其所以为情者七。曰何也？曰性之品有上、中、下三。上焉者，善焉而已矣；中焉者，可导而上下也；下焉者，恶焉而已矣。其所以为性者五：曰仁、曰礼、曰信、曰义、曰智。上焉者之于五也，主于一而行于四；中焉者之于五也，一不少有焉，则少反焉，其于四也混；下焉者之于五也，反于一而悖于四。性之于情视其品。情之品有上、中、下三，其所以为情者七：曰喜、曰怒、曰哀、曰惧、曰爱、曰恶、曰欲。上焉者之于七也，动而处其中；中焉者之于七也，有所甚，有所亡，然而求合其中者也；下焉者之于七也，亡与甚，直情而行者也。情之于性视其品。

---

① 韩愈全集 [M]. 上海：上海古籍出版社 ,1997.

孟子之言性曰：人之性善；荀子之言性曰：人之性恶；扬子之言性曰：人之性善恶混。夫始善而进恶，与始恶而进善，与始也混而今也善恶，皆举其中而遗其上下者也，得其一而失其二者也。叔鱼之生也，其母视之，知其必以贿死；杨食我之生也，叔向之母闻其号也，知必灭其宗；越椒之生也，子文以为大戚，知若敖氏之鬼不食也。人之性果善乎？后稷之生也，其母无灾，其始匍匐也，则岐岐然、嶷嶷然；文王之在母也，母不忧，既生也，傅不勤，既学也，师不烦。人之性果恶乎？尧之朱、舜之均、文王之管蔡，习非不善也，而卒为奸；瞽瞍之舜、鲧之禹，习非不恶也，而卒为圣。人之性善恶果混乎？故曰：三子之言性也，举其中而遗其上下者也，得其一而失其二者也。曰：然则性之上下者，其终不可移乎？曰：上之性，就学而易明；下之性，畏威而寡罪。是故上者可教，而下者可制也。其品则孔子谓不移也。

曰：今之言性者异于此，何也？曰：今之言者，杂佛老而言也。杂佛老而言也者，奚言而不异！

[译文]

习性，是人生来就具有的，情，是人与外界接触后产生的。性的品位有三，而用来构成它的是五种道德，情的品位也有三，用来构成它的是七种感受。

问：是什么呢？答：性的品位有上、中、下三品。上品，就是善良的人；中品，就是可以引导向善或者向恶，变成好人或者坏人的人；下品，就是恶人。用来构成它的五种品德有仁、礼、信、义、智。上品的性对于这五种品德来说，主要的有一种而变现的为四种，中品的性对于这五种道德来说，对某一德不足或者违反，它与其他四种混合，下品的性对于这五种道德来说，反对其中一种就违背了其他四种，与性三品相对应的情也有三品。情的三品有上、中、下三种，而构成它的有七种感情，喜怒哀惧爱恶欲。上品的情对七种感情而言，能控制得恰如其当。中品的情对于七种感情而言，对它们有时掌握过分，有时掌握不好，但还是能选择适当合中的。下品的情对于七种感情而言，对七情无论是过度还是不足，都是直接抒发而行动的。性的上、中、下三品决定了情的上、中、下三品。

孟子对于性说：人性是善良的。荀子对于性说：人性是凶恶的。扬子对于性说：人的性善良邪恶是混合的。开始善良进而变得邪恶，开始邪恶进而变得善良，和从开始就混合而现在也善良邪恶，都选它们中间的那个却漏掉上下的两个，得到其中的一个而失去另外的两个，叔鱼生下来时，他的母亲看着他，知道他一定会死于受贿。杨食我生下后，叔向的母亲听到他的哭声后，知道他会灭掉宗族。越椒生下来后，子文因此大为悲伤，知道若敖氏的鬼将因为灭宗族而无人祭祀。人的性果真善良吗？后稷出生时，他的母亲没有灾难，他开始趴在地上，就一副聪明早慧的样子。文王在母亲肚子里时，母亲不忧伤，生出来后，傅父不担忧，学习时，老师不烦躁。人的性果真邪恶吗？尧朱、舜均、文王管蔡，习性并非不是善良的，最终成为奸恶之人。瞽叟的舜，鲧禹，习性并非不邪恶，而最终成为圣人，人的性果真善恶混合吗？所以说：三位圣人的话，选择中间而留下上下的，得到一个而失去两个。有人问：具有上等和下等人性的人，不能改变了吗？回答说：上等的人，学习会使他们变得更加明理聪慧；下等的人，学习会使他们惧怕危险而减少犯罪。所以，上等的人可以通过教育来改变；下等人可以通过刑威来辅助教育。孔子说他们（上智与下愚）是不可以改变的。有人问：现在所谈的人性和这些都不一样，为什么？回答说：今天所谈的人性夹杂着佛老的思想，夹杂了佛老思想而谈人性，怎么能一样呢！

（二）师　说

古之学者必有师。师者，所以传道受业解惑也。人非生而知之者，孰能无惑？惑而不从师，其为惑也，终不解矣。生乎吾前，其闻道也固先乎吾，吾从而师之；生乎吾后，其闻道也亦先乎吾，吾从而师之。吾师道也，夫庸知其年之先后生于吾乎？是故无贵无贱，无长无少，道之所存，师之所存也。

嗟乎！师道之不传也久矣！欲人之无惑也难矣！古之圣人，其出人也远矣，犹且从师而问焉；今之众人，其下圣人也亦远矣，而耻学于师。是故圣益圣，愚益愚。圣人之所以为圣，愚人之所以为愚，其皆出于此乎？爱其子，择师而教之；于其身也，则耻师焉，惑矣。彼童子之师，授之书而习其句读者，非吾所谓传其道解其惑者也。句读之不知，惑之不解，或师焉，或不焉，小学而大遗，吾未见其明也。巫医乐师百工之人，不耻相师。士大夫之族，曰师曰弟子云者，则群聚而笑之。问之，则曰："彼与彼年相若也，道相似也。位卑则足羞，官盛则近谀。"呜呼！师道之不复可知矣。巫医乐师百工之人，君子不齿，今其智乃反不能及，其可怪也欤！

圣人无常师。孔子师郯子、苌弘、师襄、老聃。郯子之徒，其贤不及孔子。孔子曰：三人行，则必有我师。是故弟子不必不如师，师不必贤于弟子，闻道有先后，术业有专攻，如是而已。

李氏子蟠，年十七，好古文，六艺经传皆通习之，不拘于时，学于余。余嘉其能行古道，作师说以贻之。

[译文]

古代求学的人一定有老师。老师，是用来传授道理，讲授学业，解答疑难问题的。人不是一生下来就懂得知识和道理的，谁能没有疑惑？有疑惑却不求老师指教，那成为疑难的问题，终究不能解决。在我之前出生的人，他懂得知识和道理本来就比我早，我跟从他并以他为师；在我之后出生的人，（如果）他懂得知识和道理也比我早，我也跟从他学习并以他为师。我学习的是知识，哪管他的年龄比我大还是比我小呢？因此，无论地位显贵或是低下，无论年长年少，知识所存在的地方，就是老师所存在的地方。

唉！从师求学的传统已经失传很久了，想要人们没有疑惑很难哪！古代的圣人，他们超出一般人很远了，尚且跟从老师向老师请教学问道理；现在的一般人，他们跟圣人相比相差很远了，却以向老师学习为羞耻。所以圣人就更加圣明，愚人就更加愚昧。圣人能成为圣人的原因，愚人能成为愚人的原因，大概就是出于这个缘故吧？爱自己的孩子，选择老师来教他。（但是）对于他自己，却以跟从老师学习为可耻，糊涂啊！那些教他读书，学习句子的停顿的老师，不是我所说的传授道理、解答疑难问题的老师。不知道断句要问老师，有疑惑不能解决却不愿问老师，小的方面（句读）要学习，大的方面（解惑）却丢弃，我没见到他聪明在哪。巫医、乐师及各种工匠，不以互相学习为耻。士大夫这类人中，说起老师、弟子的时候，这些人就聚集在一起嘲笑他。问那些嘲笑者（嘲笑他的原因），他们就说："那个人与某人年龄相近，修养和学业也差不多，（怎么能称他为老师呢）以地位低的人为师，足以感到羞愧，称官位高的人为师就近于谄媚。"啊！从师学习的风尚不再恢复，由此就可以知道了。巫医、奏乐之人，各类工匠，是士大夫们所看不起的，现在他们的见识反而比不上这些人了。真是令人奇怪啊！

圣人没有固定的老师，孔子曾经以郯子、苌弘、师襄、老聃为师。郯子这一类人，他们的道德才能（当然）不如孔子。孔子说："多人同行，其中就一定有我的老师。"因此学生不一定不如老师，老师也不一定比弟子有贤能，懂得道理有先有后，学问和技艺上各有各的研究，只是像这样罢了。

李氏的儿子李蟠，十七岁，爱好古文，六艺的经文和传文都普遍学习了，不受世俗的限制，向我学习。我赞许他能履行古人从师学习的风尚，写了这篇《师说》来送给他。

（三）进学解

国子先生晨入太学，召诸生立馆下，诲之曰："业精于勤，荒于嬉。行成于思，毁于随。方今圣贤相逢，治具毕张。拔去凶邪，登崇俊良。占小善者率以录，名一艺者无不庸。爬罗剔抉，刮垢磨光。盖有幸而获选，孰云多而不扬？诸生业患不能精，无患有司之不明。行患不能成，无患有司之不公。"

言未既，有笑于列者曰："先生欺余哉！弟子事先生，于兹有年矣。先生口不绝吟于六艺之文，手不停披于百家之编。记事者必提其要，纂言者必钩其玄。贪多务得，细大不捐。焚膏油以继晷，恒兀兀以穷年：先生之于业，可谓勤矣。抵排异端，攘斥佛老。补苴罅漏，张皇幽眇。寻坠绪之茫茫，独旁搜而远绍。障百川而东之，回狂澜于既倒：先生之于儒，可谓有劳矣。沈浸醲郁，含英咀华。作为文章，其书满家。上规姚姒，浑浑无涯。周诰殷盘，佶屈聱牙。春秋谨严，左氏浮夸。易奇而法，诗正而葩。下逮庄骚，太史所录。子云、相如，同工异曲：先生之于文，可谓闳其中而肆其外矣！少始知学，勇于敢为。长通于方，左右俱宜：先生之于为人，可谓成矣。

"然而公不见信于人，私不见助于友。跋前踬后，动辄得咎。暂为御史，遂窜南夷。三年博士，冗不见治。命与仇谋，取败几时！冬暖而儿号寒，年丰而妻啼饥。头童齿豁，竟死何裨？不知虑此，而反教人为！"

先生曰："吁! 子来前。夫大木为，细木为桷。欂栌侏儒，椳闑扂楔，各得其宜，施以成室者，匠氏之工也。玉札、丹砂，赤箭、青芝，牛溲、马勃，败鼓之皮，俱收并蓄，待用无遗者，医师之良也。登明选公，杂进巧拙，纡余为妍，卓荦为杰，校短量长，惟器是适者，宰相之方也。

"昔者孟轲好辩，孔道以明。辙环天下，卒老于行。荀卿守正，大论是弘。逃谗于楚，废死兰陵。是二儒者，吐辞为经，举足为法。绝类离伦，优入圣域，其遇于世何如也？

"今先生学虽勤而不繇其统，言虽多而不要其中。文虽奇而不济于用，行虽修而不显于众。犹且月费俸钱，岁糜廪粟。子不知耕，妇不知织。乘马从徒，安坐而食。踵常途之促促，窥陈编以盗窃。然而圣主不加诛，宰臣不见斥，兹非其幸欤？动而得谤，名亦随之。投闲置散，乃分之宜。若夫商财贿之有亡，计班资之崇庳。忘己量之所称，指前人之瑕疵。是所谓诘匠氏之不以杙为楹，而訾医师以昌阳引年，欲进其豨苓也。"

[译文]

国子先生早上走进太学，召集学生们站立在学舍下面，教导他们说："学业的精进由于勤奋，而荒废由于游荡玩乐；德行的成就由于思考，而败坏由于因循随便。当前圣君与贤臣相遇合，法制健全。拔除凶恶奸邪，晋升英俊善良。具有微小优点的都已录取，称有一技之长的无不任用。搜罗人才，加以甄别、教育、培养，对他们刮去污垢，磨炼得闪闪发光。大概只有侥幸而得选上的，谁说多才多艺而不被高举呢？诸位学生只怕学业不能精进，不要怕主管部门官吏看不清；只怕德行不能成就，不要怕主管部门官吏不公正。"

话没有说完，有人在行列里笑道："先生在欺骗我们吧？我们这些学生侍奉您先生，到现在已经好几年了。先生嘴里不断地诵读六经的文章，两手不停地翻着诸子百家的书籍。对记事之文一定提取它的要点，对言论之编一定探索它深奥的旨意。不知满足地多方面学习，力求有所收获，大的小的都不舍弃。点上灯烛夜以继日，经常这样刻苦用功，一年到头不休息。先生的从事学业可以说勤奋了。抵制、批驳异端邪说，排斥佛教与道家，弥补儒学的缺漏，发扬光大精深微妙的义理。寻找渺茫失落的古代圣人之道的传统，独自广泛搜求、遥远承接。防堵纵横奔流的各条川河，引导它们东注大海；挽回那狂涛怒澜，尽管它们已经倾倒泛滥。先生您对于儒家，可以说是有功劳了。心神沉浸在意味浓郁醇厚的书籍里，仔细地品尝咀嚼其中精英华采，写作起文章来，书卷堆满了家屋。向上规模取法虞、夏时代的典章，深远博大得无边无际；周代的诰书和殷代的《盘庚》，多么艰涩拗口难读；《春秋》的语言精练准确，《左传》的文辞铺张夸饰；《易经》变化奇妙而有法则，《诗经》思想端正而辞采华美；往下一直到《庄子》《离骚》，太史公的记录；杨雄、司马相如的创作，同样巧妙而曲调各异。先生的文章可以说是内容宏大而外表气势奔放，波澜壮阔。先生少年时代就开始懂得学习，敢作敢为，长大之后通达道理，处理各种事情，左的右的，无不合宜。先生的做人，可以说是有成就的了。

"可是在公的方面不能被人们信任，在私的方面得不到朋友的帮助。前进退后，都发生困难，动一动便惹祸获罪。刚当上御史就被贬到南方边远地区。做了三年博士，职务闲散表现不出治理的成绩。您的命运与敌仇打交道，不时遭受失败。冬天气候还算暖和的日子里，您的儿女们已为缺衣少穿而哭着喊冷；年成丰收而您的夫人却仍为食粮不足而啼说饥饿。您自己的头顶秃了，牙齿缺了，这样一直到死，有什么好处呢？不知道想想这些，倒反而来教训别人干吗呢？"

国子先生说："唉，你到前面来啊！要知道那些大的木材做屋梁，小的木材做瓦椽，做斗栱，短椽的，做门臼、门橛、门闩、门柱的，都量材使用，各适其宜而建成房屋，这是工匠的技巧啊。贵重的地榆、朱砂，天麻、龙芝、牛尿、马屁菌，坏鼓的皮，全都收集，储藏齐备，等到需用的时候就没有遗缺的，这是医师的高明啊。提拔人才，公正贤明，选用人才，态度公正。灵巧的人和朴质的人都得引进，有的人谦和而成为美好，有的人豪放而成为杰出，比较个人的短处，衡量个人长处，按照他们的才能品格分配适当的职务，这是宰相的方法啊！从前孟轲爱好辩论，孔子之道得以阐明，他游历的车迹周遍天下，最后在奔走中老去。荀况恪守正道，发扬光大宏伟的理论，因为逃避谗言到了楚国，还是丢官而死在兰陵。这两位大儒，说出话来成为经典，一举一动成为法则，远远超越常人，优异到进入圣人的境界，可是他们在世上的遭遇是怎样呢？

　　"现在你们的先生学习虽然勤劳却不能顺应道统，言论虽然不少却不切合要旨，文章虽然写得出奇却无益于实用，行为虽然有修养却并没有突出于一般人的表现，尚且每月浪费国家的俸钱，每年消耗仓库里的粮食；儿子不懂得耕地，妻子不懂得织布；出门乘着车马，后面跟着仆人，安安稳稳地坐着吃饭。局局促促地按常规行事，眼光狭窄地在旧书里盗窃陈言，东抄西袭。然而圣明的君主不加处罚，也没有被宰相大臣所斥逐，岂不是幸运吗？有所举动就遭到毁谤，名誉也跟着受到影响。被放置在闲散的位置上，实在是恰如其分的。

　　"至于商量财物的有无，计较品级的高低，忘记了自己有多大才能、多少分量和什么相称，指摘官长上司的缺点，这就等于所说的责问工匠的为什么不用小木桩做柱子，批评医师的用菖蒲延年益寿，却想引进他的猪苓啊！"

第七章 朱熹与《朱子语类》

一、作者简介

朱熹（1130—1200 年），字元晦，号晦庵，又号称晦翁，祖籍徽州婺源（今属江西），出生于南剑州尤溪（今福建尤溪县）。宋代理学的集大成者，诗人、哲学家。宋高宗绍兴十八年（1148 年）中进士，历任泉州同安县主簿，知漳州、知潭州、焕章阁待制兼侍讲等职。平生不喜为官，致于理学，著书立说。仕宦七载，立朝仅 46 天，任祠官达 23 年，待职、无职或罢职 16 年，一生主要的时间（约四十年）在福建武夷山，庐山白鹿洞书院讲学。为白鹿洞书院殚精竭虑，不遗余力。他曾自兼洞主，延请名师，充实图书，还请皇帝勅额，赐御书。置办学田，供养贫穷学子，并亲自订立学规，即著名的《白鹿洞书院教规》。《白鹿洞书院教规》是世界教育史上最早的教育规章制度之一，对教育目的、训练纲目、学习程序及修己治人道理，都一一做了明确的阐述和详细的规定。

晚年卷入当时的政治斗争，被夺职罢祠，其学被定为"伪学"，其人也被定为"伪学首魁"，直到去世之时"罪名"尚未解除。但朱熹死后不久，"党禁"解弛，朱熹的地位开始日渐上升，最终成为配享孔庙的"孔门十哲"之一。其思想学说从元代开始成为中国的官方哲学，不仅深刻地影响了中国的传统思想文化，而且远播海外，产生相当大的影响。

朱子著述等身，有《周易本义》《诗集传》《大学、中庸章句》《论语、孟子集注》《韩文考异》等，另有《朱文公文集》一百卷。

二、成书背景

唐代道、佛思想盛行，儒家思想不再独尊一家。但是南宋的朱熹却完成了新儒学的改革。朱熹的深刻之处在于，把孔孟置于正宗，同时又把董仲舒学说中的阴阳五行，张载、周敦颐、二程的观点，以及佛教的灭欲观和道家的哲学与思辨精神，加以整理，小心而细致地构造出内容精深的新儒学体系。儒学在世界观、方法论上的短处被克服了。这使佛、道等学说再也不会动摇它了。

程朱理学亦称程朱道学，是宋明理学的主要派别之一，也是理学各派中对后世影响最大的学派之一。其由北宋河南人二程（程颢、程颐）兄弟开始创立，其间经过弟子杨时，再传罗从彦，三传李侗的传承，到南宋朱熹集为大成。

朱熹认为，太极是宇宙的根本和本体，太极本身包含了理与气，理在先，气在后。太极之理是一切理的综合，它至善至美，超越时空，是"万善"的道德标准。理是将善赋予人便成为本性，将善赋予社会便成为"礼"，而人在世界万物纷扰交错中，很容易迷失自己禀赋自"理"的本性，社会便失去"礼"。他还认为，由于理是宇宙万物的起源，所以万物"之所以然"，必有一个"理"，而通过推究事物的道理（格物），可以达到认识真理的目的（致知）。

宋元明清时期，历代统治者多将二程和朱熹的理学思想扶为官方统治思想，程朱理学也因此成为人们日常言行的是非标准和识理践履的主要内容。在南宋以后 600 多年的历史进程中，程朱理学在促进人们的理论思维、教育人们知书识理、陶冶人们的情操、维护社会稳定、推动历史进步等方面，发挥了积极的作用。同时，它对中国封建社会后期的历史和文化发展，也有巨大的负面影响。不少人把程朱理学视为猎取功名的敲门砖，他们死抱一字一义的说教，致使理学发展越来越脱离实际，成为于世无补的空言，成为束缚人们手脚的教条，成为"以理杀人"的工具。

三、原著概要

《朱子语类》，是朱熹长期讲学的记录稿。朱熹的门人九十多人记录了他的讲学问答。《朱子语类》由黎靖德在南宋度宗咸淳六年（1270 年）编辑出版，是一部较为完备的记录稿。记录稿采用了语录体的分类汇编形式，全书共 140 卷，分为"理气""性理""自学""治道""训门人"等 26 门，约 200 万字。《朱子语类》内容涉及哲学、宗教、伦理、经学、教育、自然科学、治学态度等方面。

《朱子语类》是朱熹与其弟子问答的语录汇编，首先讨论了理气、性理、鬼神等哲学上的本体论问题，认为太极、理为天地之开始；接着讨论和解释了心性情意、仁义礼智等伦理道德及人物性命的本原；最后论述了知行、力行、读书、为学的方法等问题。最后又分论《四书》《五经》。《朱子语类》基本代表了朱熹的思想，内容丰富，析理精密。

四、教育思想解读

（一）教育目的

朱熹的教育思想建立在其理学思想基础之上。朱熹认为，宇宙万物是由理和气两种因素构成的。"理"是精神性的范畴，是创造万物的本源，也是万物运行的目的，是第一性的。"气"是物质性的范畴，是构成万物的材料，也是"理"的载体，是第二性的。体现在人类社会中，封建的"人伦"，就反映了"天理"的内容。"明人伦"就是要体认天理，穷尽天理。这样，朱熹就把封建的人伦道德神圣化、永恒化。可见朱熹的教育理论，是建立在天道即人道的哲学方法论上。

从人性论的观点出发论述教育的作用。朱熹继承和发挥了二程、张载的人性说，认为人和万物一样，是理与气结合而成的，人性的主流，即禀受于"理"的部分，就是"天命之性"。他说："性者，人之所以得于天理也。""性即理也"。天命之性是纯然至善的，是超越个体而普遍存在的。理和气结合在一起，就体现为"气质之性"。气质之性有善有恶，有清有浊，清明至善即为天理，昏浊不善则为人欲，而每个人所秉受的气质之性各不相同。圣人之性清明至善，没有丝毫昏浊。无人欲之私，故圣人与天地同体，不教而自善。贤人之性次于圣人，通过教育也可达到"无异于圣人"的地步。中人之性则善恶混杂，介于君子和小人之间，"教化之行，挽中人而进于君子之域；教化之废，推中人而堕于小人之涂"。这是继承发展了董仲舒和韩愈性三品的学说。就一般人的内心而言，都有"人心"和"道心"两种成分。"道心"体现天理，人心体现人欲，教育的作用就在于"存天理，灭人欲"，使"人心"服从"道心"。这个过程也就是"明人伦"的过程。

从教育目的在于"明人伦"的思想出发，朱熹严厉地抨击了当时以科举为目的的学校教育忽视伦理教育，诱使学生"怀利去义"，使得士人"所以求于书，不越何记诵、训诂、文词之间，以钓声名，干利禄而已"。因此，他要求改革科学，以及为了改变"风俗日敝，人材日衰"的状况，重新申述和强调"明人伦"的思想。

（二）教育阶段

朱熹在总结古代教育的基础上，对小学和大学的教育阶段划分及教育内容做了系统论述。人生八岁入小学，十五岁入大学。小学和大学是不可割裂的两个学习阶段，即都是为了体认天理，只是内容程度有所不同：小学学其事，大学明其理。小学是为大学打基础，大学是小学的提高。

朱熹将小学教育比作"打坯模"，强调从儿童幼小时，就要进行良好的道德行为的训练。小学以"教事"为主，具体说，就是"教之以洒扫、应对、进退之节，爱亲、敬长、隆师、亲友之道"。在儿童阶段空讲大道理是收不到效果的，最好是从具体的行为训练着手，形成良好的生活习惯。教育与生长发育融为一体，就可以"习与智长，化与心成"。朱熹编写《小学》一书，汇集古代圣贤"嘉言懿行"，并以日常生活中的人伦道德主题分立纲目，如君臣、父子、夫妇、长幼、朋友、心术、感化、衣服、饮食等，内容包括名儒的格言和前人的典范事例，对儿童进行生动形象的教育。他还撰有《童蒙须知》，对儿童日常生活中应该遵守的礼仪、行为一一做了具体规范。

大学阶段是在小学之上的深造，即"学其小学所学之事之所以"，"是发明此事之理"。其纲领，就是"教之以穷理、正心、修己、治人之道"。大学的教材主要是《四书》和《五经》。朱熹认为，《四书》是大学的基本读物，是圣贤之学的门户，人人必须学好《四书》，至于进一步学习《五经》，那是专门研究的事了。

（三）道德教育

道德教育是儒家教育思想的核心，朱熹教育思想的精华亦集中于此。朱熹十分重视道德教育，主张将道德教育放在教育工作的首位。他说："德行之于人大矣……士诚知用力于此，则不唯可以修身，而推之可以治人，又可以及夫天下国家。故古之教者，莫不以是为先。"就是说，德行对人有重大意义，不仅可以修身，而且还可以推而广之去治人、治国。因此，古代的教育者都把道德教育置于优先地位。反之，如果缺乏德行而单纯追求知识，人就会迷失方向，从而找不到归宿。

朱熹关于道德教育的方法，可以概括为以下几点。

1. 立志

朱熹认为，志是心之所向，对人的成长至为重要。因此，他要求学者首先应该树立远大的志向。人有了远大的志向，就有了前进的目标，能"一味向前，何患不进"。如果不立志，则目标不明确，前进就没有动力。他说："所谓志者，不是将意气去盖他人，只是直截要学尧、舜。"又说："学者大要立志，才学便要做圣人，是也。"

2. 主敬

朱熹认为主敬包含以下几个意思。

第一，主敬是培养严肃的或不放肆的道德态度。所谓"不放肆"，即是严守礼法。他说，"敬只是收敛来"，"敬只是此心自做主宰处"。就是把放荡的心收敛起来，做自身的主宰，培养自我支配的能力。

第二，所谓主敬，是培养谨慎小心的道德态度。他说，"敬只是一个畏字"。所谓"畏"，"如居烧屋之下，如坐漏船之中"，"畏"是警惕的态度。

第三，所谓主敬，是培养精神专一或始终一贯的态度。他说，"敬者守于此而不易之谓"，"敬是始终一事"。

朱熹是十分重视主敬的工夫的，认为这是培养严肃的、谨慎的、一贯的精神态度，贯穿整个修养过程的始终。所以他说"敬字工夫，乃圣门第一义。彻头彻尾，不可顷刻间断"。有人问："敬何以用工？"怎样做敬的工夫呢？他答道："只是内无妄思，外无妄动。"这是一句很扼要的话。

所谓"内无妄思"，即是念念存天理而去人欲。所谓"外无妄动"，即是在容貌、服饰、态度、动作上都要整齐严肃。"内无妄思"，是潜伏的内心精神生活的控制；"外无妄动"，是显著的外在身体动作的支配。只要能支配身体的动作，便能影响内心和生活；反之亦然。外无妄动，便自然内无妄思；内无妄思，便自然外无妄动。他把这叫作"内外夹持"。他的主敬修养，也吸取了佛教"入定"的因素。

3. 存养。

所谓"存养"就是存心养性的简称。朱熹认为每个人都有与生俱来的善性，但同时又有气质之偏和物欲之蔽。因此，需要用"存养"的功夫，来发扬善性，发明本心。从另一方面来说，"存养"又是为了不使本心丧失。"圣贤千言万语，只要人不失其本心"，"心若不存，一身便无主宰"。同时，从道德教育的根本任务来说，"存养"是为了收敛人心，将其安顿在义理上。

4. 省察。

"省"是反省，"察"是检察。"省察"即是经常进行自我反省和检查的意思。朱熹认为一个人要搞好自身道德修养，就应当"无时不省察"。在他看来"凡人之心，不存则亡……"为了使人心不"沦于亡"，做事不"陷于恶"，经常进行自我反省和检查，是必不可少的。朱熹的这一见解，表明他在道德教育中既强调防微杜渐，同时又重视纠失于后。

5. 力行。

朱熹十分重视"力行"。"夫学问岂以他求，不过欲明此理，而力行之耳"，"故圣贤教人，必以穷理为先，而力行以终之"。他所说的"力行"，是要求将学到的伦理道德知识付诸自己的实际行动，转化为道德行为。朱熹的这些见解，已经触及道德认识转化为道德行动，道德行动接受道德认识的指导，并检验道德认识的正确与否等道德教育的基本问题。

（四）学习方法

教育思想的实施，必须有好的学习方法为依托。朱熹总结的学习方法如下。

1. 循序渐进

这一条包含读书的"量力性"原则。所谓循序，是遵循教材的客观顺序与学生的实际能力去规定学习的课程或进度。所谓渐进，是不求速的意思。

朱熹主张学习之法应当"循序渐进"。有的人读书性子急，一打开书就匆匆忙忙朝前赶。朱熹批评他们像饿汉走进饭店，见满桌大盘小碟，饥不择食，狼吞虎咽，食而不知其味。究竟怎样读书呢？朱熹的方法是："字求其训，句索其旨，未得乎前，则不敢求其后，未通乎此则不敢忘乎彼，如是循序渐进，则意志理明，而无疏易凌躐之患矣。"也就是说要一个字一个字地弄明白它们的涵义，一句话一句话地搞清楚它们的道理。前面还没搞懂，就不要急着看后面的。这样就不会有疏漏错误了。他还说："学者观书，病在只要向前，不肯退步，看愈抽前愈看得不分晓，不若退步，却看得审。"就是说，读书要扎扎实实，由浅入深，循序渐进，有时还要频频回顾，以暂时的退步求得扎实的学问。

2. **熟读精思**

这一条包含读书的"巩固性"原则。所谓熟读，就是要把书本背得烂熟。所谓精思，即是反复寻绎文义。依朱熹的看法，"谓读书有三到：心到、眼到、口到"。朱熹认为，对于经典，必须熟读。读书"百遍时，自是强五十遍时；二百遍时，自是强一百遍时。今所以记不得，说不去，心下若存若亡，皆是为精不熟之患"。同时，还要分析、思索。"学者观书，读得正文，记得注解，成诵精熟，注中训释文意、事物、名件，发明相穿纽处，一一认得，如自己做出来的一般，方能玩味反复，向上有通透处。若不如此，只是虚设议论，非为己之学也。"

3. **虚心涵咏**

这一条包含读书的"客观性"原则。所谓虚心涵咏，即是客观的态度，还古书的本来面目，并不执着旧见，接受简明平正的解说，而不好高务奇、穿凿立异。依朱熹的看法，读书须是虚心方得。圣贤说一字是一字。自家只平着心去秤停他，都使不得一灰杜撰。学者看文字，不必自立说，只记前贤与诸家说便了。今人读书，多是心下先有个意思了，却将圣贤言语来凑他的意思，其有不合，便穿凿之便会。

4. **切己体察**

这一条包含读书的"结合实际"原则。所谓切己体察，即是读书时，使书中道理与自己的经验或生活结合起来，并以书中道理去指导自己的实践。

5. 着紧用力

这一条包含读书的"积极性"原则。朱熹强调读书要着紧用力。这里面包含两层意思：一是指时间上要抓紧，要"饥忘食，渴忘饮，始得"；二是指精神上要振作，要"如撑上水船，一篙不可放缓"。

6. 居敬持志

这一条包含读书的"目的性"原则。所谓居敬，即是严肃认真与精神专一的态度。所谓持志，即是树立一个具体目标、或根据一个特殊问题去书中收集及整理有关资料。

五、原著选编 [①]

（一）学校贡举私议

古者学校选举之法，始于乡党，而达于国都，教之以德行道艺，而兴其贤者能者；盖其所以居之者无异处，所以官之者无异术，所以取之者无异路。是以士有定志而无外慕，夙夜孜孜，惟惧德业之不修，而不忧爵禄之未至。夫子所谓"言寡尤，行寡悔，禄在其中"，孟子所谓"修其天爵，而人爵从之"，盖谓此也。

若夫三代之教，艺为最下，然皆犹有实用而不可阙，其为法制之密，又足以为治心养气之助，而进于道德之归。此古之为法，所以能成人才而厚风俗，济世务而兴太平也。

今之为法不然，虽有乡举，而其取人之额不均……其所以教者，既不本于德行之实，而所谓艺者，又皆无用之空言。至于甚弊，则其所谓空言者，又皆怪妄无稽，而适足以败坏学者之心志。是以人才日衰，风俗日薄，朝廷州县，每有一事之可疑，则公卿大夫，官人百吏，愕眙相顾，而不知所出，是亦可验其为教之得失矣。而议者不知其病源之所在……而今州郡之学，钱粮有限，将广其额，则食不足，将仍其旧，则其势之偏，选之艰，而途之狭，又将有甚于前日之解额少，而无所容也。正使有以处之，然使游其间

---

① 朱文公文集 [M]. 上海古籍出版社,安徽教育出版社,2002.

者，校计得失于旦暮锱铢之间，不得宁息，是又不惟无益，而损莫大焉，亦非计之得也。

盖尝思之，必欲乘时改制，以渐复先王之旧，而善今日之俗，则必如明道先生熙宁之议，然后可以大正其本，而尽革其末流之弊。如日未暇，则莫若且均诸州之解额，以定其志；立德行之科，以厚其本；罢去词赋，而分诸经子史时务之年，以齐其业；又使治经者必守家法，命题者必依章句，答义者必通贯经文，条举众说，而断以己意；学校则遴选实有道德之人，使专教导，以来实学之士，裁减解额、舍选谬滥之恩，以塞利诱之涂。至于制科、词科、武举之属，亦皆究其利病，而颇更其制，则有定志而无奔竞之风，有实行而无空言之弊，有实学而无不可用之材矣。此其大略也，其详则继此而遂陈之。

夫所以必均诸州之解额者：今之士子不安于乡举而争趋太学试者，以其本州解额窄而试者多，太学则解额阔而试者少，本州只有解试一路，太学则兼有舍选之捷径，又可以智巧而经营也。所以今日倡为混补之说者，多是温、福、处、婺之人，而他州不与焉。非此数州之人，独多躁竞，而他州之人，无不廉退也，乃其势驱之，有不得不然者耳。然则今日欲梂其弊，而不以大均解额为先务，虽有良法，岂能有所补哉？故莫若先令礼部取见逐州三举终场人数，通比旧额都数定以若干分为率，而取其若干以为新额。又损太学解额舍选取人分数，使与诸州不至大段殊绝，则士安其土而无奔趋流浪之意矣。

所以必立德行之科者：德行之于人大矣，然其实则皆人性所固有，人道所当为，以其得之于心，故谓之德，以其行之于身，故谓之行，非固有所作为增益，而欲为观听之美也。士诚知用力于此，则不惟可以修身，而推之可以治人，又可以及夫天下国家。故古之教者，莫不以是为先，若舜之命司徒以敷五教，命典乐以教胄子，皆此意也。至于成周而法始大备，故其人才之盛，风俗之美，后世莫能及之。汉室之初，尚有遗法，其选举之目，必以"敬长上、顺乡里、肃政教、出入不悖所闻"为称首。魏晋以来，虽不及古，然其九品中正之法，犹为近之。及至隋唐，遂专以文词取士，而尚德之举，不复见矣。积至于今，流弊已极，其势不可以不变。而欲变之，又不可不以其渐。故今莫若且以逐州新定解额之半，而又折其半，以为德行之科，明立所举德行之目，专委逐县令佐，从实搜访。于省试后，保明津遣赴州，守伴审实，保明审部，于当年六月以前，以礼津遣。限本年内到部，拨入太学，于近上斋舍安排，而优其廪给，仍免课试，长贰以时延请询考。至次年终，以次差充大小职事。又次年终，择其尤异者，特荐补官。余令特赴明年省试，比之余人，倍其取人分数。殿试各升一甲，其不中人，且令住学，以俟后举。其行义有亏，学术无取，举者亦当议罚。则士知实行之可贵，而不专事于空言矣。

所以必罢诗赋者：空言本非所以教人，不足以得士，而诗赋又空言之尤者，其无益于设教取士，章章明矣。然熙宁罢之，而议者不以为是者，非罢诗赋之不善，乃专主王氏经义之不善也。故元韦占初议有改革，而司马温公、吕申公皆不欲复，其欲复之者，惟刘挚为最力，然不过以考校之难而为言耳。是其识之卑而说之陋，岂足与议先王教学官人之本意哉！今当直罢，无可疑者。如以习之者众，未欲遽罢，则限以三举，而递损其取人之数，俟其为之者少，而后罢之，则亦不骇于俗，而其弊可革矣。

所以必分诸经子史时务之年者：古者大学之教，以格物致知为先；而其考校之法，又以九年知类通达，强立不反为大成。盖天下之事，皆学者所当知，而其理之载于经者，则各有所主，而不能相通也。况今《乐经》亡而《礼经》缺，二戴之记，已非正经，而又废其一焉。盖经之所以为教者，已不能备，而治之者，类皆舍其所难，而就其所易，仅窥其一，而不及其余，则于天下之事，宜有不能尽通其理者矣。若诸子之学，同出于圣人，各有所长，而不能无所短，其长者，固不可以不学，而其所短，亦不可以不辨也。至于诸史，则该古今兴亡治乱得失之变，时务之大者，如礼乐、制度、天文、地理、兵谋、刑法之属，亦皆当世所需，而不可阙，皆不可以不之习也。然欲其一旦而尽通，则其势将有所不能，而卒至于不行。若合所当读之书，而分之以年，使天下之士，各以三年，而共通其三四之一，则亦若无甚难者。故今欲以《易》《书》《诗》为一科，而子年午年试之；《周礼》《仪礼》及二戴之礼为一科，而卯年试之；《春秋》及三传为一科，而酉年试之。诸经皆兼《大学》《论语》《中庸》《孟子》，论则分诸子为四科，而分年以附焉，策则诸史、时务亦然，则士无不通之经，无不习之史，皆可为当世之用矣。

其治经必专家法者：天下之理，固不外于人之一心。然圣贤之言，则有渊奥尔雅而不可以臆断者，其制度名物，行事本末，又非今日之见闻所能及也。故治经者，必因先儒已成之说而推之，借日未必净是，亦当究其所以得失之故，而后可以反求诸心，而正其谬，此汉之诸儒所以专门名家，各守师说，而不敢轻有变焉者也。但其守之太拘，而不能精思明辨，以求真是，则为病耳。然以此之故，当时风俗，终是淳厚。近年以来，习俗苟偷，学无宗主，治经者不复读其经之本文，与夫先儒之传注，但取近时科举中选之文，讽诵模仿，择取经中可为题目之句，以意扭捏，妄作主张，明知不是经意，但取便于行文，不暇恤也。盖诸经皆然，而《春秋》为尤甚，主司不惟不知其谬，乃反以为工，而置之高等，习以成风，转相祖述，慢侮圣言，日以益甚。名为治经，而实为经学之贼；号为作文，而实为文字之妖，不可坐视而不之正也。今欲正之，莫若讨论诸经之说，各立家法，而皆以注疏为主。……今应举人各占两家以上，于家状内及经义卷子第一行内一般声说，将来答义则以本说为主，而旁通他说以辨其是非，则治经者不敢妄牵己意，而必有据依矣。

其命题所以必依章句者：今日治经者，既无家法，其穿凿之弊，已不可胜言矣。而主司命题，又多为新奇，以求出于举子之所不意，于所当断而反连之，于所当连而反断之。大抵务欲无理可解，无说可通，以观其仓猝之间，趋附离合之巧。其始盖出于省试"上天之载，无声无臭，仪刑文王"之一题。然而当时传闻，犹以为怪；及今数年，则无题不然，而人亦不之怪矣。主司既以此倡之，举子亦以此和之，平居讲习，专务裁剪经文，巧为恆钉，以求合乎主司之意，其为经学贼中之贼，文字妖中之妖，又不止于家法之不立而已也。今既各立家法，则此弊势当自革，然恐主司习熟见闻，尚仍故态，却使举子愈有拘碍，不容下笔。愿下诸路漕司，戒敕所差考试官，今后出题须依章句，不得妄有附益裁剪。如有故违，许应举人，依经直答，以驳其谬，仍经本州及漕司陈诉，将命题人，重作行遣。其诸州申到题目，亦令礼部、国子监长贰看详纠举遣罚，则主司不敢妄出怪题，而诸生得守家法，无复敢肆妖言矣。又按前贤文集，策问皆指事设疑，据实而问，多不过百十字。嘉祐、治平以前，尚存旧体，而吕申公《家传》记熙宁事乃云："有司发策问，必先称颂时政，对者因大为谀词以应之。"然则此风盖未远也。今亦宜为之禁，使但条陈所问之疑，略如韩、欧诸集之为者，则亦可以观士子之实学，而息其谀佞之奸心矣。

其必使答义者通贯经文，条陈众说，而断以己意者：其说已略具于家法之条矣。盖今日经学之难，不在于治经，而难于作义。大抵不问题之小大长短，而必欲分为两段，仍作两句对偶破题，又须借用他语，以暗贴题中之字，必极于工巧而后已；其后多者三二千言，别无他意，不过止是反复敷衍破题两句之说而已。如此，不惟不成经学，亦复不成文字，而使学者卒岁穷年，枉费日力，以从事于其间，甚可惜也。欲更其弊，当更写卷之式，明著问目之文，而疏其上下文，通约三十字以上，次列所治之说而论其意，又次旁列他说，而以已意反复辨析，以求至当之归。但令直论圣贤本意与其施用之实，不必如今日经义，分段破题对偶敷衍之体。每道止限五六百字以上，则虽多增所治之经，而答义不至枉费辞说，日力亦有余矣。至于旧例，经义禁引史传，乃王氏末流之弊，而论子史者，不复订以经指。又俗学卑近之失，皆当有以正之。使治经术者通古今，议论者识原本，则庶乎其学之至矣。

其学校必选实有道德之人，使为学官，以来实学之士，裁减解额、舍选谬滥之恩，以塞利诱之涂者：古之太学，主于教人，而因以取士，故士之来者，为义而不为利。且以本朝之事言之，如李鹿所记元祐侍讲吕希哲之言曰："仁宗之时，太学之法宽简，国子先生，必求天下贤士真可为人师者，就其中又择其尤贤者，如胡翼之之徒，使专教导规矩之事。故当是时，天下之士，不远万里，来就师之。其游太学者，端为道艺，称弟子者，中心说而诚服之，盖犹有古法之遗意也。"熙宁以来，此法浸坏。所谓太学者，但为声利之场。而掌其教事者，不过取其善为科举之文，而尝得隽于场屋者耳。士之有志于义理者，既无所求于学，其奔趋辐辏而来者，不过为解额之滥、舍选之私而已。师生相视，漠然如行路之人，间相与言，亦未尝开之以德行道艺之实，而月书季考者，又祇以促其耆利苟得、冒昧无耻之心，殊非国家之所以立学教人之本意也。

欲革其弊，莫若一遵仁皇之制，择士之有道德可为人师者，以为学官，而久其任，使之讲明道义，以教训其学者；而又痛减解额之滥，以还诸州，罢去舍选谬滥之法，而使为之师者，考察诸州所解德行之士与诸生之贤者，而特命以官，则太学之教。不为虚设，而彼怀利干进之流，自无所为而至矣……彼有乡举之可望者，自不复来，而不患其纷冗矣。至于取人之数，则又严为之额，而许其补中之人，从上几分，特赴省试，则其舍乡举而来赴补者，亦不为甚失职矣。其计会、监试、漕试、附试之类，亦当痛减分数，严立告赏，以绝其冒滥。其诸州教官，亦以德行人充，而责以教导之实，则州县之学，亦稍知义理之教，而不但为科举之学矣。

至于制举，名为贤良方正，而其实但得记诵文词之士，其所投进词业，亦皆无用之空言；而程试论策，则又仅同覆射儿戏，初无益于治道，但为仕宦之捷径而已。词科则又习于谄谀夸大之词，而竞于骈俪刻雕之巧，尤非所以为教。至于武举，则其弊又不异于儒学之陋也。欲革其弊，则制科当诏举者，不取其记诵文词，而取其行义器识，罢去词业六论，而直使待对于廷，访以时务之要，而不穷以隐僻难知之事。词科则当稍更其文字之体，使以深厚简严为主，而以能辨析利害、敷陈法度为工。武举则亦使学官放经义论策之制，参酌定议，颁下《武经总要》等书，而更加讨论，补其遗逸，使之诵习，而立其科焉。则庶乎小大之材，各得有所成就，而不为俗学之所病矣。

夫如是，是以教明于上，俗美于下，先王之道，得以复明于世，而其遗风余韵，又将有以及于方来。与夫规规然固守末流之弊法，而但欲小变一二于其间者，利害相绝，固有间矣。草茅之虑，偶及于此，故敢私记其说，以为当路之君子，其或将有取焉。

[译文]

古代学校选举的办法，开始于乡党，一直到国都，用德行道艺来教导人们，而选举他们中贤良有才能的人。总的说来，安置他们没有不同的处所，委任他们没有不同的方法，录取他们没有不同的途径。因而，读书的人有一定志向，用不着羡慕外面的世界，早晚孜孜不懈，只怕耽误了道德、学业之修习，却不考虑爵位俸禄得不到。孔子所说的"言语减少过失，行为减少懊悔，俸禄就在里面"，孟子所说的"修养自己的自然爵位——仁义忠信，乐善不倦，那么社会爵位——公卿大夫，一切就随着来了"，大概就是这种情况。

至于（夏、商、周）三代的教育，才艺算是最下等的，但都还有实用价值，不可或缺。它作为一种严密的法制，又足以作为修养身心的辅助，使之达到道德的境地。这是古代制定的法度，所以能造就人才，加厚风俗，拯救世道并导致天下太平。

当今的做法不是这样。虽然有乡举，可是取人的名额不均衡……他们教人的方法，既不根据德行的实际，他们所说的才艺，又都是没有用处的空话。至于更严重的流弊，那便是他们所说的空话，全都怪诞无稽，定会败坏学生的心志。因此，人才一天天衰败，风俗一天天凉薄，朝廷州县，每有一件可疑之事，公卿大夫、官府百吏便惊慌失措，面面相觑，一筹莫展，从这里也可以证验那种教育的有用或者无用了。可是议论的人不了解这种病根在什么地方……当前州郡的学校，钱粮有限，如果要增加名额，食用就会不足；如果照旧，那么形势的偏颇、举选的艰难、出路的狭窄，又将比以前的解额少，更加不易容纳。即使有所安排，也让那些身在其中的人，早晚在细微之处计较得失，不得安宁，这不仅无益，而且损失非常大，也不是好的策略。

我曾经思考过，要乘时变革制度，逐渐恢复先王的旧制，从而改善今日的风俗，那就必须按程明道先生熙宁之议中的办法，然后才能极大地端正根本，完全改革那些末流的弊病。如果认为这还顾不上，那就不如姑且对诸州的解额加以平衡，来坚定士子的志向；设立德行科，来加厚他们的根本；罢掉词赋科目，分别规定经、子、史、时务的考试年份，来整齐他们的课业；再使治理经术的一定严守家法，命题的一定依照章句，答义的一定要通贯经文，列举众说并自己判断是非得失；学校应选择真正有道德的人使其专门负责教导工作，招徕有实学的士子；要裁减解额、舍选这些宽滥的恩赐，来杜绝利诱之路。至于制科、词科、武举一类，也都要考究它们的利弊，大力变革制度，这样一来，读书的人就有固定的志向，而没有奔走钻营的风气，有笃实的行为，而纠正说空话的弊病，有了实学，就没有不可任用的人才了。这是个大概，详细情况，接着再来描述。

为什么必须均衡诸州的解额呢？当今的士子不安心于乡举而要争着趋赴太学的考试，这是由于本州的解额少而参加考试的人多，太学的解额多而参加考试的人少，本州只有解试一条路，太学兼有"舍选"这一捷路，这条捷路又可以通过种种手段来谋求。因而当今提出"混补"之类说法的，大半都是温州、福州、处州、婺州的人士，而别的州县不在其内。并不是温州等四州的人多属急躁冒进，而它州的人都是廉洁谦虚的啊，这是由于形势的驱使，不得不这样做。既然如此．那么，今天打算克服这种流弊，如果不在很大程度上把均衡解额作为先决条件，纵然有好的方法，哪里会有所弥补呢？

因此，不如诏令礼部参照现时每州三举终场的人数，比照历年旧额的总数，规定以若干分为准，录取若干人作为新额。再降低太学解额、舍选录取人的分数，使其和其他各州不至于有很大的差别，那么，士人就会安于乡土，而没有奔走钻营的念头了。

为什么必须设立德行的科目呢？由于德行对于人的意义十分重大，德行实际上是人性所固有的，人道所当为的。因为有德于心，所以称作德；因为实行于身，所以称作行。并不是坚持有所作为、有所增加，借以达到观听美好的目的。读书人果真懂得在这方面下功夫，那就不仅可以修身，还可以推广它去治人，进而达到治理天下国家的目的。所以古代的教育者没有不以德行为先务的。像舜命令司徒宣传五伦的教化，命令典乐教育嫡长子做到正直而温和、宽惠而严肃、刚正而不暴虐、简约而不傲慢，都是这个意思。及至周代，法令制度才大体具备，因而人才的兴盛、风俗的淳良，后世没有能赶得上的。汉代初年，还有遗法，选举人才的纲目，必须以尊敬长上、顺从乡里、严肃政教、对外居家都不违反所知道的伦理才算得上第一流的人。魏晋以来虽然不如古代，可是他们的九品中正法，还算接近古代。到了隋唐，就专门用文词选拔士子，崇尚道德的举选不再看得到了。积习相沿至今，流弊达到极点，这种形势，不可不加改变。但要改变又不能不逐步施行。所以当前不如暂时将每州所规定解额的一半再折一半，作为德行科，明确规定所举德行的条目，专门委托县令和佐属从实搜访。在省试之后，发给津贴送到各州，各州官吏审查属实，保举上报礼部，在当年六月以前，按照一定的礼数给以津贴遣送，从优供给廪腾，仍旧免去课试。长官和佐贰官吏，依时组织他们进行考问。到第二年终了，按次序差遣他们充当大小职事；到第三年终了，选择其中更为优秀的，特别推荐给以官职。其余的安排参加下一年的省试和其他科目的考试，并增加录取名额。殿试时各升一等，没有取中的人暂时令他们继续学习，等待日后再考。如果德行有所亏损，学术没有可取的，推荐的人也应当受惩罚，这样士子就知道实际行动的可贵，而不至于专门从事于空言了。

为什么要罢除诗赋呢？因为空言本来不足以教人，不足以取士，而诗赋又是空言中更为厉害的，它对于设教取士毫无裨益是显而易见的事。可是熙宁年间罢除了它，议论的人却不以为然，这并不是罢除诗赋不好，而是对王氏经义有看法。所以元祐初年，有改革诗赋的议论，而司马温公、吕申公都不主张恢复。一心想恢复的只有刘挚最为卖力，但也不过以考校的困难为理由来论说罢了。可以看出刘挚见识的低下、说法的浅陋，哪里够得上议论先王教学官人的良苦用心呢？现今应当断然罢除诗赋，没有什么可怀疑的，如果以为学习诗赋的人很多，不便立即罢掉，那就应以三举为限，逐渐减少录取的人数，等待学习诗赋的人少了，然后罢掉它，那样就不会使世俗骇怪，而它的弊病也就可以革除了。

为什么一定要分别考核群经、诸子、历史、时务的年数呢？这是因为古代大学的教育，以格物、致知为基础，而考核的办法，又以九年做到通达知类，临事能独立判断，不为外物所移，才算作大成。由于天下的事都是为学的人所应当了解的，这种道理记载在经书上的，多有所侧重，而不能相通。何况现在《乐经》亡佚，《礼经》缺坏，二戴《礼记》已不是正经，又废掉了《大戴记》呢？大概说来，经作为教育内容，已经不算完备，而研究经的人，大多数又放弃了自己感到难学的，从事自己感到容易学的，仅仅接触到一方面，没有达到其他方面。因而对于天下的事，就有不能完全通晓其道理的。至于诸子学术，同出于圣人，各有所长，也难免没有所短，对于他们所长的固然不可以不去学习，对于他们所短的，也不可以不加以辨别。至于各种史籍，概括古今兴亡得失的变化，与时务关系重大的，如礼、乐、制度、天文、地理、兵谋、刑法等类，也是当时所必需而不可或缺的，所有这些都应当加以学习。可是要求士子在短时期内完全通晓，势必办不到，结果反而行不通。如果计量所应当读的书籍而去分年学习，使天下的士子各用三年的时间，学通三分之一或四分之一，那也没有多大的困难。所以当前打算把《诗》《书》《易》作为一科，安排在子年、午年考试；把《周礼》《仪礼》和二戴的《礼记》作为一科，安排在卯年考试，把《春秋》和三传作为一科，安排在酉年考试。学习群经都要兼习《大学》《论语》《中庸》《孟子》。议论方面诸子分为四科，分定年限，对策方面历史和时务也各分为科，这样，士子便没有不通晓的经书，没有不学习的史籍，都可以为当世所用了。

至于研究经术必须专讲家法的原因，在于天下的道理，本来不外乎人的心。可是圣贤的言论，却深奥典雅，不可以悬空判断，它的制度、名物、行事始末，又不是今天的见闻所能及的。因而研究经术的人，必须就前代儒者已成的学说进一步推论，即使未必完全正确，也应当考究其得失的缘故，然后可以反来求之于己心，纠正他的错误。这种做法，就是汉代诸儒号称专门名家，各人坚守师说，而不敢稍有变更的原因。但是他们的守持过于拘谨，不能精审思考，明确辨析，以求得真理，这是他们的缺点。但正是这个原因，当时的风俗还是淳厚的。近年以来，习俗苟且凉薄，学无所主，研究经术的不再读经书的本文和前儒的传注，只取近时科举中选用的文章，背诵模仿，选取经书中可做题目的句子，随心所欲地加以改作，妄自主张，明知不是经文的本意，仅仅取它的行文方便，其他一切都不考虑。对于诸经都是这样的态度，对《春秋》更不待言了。主考官吏，不仅不知道它的荒谬，反而认为文章工巧，将它安排在优等，沿袭成为风气，士子互相去学习、继承、轻慢圣人的言论，一天比一天厉害。名叫研究经学，实际是经学的盗贼；号称写作文字，实际是文字的妖孽，切不可对这种现象坐视而不纠正它啊。现在要纠正，莫如讨论群经的解说，各立自己的家法，都以注疏为主。……命令应举的人，各自占两家以上，在家状及经义卷里，第一行中做一般声说，将来的答义以本说为主，再旁通他说，来辨明它的是非，那么研究经术的，就不敢随意牵引己见，而必定有所依据了。

为什么命题必须依照章句呢？因为今天研究经术的，已经没有家法，他们穿凿附会的弊病，简直说也说不完。可是主考官命题，又多好为新奇，使举子们意想不到，在应当断开的地方反而连接，在应当连接的地方反而断开，大概务必要无理可解，无说可通，来观察举子仓促间趋附离合的本领。开始，大概出于省试"上天之载，无声无臭，仪刑文王"这一题目。当时传闻，还认为题出得奇怪。至今就几乎无题不是这样，因而人们也不以为怪了。主考官既然这样提倡，举子也以此响应，平时讲习，专门以割裂经文为务，巧于因袭堆砌，求得合于主考官的意图。它作为经学贼盗中的贼盗，文字妖孽中的妖孽，又不仅仅止于家法的不建立而已。当今既然人们各自建立家法，那么这种弊端，势必自行革除。但是恐怕主考官熟习旧的见闻，仍然是老样子，使得举子越发受到拘束，难于下笔。希望诏命下达诸路漕司，责令所派遣的考试官，今后出题，必须依照章句，不得随便附益裁剪，如有故意违犯，允许应举的士人，依据经书，后直回答，驳斥他的谬误，再经过本州和漕司陈诉，将命题的人从重处以流放的刑罚。至于诸州上报的题目，也令礼部、国子监首长和副职官加以研究，对违反的实行弹劾检举，谴责处分，那么主考官就不敢出怪题，从而诸子得以守持家法，无人敢再肆意发挥妖言怪论了。再则稽考前贤的文集、策问都是指事设疑，据实发问，多的不超过百十个字。嘉祐、治平以前，还存有旧体。在吕申公《家传》中，记载有熙宁时人的事实，说道："主管官员发出策问，必先要颂扬时政，回答的人于是就极力写出阿谀的话来应答。"由此看来，这种风气大概还相去不远啊！现在也应当做出禁令，使他们只条陈所问的疑点，大致像韩愈、欧阳修等的文集所表现的那样，这样就可以观察士子的实学，从而止住他们阿谀佞邪的奸心了。

要让答义的人，贯通经书的文理，陈述诸家的说法，用自己的思想来加以判断，这个意思已经略述在家法一条当中了。总的说来，当今经学的难处，不在于研究经书，而在于写作文字。大凡举子不管题目的大小长短，一定要分成两段，还要作两句对偶的话来破题，又要借用其他的话，暗中切合题中的文字，一定要工巧才算罢。后面的文字多的两三千言，并无什么深意，不过只是反复就破题两句加以铺述罢了。这样，不仅不成为经学，也不成为文章。可是学习的人整年整年地白白浪费时间精力来搞这些，实在太可惜了。要革除这种弊病，必须改变答卷的形式，明显地标出纲目文字疏通上下，总共大约三十字。其次列举自己所提的说法，议论它的意义，再次列举别家的说法，而用自己的意思反复辨析，求得恰当的结论。只让他们直截了当地论述圣贤的原意和他们引用的实际情况，不必要像今天的经义那样，用分段破题、对偶、铺述这种体裁。每道题只限五六百字以上，这样纵然增多了所研究的经书，但答义不至于枉费文辞，时间和精力还会有富裕的呢。至于旧例阐述经义禁引史传，那是王学末流的弊病，使得论述子史的不再用经书的旨要证明。又如俗学低下肤浅的缺点都应当加以纠正，使研究经术的人通晓古今，发挥议论的人认识本原，那就差不多可以说学问达到一定的成就了。

学校必须选择真正具有道德的人做学官，以招徕有实学的人，裁减解额、舍选谬滥的恩赐，杜绝用利禄来引诱人的道路。因为古代的太学，主要在于教育人，从而借以取士，所以士子到来是为了义，而不是为了利。姑且用本朝的事来说，如李廌所记的元辛右侍讲吕希哲的话说："仁宗时候，太学的法令宽大简约，国子监教授先生一定要寻找天下贤人中真正可以做人师的来担任，在这些人中，又选择更为贤德的人，像胡翼之等辈，使他们专任教导规矩的工作。所以，当时天下的士子不远万里来求学受教。那些游于太学的，纯粹为了道德技能，称弟子的，由衷的喜悦而诚挚的服从，这是因为他们还遵循着古代教导人的方法啊。"自从熙宁以来，这种做法渐渐败坏，所谓太学，仅仅是追求声名利禄的场合，而掌管教导工作的，不过取他长于写科举的文章，登科及第罢了。士子中有志于义理的，虽然于学习无所要求，却成群结队来争入太学，不过因为解额的宽滥、舍选的徇私罢了。师生相待，冷漠得像行路的人，间或教师和学生谈话，也不曾用德行道艺的实际问题加以开导，而每月的作业、每季的考核，又只是促使学生们贪利苟得、冒昧无耻的心理使然，这绝不是国家设立学校培养人才的本意啊！

要想革除这些弊病，不如完全遵循仁宗皇帝的法度，选择有道德并可以为人师表的士人，任命为学官，使他长期任职，让他们讲明道义，教导学生。还要大减宽滥的解额，还归各州，罢掉舍选谬滥的做法，让做教师的人考察各州所推举的有德行的人和诸生的贤能者，给他们以官职，那么太学的教育就不是虚设，那些图利求进之人，自然会因为达不到目的而不来了。……有希望得到乡举的人，就自然不会再来，也就不担心人和事的纷纭杂乱了。至于录取的人数，又当严格限定名额，而允许那些补中的人，酌情加上几分，特别允许去应省试，那么那些舍弃乡试而来赴补的，也不算很失职了。至于计会、监试、漕试、附试等类，也应大大减少分数，严格建立检举奖赏的办法，以杜绝冒充宽滥。至于各州的教官，也用有德行的人来担任，把教导的实务交给他们，那么各州县的学校，也会稍稍了解义理之教，而不单是做科举之学了。

至于制举，名叫贤良方正，但实际上仅仅能得到背诵文词的人，他们所从事的文词，也全是无用的空言，而程试、论策，那仅仅同于猜谜的儿戏，对于治国之道，完全没有裨益，只算是做官的一条捷径罢了。词科提倡阿谀夸张的文辞，着力追求骈俪雕琢的技巧，更不是为教的道理。至于武举，它的流弊与儒学的浅陋没有什么区别。要革除这种流弊，应当在制定科目、奉诏举荐时，不看重他们是否能背诵文章，而是取决于他们的行为器识，罢掉词业六论，直接使他们在朝廷对答，询访他们对时务的看法，而不问那些隐僻难知的事情。词科应当稍稍地改变文字的体裁，使以深厚简严为主，以能辨别利害、布陈法度为美。至于武举，也应使学官仿照经义论策的办法，斟酌议定，颁发《武经总要》等书，进一步加以讨论，补足遗漏，让士子诵习，设立武举的科目，这样一来，差不多大材小材都能得到一定的成就，而不至于为俗学所诟病了。

如能做到这些，教化修明于上，风俗淳美于下，先王的道义就得以恢复，它的流风余韵，还将影响到未来。这与那些只拘拘谨谨地固守末流的坏法度，只是小修小补的办法是根本不同的。我的浅薄见解，偶尔想到这些，就大胆地把它记下来，贡献给当政的人们，或者有可以采纳选用的地方吧。

（二）大学章句序

《大学》之书，古之大学所以教人之法也。

盖自天降生民，则既莫不与之以仁义礼智之性矣；然其气质之禀，或不能齐，是以不能皆有以知其性之所有而全之也。一有聪明睿智、能尽其性者出于其问，则天必命之以为亿兆之君师，使之治而教之，以复其性，此伏羲、神农、黄帝、尧、舜所以继天立极，而司徒之职、典乐之官所由设也。

三代之隆，其法浸备，然后王宫、国都以及闾巷，莫不有学。人生八岁，则自王公以下至于庶人之子弟，皆入小学，而教之以洒扫、应对、进退之节，礼、乐、射、御、书、数之文。及其十有五年，则自天子之元子、众子以至公卿、大夫、元士之适子，与凡民之俊秀，皆入大学，而教之以穷理、正心、修己、治人之道，此又学校之教大小之节所以分也。夫以学校之设，其广如此；教之之术，其次第节目之详又如此；而其所以为教，则又皆本之人君躬行心得之余，不待求之民生日用彝伦之外。是以当世之人无不学。其学焉者，无不有以知其性分之所固有，职分之所当为，而各俛焉以尽其力。此古昔盛时，所以治隆于上，俗美于下，而非后世之所能及也。

及周之衰，贤圣之君不作，学校之政不修，教化陵夷，风俗颓败。时则有若孔子之圣，而不得君师之位，以行其政教。于是独取先王之法，诵而传之，以诏后世。若《曲礼》《少仪》《内则》《弟子职》诸篇，固小学之支流余裔。而此篇者，则因小学之成功，以著大学之明法，外有以极其规模之大，而内有以尽其节目之详者也。三千之徒，盖莫不闻其说，而曾氏之传，独得其宗，于是作为传义以发其意。及孟子没，而其传泯焉。则其书虽存，而知者鲜矣。

自是以来，俗儒记诵词章之习，其功倍于小学而无用；异端虚无寂灭之教，其高过于大学而无实；其他权谋术数，一切以就功名之说，与夫百家众技之流，所以惑世诬民、充塞仁义者，又纷然杂出乎其间，使其君子不幸而不得闻大道之要，其小人不幸而不得蒙至治之泽。晦盲否塞，反覆沉痼。以及五季之衰，而坏乱极矣。

天运循环，无往不复，宋德隆盛，治教休明。于是河南程氏两夫子出，而有以接乎孟氏之传，实始尊信此篇而表章之，既又为之次其简编，发其归趣。然后古者大学教人之法，圣经贤传之指，粲然复明于世。虽以熹之不敏，亦幸私淑而与有闻焉。顾其为书，犹颇放失，是以忘其固陋，采而辑之。间亦窃附己意，补其阙略，以俟后之君子。极知僭踰，无所逃罪，然于国家化民成俗之意，学者修己治人之方，则未必无小补云。

[译文]

《大学》这部书，是古代大学用来教人的道理法则。

上天生下黎民百姓，就没有不赋予他们仁、义、礼、智的本性的；但是各人的气质禀赋又是不一样的，所以不是每个人都能够懂得自己的性情爱好，从而都能达到仁、义、礼、智的要求。一旦有聪明的，能够发挥他们的仁、义、礼、智之性的人出世，那么上天就一定要让他们作为亿万人民的君师，让他们治理和教化人，来恢复人们仁、义、礼、智的本性。这就是伏羲、神农、黄帝、尧、舜能够继天立极，以及教育、音乐的官职能够设立的缘由。

隆盛的（夏、商、周）三代，国家法度已逐渐完备，王宫、国都以及民间，都兴起了学校。人长到八岁时，上自王公，下至庶民的子弟，都要进入小学，教给他们洒扫、应对、进退的礼节和礼、乐、射、御、书、数的知识。到了十五岁的时候，从天子的长子、众子，以至公卿大夫、元士的长寻和一般民众中的俊秀人物，都进入大学，用穷理、正心、修己、治人的道理教育他们。这就是说，学校教育又分成小学、大学两个阶段。学校的设置是这样的广泛，教育的方法和它的次序节目，又是这样的详尽，而教育的内容，又都是人君身体力行的心得，不需在民生日用人伦之外去寻求，所以当时的人没有不学习的。而学习的人，没有不懂得自己固有的气质禀赋的，没有不懂得这是职分之内所应当做的事的，从而各自勤勉尽力。这就是古代盛世政治清明、风俗淳美，为后代所不能及的原因。

到了周朝衰败的时候，贤圣的君主缺乏，学校的制度败坏，教化的事情衰落，风俗也颓废下去。这时即使有像孔子那样的圣人，也得不到君师的地位来推行他的政教。于是圣人独采先王的道理法则，诵读传习，来诏告后代人。像《曲礼》《少仪》《内则》《弟子职》这些篇章，本是小学的支流节目。而《大学》一书，则是在小学成功的基础上，写出了大学教人的道理和法则。从外部来说，它的规模很宏大，从内部来说，它包括的节目很详尽。孔子的三千弟子，没有不知道这种学说的，但只有曾子能领悟它的宗旨，于是写成传记来阐述它的意义。到了孟子死后，这种传记就泯灭了。《大学》一书，虽然存在。但懂得它的人就很少了。

从此以后，浅薄的儒者从事记诵词章的学习，工夫比小学成倍的增加，却没有用处；佛老虚无寂灭的教义，道理高过大学而不实际；其他权谋术数，一切服从功名的说教和那些百家技艺，借以欺骗人心、阻塞仁义的东西，又纷纷流传在人间。这就使得君子们不幸听不到大道的要领，也使得小人们不幸受不到至治之下的德泽。昏暗闭塞的情况，长期反复，就像难治的疾病一样。到了五代的时候，坏乱到了极点。

天运循环，否极泰来，宋朝取得了天下。朝廷的威德兴盛，政治与教化都很美好清明。这时河南程氏两位夫子出来，接上了孟子的真传，开始尊信《大学》一书，并且表彰宣扬它，接着又编排它的次序，阐发它的旨趣。从此以后，古代大学教人的道理法则，圣经贤传中的旨意，才又放出它应有的光辉。像我这样很不聪明的人，也有幸学习而懂得一些道理。但它作为一部书来说，尚有散失的地方，所以我忘却了自己的浅陋，去采辑它，间或还加上自己的意思，补足书中的缺陷，以待后来的贤哲。我知道自己不能免除僭越的过失，但它对于国家化民成俗的意旨和学者修己治人的方法，却也不一定没有一点儿帮助吧。

（三）读书之要

或问：程子通论圣贤气象之别者数条，子既著之《精义》之首，而不列于《集注》之端，何也？曰：圣贤气象，高且远矣，非造道之深，知德之至，邻于其域者，不能识而辨之，固非始学之士所得骤而语也。乡吾著之书首，所以尊圣贤；今不列于篇端，所以严科级，亦各有当焉尔。且吾于程子之论读是二书之法，则既掇其要而表之于前矣。学者诚能深考而用力焉，尽此二书，然后乃可与议于彼耳。

曰：然则其用力也奈何？曰：循序而渐进，熟读而精思可也。

曰：然则请问循序渐进之说。曰：以二书言之，则先《论》而后《孟》，通一书而后及一书。以二书言之，则其篇章文句，首尾次第，亦各有序，而不可乱也。量力所至，约其课程而谨守之，字求其训，句索其旨，未得乎前，则不敢求其后，未通乎此，则不敢志乎彼，如果循序而渐进焉，则意定理明，而无疏易凌躐之患矣。是不惟读书之法，是乃操心之要，尤始学者之不可不知也。

曰：其熟读精思者何耶？曰：《论语》一章，不过数句，易以成诵，成诵之后，反复玩味，于燕闲静一之中，以须其浃洽可也。《孟子》每章或千百言，反复论辩，虽若不可涯者，然其条理疏通，语意明洁，徐读而以意随之，出入往来，以十百数，则其不可涯者，将可有以得之于指掌之间矣。

大抵观书，先须熟读，使其言皆若出于吾之口，继以精思，使其意皆若出于吾之心，然后可以有得尔。至于文义有疑，众说纷错，则亦虚心静虑，勿遽取舍于其间，先使一说自为一说，而随其意之所之，以验其通塞，则其尤无义理者，不待观于他说而先自屈矣；复以众说互相诘难，而求其理之所安，以考其是非，则似是而非者，亦将夺于公论而无以立矣。大抵徐行却立，处静观动，如攻坚木，先其易者而后其节目，如解乱绳，有所不通，则姑置而徐理之，此读书之法也。

[译文]

有人问道：二程子通论孔孟气象的区别十二条，您已经列为《论孟精义》的首篇，可是没有把它列在《论语集注》《孟子集注》的前面，为什么呢？回答说：圣贤的气象高尚远大，除非对道的造诣很深，对德的了解很充分，并接近它的研究领域才能认识和辨别它，这本来就不是初学的人可以立即谈论的事。以往我把它列为《论孟精义》的首篇，是为了尊重圣贤；现在不把它列在《论语集注》《孟子集注》的前面，是为了严格等级，这也是各有所别啊。况且我对于二程子论读《论》《孟》二书的方法，已经摘要放在前面说明了。学习的人，真正能够深思熟虑用力读完这两部书，然后才可以和他议论《论孟精义》呢。

有人又问：既是这样，那么用功学习的方法是什么呢？答道：循序渐进，熟读精思就行了。

又有人问：那就请问循序渐进的说法。答道：拿这两部书来说，应该先读《论语》，后读《孟子》，读通一部书，然后再读另一部书。就这两部书本身的篇章文句、首尾次第也都有顺序，不可凌乱。根据才力所能达到的程度，安排好课程，严格遵守，按部就班地进行。对于文字一定要懂得它的意思，对于句子一定要探索它的主旨，没有学通前面的，就不敢奢求后面的，没有学通这一部分，就不敢妄想那一部分。这样循序渐进地学下去，就会意义确切，道理明白，没有疏忽轻率、超越顺序的弊病了。这不仅是读书的方法，也是持心的要领，尤其是初学的人，不可不了解。

有人问：什么叫熟读精思呢？回答是《论语》一章，不过几句，易于背诵。会背诵之后，反复思考体会，在闲静专一的时候，求其豁然，融会贯通。《孟子》每章有几百、几千字，反复论辩，好像不可捉摸，但是它条理贯通，语言明洁，缓慢地诵读，紧跟着思考，这样读思并用，反复往返几十遍至一百遍，那么好像不可捉摸的地方，也会很容易理解了。

大致说来，看书首先必须要熟读，使它的话语都像是你自己说的；接着就是精思，使它的意义就像是你自己心里想的，然后才可能有所得。至于文辞含义有疑难处，众说纷纭，那也要虚心冷静思考，不要匆忙轻率地赞成什么，反对什么。要先让一种说法自成一理，然后随着它的所向，来检验它能否讲得通，这样一来，那些没有一点儿义理的地方，不待用别的学说来考证，已先自理屈了。进一步再用多家学说互相诘难辨析，要求在道理上站得住，考察谁是谁非。这样，那似是而非的道理也将被公论驳倒而无法成立了。概括起来，就是要放慢进度，冷静地对待，要像砍硬木一样，先从容易处下手，而后再及于关节；如解乱绳一样，一时解不开的地方，暂且放下，再慢慢地解它，这就是读的方法啊！

第八章　王守仁与《传习录》

一、作者简介

王守仁（1472—1529年），字伯安，号阳明子，浙江余姚人。明代著名的思想家、哲学家，陆王心学之集大成者，非但精通儒、佛、道，而且能够统军征战，是中国历史上罕见的全能大儒。因他曾在余姚阳明洞天结庐，自号阳明子，故被学者称为阳明先生，现在一般都称他为王阳明。其学说世称"阳明学"，在中国、日本、朝鲜半岛以及东南亚国家都有重要而深远的影响。

王守仁于明宪宗成化八年（1472年）九月三十日出身于一个书香门第、官宦世家。他十岁时，父亲高中状元，王阳明随父赴京，路过金山寺时，他父亲与朋友聚会，在酒宴上有人提议做诗咏金山寺，大家还在苦思冥想，王阳明已先一步完成："金山一点大如拳，打破维扬水底天。醉倚妙高台上月，玉箫吹彻洞龙眠。"四座无不惊叹，又让他做一首赋蔽月山房诗，王阳明随口诵出："山近月远觉月小，便道此山大于月。若人有眼大如天，还见山小月更阔。"表现出非凡的想象能力和深厚的文化素养。

王守仁年少时就从不循规蹈矩，但志存高远，认为"第一等事恐怕不是读书登第，应该是读书学做圣贤"。他学习并非十分用功，常常率同伴做军事游戏。年轻时他出游边关，练习骑马射箭，博览各种兵法秘籍，遇到宾客常用果核摆列阵法作为游戏。十七岁时，他到南昌与诸氏淑女成婚，可在结婚的当天，大家都找不到他。原来这天他闲逛中进了道教的铁柱宫，遇见一道士在那里打坐，他就向道士请教，道士给他讲了一通养生之术，他便与道士相对静坐忘归，直到第二天岳父才把他找回去。此后他常常在各地和道士讨论养生的问题。

二十八岁礼部会试时，他考试出色，名列前茅，中了进士，授兵部主事。王阳明早期尊崇朱熹，为了实践朱熹的"格物致知"，有一次他下决心穷竹子之理，格了七天七夜的竹子，什么都没有发现，人却因此病倒。从此，王阳明对"格物"学说产生了极大的怀疑。

明武宗正德元年（1506年），因反对宦官刘瑾，被廷杖四十，谪贬至贵州龙场（贵阳西北七十里，修文县治）当驿丞。他来到中国西南山区，龙场万山丛薄，苗、僚杂居，使他对《大学》的中心思想有了新的领悟，王守仁认为心是万事万物的根本，世界上的一切都是心的产物。认识到"圣人之道，吾性自足，向之求理于事物者误也"。史称龙场悟道。他在这段时期写了"训龙场诸生"。其众多弟子对于他的"心外无理，心外无物"理论迷惑不解，向他请教说："南山里的花树自开自落，与我心有何关系？"他回答说："尔未看此花时，此花与尔心同归于寂。尔来看此花时，则此花颜色，一时明白起来。便知此花，不在尔的心外。"

王守仁一生最大的军事功绩，是平定南昌的宁王朱宸濠之乱。王守仁将去福建剿匪时（无大量军队），所率部队行军刚到丰城，宁王朱宸濠突然举兵叛乱。因此王守仁积极备战，调配军粮，修治器械，然后发出讨贼檄文，公布宁王的罪状，要求各地起兵勤王。在平定宁王之乱的过程中，王守仁的军事天赋得到充分体现，他使用疑兵，诱使宁王错过攻打南京的时机；在宁王北进势头正紧之时，采用"围魏救赵"之计，攻克南昌；最后，火烧宁王的船阵，活捉宁王，前后用了三十五天。王守仁因此而获"大明军神"之称。

王守仁无意卷入朝堂的权力争斗，借服父丧回乡隐居讲学。嘉靖六年（1527年），又被任职督管两广军务，镇压当地民变。两广役后，阳明肺病加重，上疏乞归，于1529年1月10日（嘉靖七年十一月二十九日），王守仁在归途中病逝于南安舟中。临终之际，他身边学生问他有何遗言，他说："此心光明，亦复何言！"去世后被谥文成，封光禄大夫、柱国、新建伯，后又追封为新建侯。

二、成书背景

王守仁从三十四岁（被贬谪之前）开始讲学授徒，直至去世，历时二十三年之久，其中专门从事讲学活动是在五十岁回乡之后的五年间，其余都是从政之余进行讲学。他驻足之地，皆建学校，创建书院，并亲自讲学，将其作为传播自己学说的重要场所。贬谪龙场的时候，创立龙冈书院，后又主讲文明书院；任职江西时，修濂溪书院，又聚集门人在白鹿洞书院讲学；在家乡余姚、绍兴讲学，门人来自全国各地，听者三百余人；总督两广时，兴办思田学校、南宁学校和敷文书院。在创办书院的同时，大力举办社学，重视儿童教育，并提出了很有价值的儿童教育理论。

王守仁继承和发展了陆九渊的学说，提出"心即理""致良知""知行合一"等命题，创立了与程朱理学大相径庭的"阳明学派"。他一生不著书。语录、文录和杂文，都由其弟子汇编成《王文成公文集》（也称《阳明全书》），共三十八卷。其中弟子记录和选摘他论学书札而成的《传习录》，是研究王守仁教育思想的主要资料。

王守仁作为一代鸿儒，他的代表作《传习录》思想深邃，影响深远，有着不可忽视的思想价值，是研究其教育思想的主要资料。王守仁作为一名哲学家、教育家，在我国封建社会后期，占据着非常重要的地位。他的学说以"反传统"的姿态出现，集陆九渊以来心学之大成，世人将其并称为陆王心学。明代中期以后，阳明学派影响很大并流传到日本。三百余年后，率海军战胜俄罗斯海军的指挥官东乡平八郎就称，之所以能够以弱胜强取得胜利，就因为他"一生伏首拜阳明"。王守仁的弟子遍布全国，他去世之后，弟子们秉承王守仁的遗志，到处创办书院，传播王学。明朝中叶以后书院兴盛，与王守仁和他的弟子们的讲学与努力是分不开的。

三、原著概要

《传习录》包含了王阳明的主要哲学思想，是研究王阳明思想及心学发展的重要资料。《传习录》不但全面阐述了王阳明的思想，同时体现了他辩证的授课方法，以及生动活泼、善于用譬、常带机锋的语言艺术。因此《传习录》一经问世，便受到士人的推崇。上卷是同徐爱讲论《大学》宗旨，阐述了他"格物致知说"和"心与理一""知行合一"的思想。为门人徐爱、陆澄、薛侃所辑。正德十三年（1518年）初刻于江西赣州。中卷是与友人论学的书信，这些书信反映了他"致良知""知行合一""心物合一""天人合一""天地万物为一体"等思想。由门人南大吉所辑，后经钱德洪改编。嘉靖三年（1524年）由门人南大吉将此卷与上卷合刻于绍兴。下卷是与门人的谈话，由门人陈九川等采集，初名《遗言录》，后钱德洪加上自己及王畿所录，整理编辑成《传习续录》，其主要部分于嘉靖三十三年（1554年）刊刻于宁国。嘉靖三十七年（1558年），胡宗宪将三卷合一刊刻，统称《传习录》。

《传习录》的"传习"出自《论语》的"传不习乎"。全书基本包括了王阳明主要的哲学思想。上卷是他本人亲自审阅的，中卷的论学书信都是出自他的亲笔，下卷虽未经其本人审阅，但也比较具体地解说了他晚年的各种思想，并记述了他提出的"无善无恶是心之体，有善有恶是意之动，知善知恶是良知，为善去恶是格物"的"四句教"。

四、教育思想解读

（一）教育的作用

王守仁不同意朱熹将"心""理"区分为二，认为"理"并不在"心"外，而是存在于"心"，"心即理"。宋代陆九渊提出"心即理"的思想，认为仁义礼智等"天理"是"根乎人心则塞乎天地。"王守仁继承了这一思想，认为"理在本心"，而非心外。并从这一观点出发，阐述教育作用。他认为"理"就是"心"，"心"是天地万物的起源，也是主宰。"心"即世界，无所不包。"心"与"理"合而为一，不可分离。世上不存在离开人的主观认识而独立存在的客观规律。故教育的作用就是"不假外求""求理于吾心"，直截了当地向内寻找，到内心中去体认。

王阳明又把人心中的"天理"叫作"良知"，他认为"良知"是"心"的本质，一切事物及其规律都包括在"良知"之中。先天的、不教自能的道德观念和品质都包括在"良知"之中，这个"良知"在人的整个生命过程中始终存在着，既不会减少，也不会丢失，但可能被蒙蔽。因此，他认为教育的作用就是去掉后天与外物接触所产生的各种"昏蔽"，也就是说，教育的作用在于"致良知"。王守仁认为"格物致知"就是要人们去掉邪念、人欲，使人心恢复到原来的良知。他说："吾教人致良知，在格物上用功，却是有根本的学问。日长进一日，愈久愈觉精明。世儒教人事事物物上寻讨，却是无根本的学问。"这样，"致良知"既是一个认识真理的过程，也是道德修养的方法。

（二）道德教育

王守仁坚持了我国古代儒家的教育传统，把道德教育视为教育的主要工作。针对宋儒以来的"知先行后"和当时社会上普遍存在的"知而不行"，他提出了"知行合一"的道德修养论。所谓"知行合一"，不是一般的认识和实践的关系。"知"主要指人的道德意识和思想意念；"行"主要指人的道德践履和实际行动。因此，知行关系，也就是指道德意识和道德践履的关系，也包括一些思想意念和实际行动的关系。王守仁的"知行合一"思想包括以下两层意思。

1. 知中有行，行中有知，知行原是一个工夫

王守仁认为知行是一回事，不能分为"两截"，有知在即有行在，有行在即有知在，知不离行，行不离知，两者互为表里，不可分离，不可分割。他说："知行原是两个字，说一个工夫。""只说一个知，已自有行在；只说一个行，已自有知在。""知之真切笃实处即是行，行之明觉精察处即是知，知行工夫本不可离，只为后世学者分作两截用功，失却知行本体，故有合一并进之说。真知即所以为行，不行不足谓之知。"

他把知行合而为一，知就是行，行就是知，行中有知，知中有行，行在知在，知在行在，相互包含，彼此融通。这就混淆了知行界限，否定了知行的本质区别，否定了知行的对立统一关系，在理论上是错误的。因为知和行毕竟属于两个不同的范畴。他把属于思想意识范畴的"知"当作"行"，以知代行；又把属于实践和实际范畴的"行"当作"知"，以行代知。结果把知行混淆，使知行关系模糊了。

但从道德教育上看，他极力反对道德教育上的知行脱节及"知而不行"

突出地把一切道德归之于个体的自觉行动，这是有积极意义的。因为从道德教育上看，道德意识离不开道德行为，道德行为也离不开道德意识。二者互为表里，不可分离。知必然要表现为行，不行不能算真知。道德认识和道德意识必然表现为道德行为，如果不去行动，不能算是真知。王守仁认为"良知，无不行；而自觉的行，也就是知"，这无疑是有其深刻之处的。

2. 以知为行，知决定行，销行以为知

王守仁说："知是行的主意，行是在的工夫；知是行之始，行是知之成。"他的意思是说，道德是人行为的指导思想，按照道德的要求去行动是达到"良知"的工夫。在道德指导下产生的意念活动是行为的开始，符合道德规范要求的行为是"良知"的完成。

王守仁说："我今说个知行合一，正要人晓得一念发动处便即是行了，发动处有不善，就将这不善的念克倒了，须要彻根彻底不使那一念不善潜伏在胸中，此是我立言宗旨。"他的意思是说，我心中的"良知"向外发动，表现显露出来就是"行"，"良知"发动时的主观意念、情感、动机等都可以叫作"行"。他有时还把一个人学习时的真切笃实的态度也叫作"行"。这种以"一念发动处便即是行"，即是以知为行，以不行为行，销行以为知。为了论证以知为行，他说，"见好色属知，好好色属行；只见那好色时已自好了，不是见了后又立个心去好。闻恶臭属知，恶恶臭属行；只闻那恶臭时已自恶了，不是闻了后别立个心去恶"。意思是说，看见美色是知，爱好美色就是行；闻恶臭是知，厌恶恶臭就是行。见好色与好好色、闻恶臭与恶恶臭，是同时发生的，因而知和行是合一的。

为了贯彻"知行合一"的道德教育思想，他还提出了一些具体的道德教育方法。

（1）静处体悟。所谓"静处体悟"，实际上是静坐澄心，反观内省，摒去一切私虑杂念，体认本心，这是董仲舒"内视反听"与陆九渊"自存本心"思想的继承与发展，也是佛教禅宗的面壁静坐、"明心见性"思想的影响。如他所说："前在寺中所云静坐事，非欲坐禅入定，盖因吾辈平日为事物纷拏，未知为己，欲以此补小学收放心一段工夫耳。"他否认了"坐禅入定"的影响，却正是受了"坐禅入定"的影响，这是正统理学家的一贯手法。

（2）事上磨炼。王守仁认为如果一味追求静坐澄心，容易使人"喜静厌动，流入枯槁之病"，或者使人变成"沉空守寂"的"痴呆汉"，"才通些子事来，即便牵滞纷扰，不复能经纶宰制"。因此，他又提出"事上磨炼"。他说，"人须在事上磨炼做功夫乃有益；若只好静，遇事便乱，终无长进；那静时功夫，亦差似收敛，而实放溺也"。他这里说的"在事上磨炼"，亦即"就学者本心日用事为问，体究践履，实地用功"，是指通过"声色货利"这些日常事务，去体认"良知"。他反对离开事物去谈"致良知"，认为在口头上谈"致良知"是无意义的，"离了事物为学却是着空"。他主张道德修养要紧密同日常生活联系，在事上磨炼，才能落实"知行合一"。

（3）省察克治。王守仁还继承与发展了儒家传统"内省""自讼"的修养方法，提出"省察克治"。他说，"省察克治之功则无时而可间，如去盗贼，须有个扫除廓清之意。无事时将好色好货好名等私逐一追究搜索出来，定要拔去病根，永不复起，方始为快。常如猫之捕鼠，一眼看着，一耳听着，才有一念萌动，即与克去，斩钉截铁，不可姑容，与他方便，不可窝藏，不可放他出路，方是真实用功，方能扫除廓清"。他还说，"克己必须要扫除廓清，一毫不存方是，有一毫在，则众恶相副而来"。他这是进一步发展了传统的"克己内省"思想，强调了"拔去病根次"斩钉截铁久"扫除廓清""一毫不存"。在他看来，在修养过程中，若不能用他所说的"天理"战胜"人欲"，即使剩下一丝一毫，那么，其结果必将是前功尽弃，"众恶相副而来"。

（三）儿童教育论

王守仁十分重视儿童教育，他从"致良知"的要求出发，认为儿童时期"良知"保存最多，受蒙蔽最少，教育应从儿童时期抓起。

1. 顺应性情与鼓舞兴趣

王守仁认为，教学要注意儿童的年龄特点。他说："大抵童子之情，乐嬉游而惮拘检，如草木之始萌芽，舒畅之则条达，摧挠之则衰萎。今教童子，必使其趋向鼓舞，中心喜悦，则其进自不能已。譬之时雨风，沾被卉木，莫不萌动发越，自然日长月化。若冰霜剥落，则生意萧条，日就枯槁矣。"一般来说，儿童的性情总是喜欢嬉游，不怕拘束与禁锢，就像草木刚刚萌芽，顺应它就会发展，摧残它就会衰退。所以他主张对儿童的教育必须依据这个特点来进行，采取使儿童"趋向鼓舞"和"中心喜悦"的积极教育方法，才能使儿童的学习日有长进，就好像春风细雨于草木一样，盎然生意，而不是冰霜剥落、生意萧索。

2. 自求自得与独立思考

王守仁认为学习必须独立思考，强调自求自得，反对崇拜偶像、盲从教师的学习方法。他说，"君子之学求以得之于其心"。因此，教师的教学中应引导儿童"各得其心"，而不能以儿童的所谓幼稚，去压抑、束缚儿童的思维。他主张从小培养儿童独立思考，不盲从，使之"深入心通"，长大后逐渐形成自己的观点而不轻易受别人左右。他说："夫学贵得之心，求之于心而非也，虽其言之出于孔子，不敢以为是也，而况其未及孔子者乎！求之于心而是也，虽其言之出于庸常，不敢以为非也，而况其出于孔子者乎！"他这种强调自求自得、独立思考、勇于怀疑、不盲从迷信、不人云亦云的精神是很突出的。他认为学习与其旁人"点化"不如自己"解化"。他反对朱熹"为学之道在穷理，穷理之要在读书"的观点，认为"六经之实"都在"吾心"之中，单靠读书是不行的，必须考之于心。"求之于心"是根本，读书只是寻求工具寻找方法而已，犹如跛人需要拐杖，只是为了帮助走路一样。反对盲从典籍，提倡独立思考，这是他教育思想的一个重要特色。

3. 循序渐进与因材施教

王守仁认为教学必须注意循序渐进，儿童学习应从现有基础出发，逐渐加深，沿着他"精气日足，筋力日强，聪明日开"的顺序发展。一个人从婴儿到成人有其发展的阶段性，比如种植树木，须栽培得宜，"从本原上用力，渐渐盈科而进"。儿童的接受能力达到何种程度，便就这个程度进行教学，不可说等。既不能要求过高过急，也不能停留在固定的低水平上。如果不顾儿童的接受能力，把大量高深的知识灌输进去，就会像把一桶水倾注在幼苗上使它浸坏一样，对儿童有害无益。

他认为人的资质是不同的，施教须"随人分限所及"，因人而异不可等；人的才能也互不相同，使他们"益精其能"，是学校教育的重要任务。他说："人的资质不同，施教不可说等，中人以下的人，便与他说性说命他也不省得，也须慢慢琢磨他起来。"教学应注意各人长处短处。譬如良医治病，目的在治病，并不是有一定的方剂，不问是何症候，必使人人都吃这一剂药，教学亦须与治病一样，要注意因人施教。

总之，他认为儿童的个性是存在差异的，每个人的自然禀赋也不一样，所以教学方法也应该因人而殊，不能用同一方法。他坚决反对用一个模型去束缚儿童，主张通过教学发展每个儿童不同的个性。

在教学内容上，王守仁主张给儿童以"歌诗""习礼"与"读书"三方面的教育，陶冶儿童的思想和性情。

①"诱之诗歌"。他主张以唱歌吟诗的方式来教育儿童，这样不仅能激发他们的志向，而且还能消除他们的顽皮，使他们多余的精力有发泄的机会，也能解除儿童内心的愁闷和烦恼，使他们开朗活泼起来，并能适度地表达其情感。

②"导之习礼"。他主张以学习礼仪来教育儿童，这不但能使儿童养成一定的礼仪习惯，而且还能通过"周旋揖让""拜起屈伸"等礼仪动作，"动荡血脉""固束筋骸"，达到锻炼身体、健壮体魄的作用。

③"讽之读书"。他主张通过读书，开发儿童的智力，增加儿童的见识，同时还能"存心宣志"，形成儿童一定的道德观念和理想。

此外，王守仁认为还应有"考德"这门课，并做了具体规定。要求每天清晨，检查儿童在家里，在街坊中的"言行心术"及"爱亲敬长""步趋礼节""忠信笃敬"等做得如何，要婉转地加以诲谕、开导再就席授业。这有利于训练儿童的从小养成良好的道德行为习惯。

五、原著选编[①]

来书云："良知，心之本体，即所谓性善也，未发之中也，寂然不动之体也，廓然大公也。何常人皆不能，而必得于学邪？中也，寂也，公也，既以属心之二体，则良知是矣。今验之于心，知无不良，而中、寂、大公实未有也，岂良知复超然于体用之乎？"

性无不善，古知无不良。真知即是未发之中，即是廓然大公，寂然不动

---

① 本章前文及本节内容均选自《传习录》中《训蒙大意示教读刘伯颂等》《答陆静原书》。

之本体，人人之所同具者也。但不能不昏蔽于物欲，故须学以去其昏蔽。然于良知之本体，初不能有帕损于毫末也。

知无不良，而中、寂、大公未能全者，是昏蔽之未尽去，而存之未纯耳。体既良知之体，用既良知之用，宁复超然于体用之外者乎？

[译文]

来信说："良知是心的本体，也就是所谓的'性善''未发之中''寂然不动之体''廓然大公'之类。为什么普通人都不能持守，而一定要经过学习呢？'中''寂''公'等，既然属于心的本体，那就是良知了。现在在心理验证，知没有不良的，可是'中''寂''公'等其实是没有的，难道良知又超然于体用之外吗？"

性没有不善的，所以知没有不良的。良知就是未发之中，就是廓然大公，就是寂然不动的本体，这是人人都共同具有的。但是良知不可能不被物欲蒙蔽，所以需要通过学习来去除蒙蔽。而这么做，对于良知的本体，不会有丝毫的损伤和补益。知没有不良的，而'中''寂''公'不能保全的原因，是没有完全去除蒙蔽，存养得不够纯洁罢了。体就是良知的体，用就是良知的用，又怎会有超然于体用之外的良知呢？

古之教者，教以人伦。后世记诵词章之习起，而先王之教亡。今教童子，惟当以孝、悌、忠、信、礼、义、廉、耻为专务。其载培涵养之方，则宜诱之歌衬以发其志意，导之习礼以肃其威仪，讽之读书以开其知觉。今人往往以歌诗、习礼为不切时务，此皆末俗庸鄙之见，乌足以知古人立教之意哉！

大抵童子之情，乐嬉游而惮拘检，如草木之始萌芽．舒畅之则条达，摧挠之则衰痿。今教童子，必使其趋向鼓舞，中心喜悦，则其进自不能已。譬之时雨春风，沾被卉木，莫不萌动发越，自然日长月化。若冰霜剥落，则生意萧索，日就枯槁矣。故凡诱之歌诗者，非但发其志意而已，亦所以泄其跳号呼啸于咏歌．宣其幽抑结滞于音节也。导之习礼者，非但肃其威仪而已，亦所以周旋揖让而动荡其血脉，拜起屈伸而固束其筋骸也。讽之读书者，非但开其知觉而已，亦所以沉潜反复而存其心，抑扬讽诵以宣其志也。凡此皆所以顺导其志意，调理其性情，潜消其鄙吝，默化其粗顽。日使之渐于礼义而不苦其难，入于中和而不知其故，是盖先王立教之微意也。

若近世之训蒙稚者，日惟督以句读课仿。责其检束而不知导之以礼；求其聪明，而不知养之以善；鞭挞绳缚，若待拘囚。彼视学舍如囹狱而不肯入，视师长如寇仇而不欲见，窥避掩覆以遂其嬉游，设诈饰诡以肆其顽鄙，偷薄庸劣，日趋下流。是盖驱之于恶而求其为善也，何可得乎？

凡吾所以教，其意实在于此。恐时俗不察，视以为迂，且吾亦将去，故特叮咛以告。尔诸教读，其务体吾意，永以为训，毋辄因时俗之言，改废其绳墨，庶成蒙以养正之功矣。念之念之！

[译文]

古代的教育，是用人伦来教育学生。后世兴起了记诵辞章的风气，先王的教化就消亡了。现在教育儿童，应该只把孝、悌、忠、信、礼、义、廉、耻作为唯一内容。具体培养的方法应当通过唱歌咏诗来诱导，来激发他们的兴趣；通过学习礼仪的引导，来整肃他们的仪容；通过读书教导，来开发他们的智力。现在的人们往往认为唱歌咏诗、学习礼仪不合时宜，这是庸俗鄙陋的见解，哪里能够理解古人设立教育的本意呢？

一般来说，儿童的性情是喜欢嬉戏而讨厌约束，如同草木开始萌芽时让它们舒畅地成长，就能枝繁叶茂；对它们摧残压抑，就会衰弱枯萎。现在教育儿童，必须使他们欢欣鼓舞、内心愉快，他们自然会不停地进步。譬如春雨春风，滋润花草树木，没有不萌芽生长的。如果被冰霜侵袭，花草树木就会生气萧条，一天天干枯了。所以，通过唱歌咏诗的诱导，不仅为了激发他们的志趣，而且也在咏唱中发泄了他们蹦跳呼喊的精力，在抑扬顿挫的音节中抒发了他们郁结压抑的感情。通过学习礼仪的诱导，不仅整肃了他们的仪容，也使他们在周旋揖让中活动了血脉，强健了筋骨。通过读书熏陶，不仅开发了他们的智力，也在反复的钻研中修养了心性，在抑扬的诵读中表明了志向。所有这些都是为了顺势引导他们的意志，调理他们的性情，在潜移默化中，消除他们的鄙吝和愚顽。这样，就会使他们一天天浸染礼仪而不感到难受，在不知不觉中达到中和正平，这就是先王设立教育的精微之意。

至于近代教育儿童的人，每天只是用断句标点和课业练习来督促学生。要求他们约束自己，却不知道用礼仪来诱导他们；希望他们聪明灵巧，却不知道用善良来培养他们；对他们鞭打绳捆，就像对待囚犯一样。这样做，使儿童把学校看作监狱而不肯上学，把老师看作仇人而不想见到。他们对老师窥视、躲避、掩藏遮盖来达到嬉戏游玩的愿望；用掩饰、说谎、弄虚作假来放纵顽皮鄙陋。他们渐渐变得马虎轻薄、庸俗低劣，一天天地走向下流。这是驱使他们作恶，而又要求他们为善，怎么可能呢？

我的教育方法，其用意正是在于此。我担心世人不理解，把我的方法看成迂腐，而且我即将离开这里，所以特地叮嘱告诫你们。你们应该务必体察我的用意，并永远遵守，不要因为世俗的言论而更改废除我制定的规矩，这样也许能收到"蒙以养正"的功效吧。切记切记！

每日清晨，诸生参揖毕，教读以次偏询诸生：在家所以爱亲敬长之心，得无懈忽未能真切否？温清定省之仪，得无亏缺未能实践否？往来街衢，步趋礼节，得无放荡未能谨饬否？一应言行心术，得无欺妄非僻未能忠信笃敬否？诸童子务要各以实对，有则改之，无则加勉。教读复随时就事，曲加诲谕开发，然后各退就席肄业。

凡歌诗，须要整容定气，清朗其声音，均审其节调，毋躁而急，毋荡而嚣，毋馁而慑。久则精神宣畅，心气和平矣。每学量童生多寡分为四班。每日轮一班歌诗，其余皆就席敛容肃听。每五日则总四班递歌于本学。每朔望，集各学会歌于书院。

凡习礼需要澄心肃虑，审其仪节，度其容止；毋忽而惰，毋沮而怍，毋径而野；从容而不失之迂缓，修谨而不失之拘局。久则礼貌习熟，德性坚定矣。童生班次皆如歌诗。每闲一日，则轮一班习礼。其余皆就席敛容肃观。习礼之日，免其课仿。每十日则总四班递习于本学，每朔望，则集各学会习于书院。

凡授书不在徒多，但贵精熟。量其资禀，能二百字者，止可授以一百字。常使精神力量有余，则无厌苦之患，而有自得之美。讽诵之际，务令专心一志，口诵心惟，字字句句，细绎反复，抑扬其音节，宽虚其心意。久则义礼浃洽，聪明日开矣。

每日工夫，先考德，次背书诵书，次习礼或作课仿，次复诵书讲书，次歌诗。凡习礼歌诗之数，皆所以常存童子之心，使其乐习不倦，而无瑕及于邪僻。教者如此，则知所施矣。虽然，此其大略也。"神而明之，则存乎其人。"

[**译文**]

每天清早，学生们拜见礼仪完毕，教师要依次询问每位学生：在家孝敬父母、尊敬兄长的心情，是不是疏忽不够真切呢？冬温、夏清、昏定、晨省的礼仪，是不是有所欠缺不能实践呢？街上往来行走的礼节，是不是放荡不能谨慎周到呢？一切言行心理，是不是欺罔怪僻不能忠信笃敬呢？每位学生务必要如实回答，有则改之，无则加勉。教师再针对具体情况，委婉地进行教诲和启发，然后让学生各自回到座位上学习。

在唱歌咏诗时，一定要仪容端正，心定气稳，使声音明朗，节奏均匀，不急不躁，不狂不叫，不气馁不畏难。时间一长，就会做到精神饱满、心平气和了。每个学堂根据学生的多少分成四个班。每天轮流一个班唱歌咏诗，其余各班都在座位上严肃静听。每五天就集中四个班在学堂里依次唱歌咏诗。每月初一和十五，集中各学堂在书院里一起唱歌和咏诗。

练习礼仪时，一定要内心宁静，弄清礼仪细节，斟酌容貌举止；不疏忽、不懒惰、不自满、不羞怯、不随意、不粗野；做到从容不迫而不迂腐迟缓，言行谨慎而不拘束局促。时间一长，就会做到礼貌纯熟，德行坚定了。学生的班次就像唱歌咏诗一样。每隔一天，就轮换一个班练习礼仪，其余各班都在座位上严肃地观看。练习礼仪的那天，可以免去学生的课业练习。每十天集中四个班依次练习礼仪，每月初一和十五，集中各学堂在书院一起练习礼仪。

讲授书本不在数量多，贵在精粹熟练。根据学生的资质，能认识两百个字的，只需教他一百个字。经常使学生保持旺盛的精神力量，这样他们就不会有厌烦学习辛苦的毛病，而会有自得其乐的愉悦。诵读的时候一定要让学生专心致志，口读心想，一字一句，反复琢磨，让音节抑扬顿挫，让内心宽广虚静。时间一长，就会礼仪周遍，一天天聪明起来。

每天的功夫顺次是：首先考查品德，然后背诵文章，再次练习礼仪或者是课业练习，接着再读书讲学，最后唱歌咏诗。凡是练习礼仪、唱歌咏诗之类，都是为了经常存养童心，使他们乐于学习而不厌倦，没有空闲时间去接触歪门邪道。教师知道这些，也就知道应该怎样教育学生了。即使这样，这也只是个大概。至于能明白其中的神妙之处，就在于各人的努力了。

第九章　王夫之与《习性诸论》

一、作者简介

王夫之（1619—1692 年），字而农，号姜斋，湖南衡阳人。因晚年隐居于石船山，后人称为船山先生。他自幼"颖悟过人"，四岁入私塾，七岁就读完了《十三经》，十岁从父亲王朝聘学习五经经义，广泛阅读古代哲学和史学书籍。十四岁考中秀才，二十四岁考中举人。崇祯十二年（1639 年），他效法"东林"和"复社"，与郭季林等青年朋友组织了"匡社"。明亡后，为阻止清兵南下，他曾与好友管嗣裘等"举义兵于衡山，战败兵溃"。于是投奔桂王的南明政权。由于目睹永历小朝廷的腐败和官僚们苟且偷安，他大失所望，决意"退伏幽棲，俟曙而鸣"。从此隐姓埋名，遁迹荒山野岭，为避清军迫害他几度迁居。康熙十四年（1675 年）移居石船山下，筑一茅舍，取名"湘西草堂"，潜心著述，教授生徒，度过了一生最后 17 个春秋。

在艰苦的条件下，王夫之坚持学术研究，写出了大量的著作。五十一岁时，他自题堂联"六经责我开生面，七尺从天乞活埋"，充分反映了他的学风与志趣。王夫之学识极其渊博。不论经学、小学、子学、史学、文学、伦理等各门艺，造诣无不精深，天文、历数、医理、兵法乃至卜算、星象，也旁涉兼通，并且也关心当时传入的"西学"。他一生著述极丰，有四百多卷，生前均未刻印。现存的有《船山遗书》共七十二种，二百五十八卷。他没有专门论述教育问题的著作，但在《读四书大全说》《礼记章句》《周易外传》《尚书引义》《俟解》《张子正蒙注》《思问录》《黄书》《噩梦》及《读通鉴论》等书中，有许多关于教育问题的论述。

王夫之是明末清初著名的启蒙思想家，他继承和发展了中国传统哲学的朴素唯物论，形成了唯物主义的宇宙观和历史观，从而使中国古典唯物主义哲学发展到了新高峰。他的教育思想，与他的政治思想、哲学观点有密切的联系，在人性论、理欲关系、知行关系和学思关系等教育基本理论问题上，提出了自己卓越的见解。

二、成书背景

明末清初是中国社会的一个大动荡时期，空前规模的农民起义推翻了明王朝的统治，兴起于东北的满族贵族趁势入关，建立了清王朝。一批儒家士大夫认真反思明朝灭亡的原因，在不同程度上，都将程朱理学空谈心性义理视为导致国运衰败的重要原因。明中叶后阳明学兴盛，促进了思想解放。明末西方传教士利玛窦等陆续来华，带来了早期的西方科学文化，使中国学者开阔了眼界。于是，明末清初出现了一股新的学术思潮，其代表人物有顾炎武、黄宗羲、王夫之、颜元等人。他们的共同特点是对理学进行深刻的批判，提倡经世致用的实学，在哲学思想上具有唯物主义特色，在政治思想上表现出反对封建专制的民主倾向，在教育思想上也有许多别开生面的进步观点。

王夫之的教育思想，是以他的唯物主义思想、社会进化论和"日生日成"的人性的学说为基础。他以接近反映论的原理，阐明并发展了中国古代关于"学"与"思"和"知"与"行"相结合的教育原理。提出了"学思相资"、以"心思"为主和"行可统知"、以"行"为基础的教育教学理论。他把教育比作冶炼大炉，说明教育对人成长过程的作用，在于发展和增强天性，养成和变革习性。他说，"勿问其姓，且问其知""不知何者之为性，盖不知何如之为知"，将人的形成和发展与知识的积累和德行的养成统一起来。

他认为，由于社会是不断进化的，所以人类的文化教育也是不断向前发展的，教育的发展依赖于政治经济的发展，"衣食足"而"天下治"，"乃可以文"。若是人们还处在"日争一饱，夜争一宿"的情况下，就不会有文化的繁荣和教育的发展，故人类社会生产力的发展和与之相结合的人们物质生活的改善，是文化教育发展的首要条件。他认为，人们有了饭吃，能安居乐业，社会风气好转就会影响学校教育，使学校教育可以更加兴旺。

三、原著概要

从先秦诸子到宋明诸儒，在人性问题上都采用了先验论，把关注的焦点放在人性的善、恶上。在《知性诸论》中，王夫之认为，人认识事物必须从"名""实"两方面着眼。只知道事物的客观存在而不知它的名称和只知道名称而不知道事物的客观存在，都不能正确地认识事物。以往学者对人性的探讨，往往犯了直指人性的名号，却不知人性之究竟的错误。正是这个原因，以往的人性论存在着错误，甚至相互之间会发生争论，是在所难免的。从哲学观而言，《习性诸论》的意义在于，将以往关于人性论的形而上学问题，转移到认识论的问题上来。从教育方面来说，作者在文中否定以往人性的各种观点，实际是为其破除以往人性论对教育论的影响，进而为提出教育平等的观念而服务。如"性三品说"，为教育存在阶级差别提供了依据，而作者对以往人性论的否定，便包含了对"性三品说"的否定，进而也就否定了教育存在着等级差别的观点。

王夫之把人"性"分为"先天之性"和"后天之性"。所谓"先天之性"，即人的"自然之质"，主要指耳、目、口、鼻、心等感官的功能。所谓"后天之性"，即通过后天的"习"获得的知识、才能和道德观念，善恶均有，也可以说无所谓善恶。"性"应该是先天与后天的结合，人生长、发展全在于"习"的作用，这就是他所说的"习成而性与成"。

具体而言，"习"在人的发展过程中有三方面的作用：一是影响人的"先天之性"，使其潜在的能力得到增强和发展；二是使人获取知识才能，形成道德观念，王夫之称之为"习性"或"后天之性"；三是革除因"失教"或教育不当而成的"恶习"（主要指人们的思想品德问题）。王夫之认为，人性就是"习"的过程中"日生日成"的。可见，王夫之反对"生而知之"、生来就善或恶的唯心主义先验论，认为人的知识、才能和道德是后天学习的结果，从而强调教育的重要性。

四、教育思想解读

（一）人性假设

王夫之认为，人性是一种人类所具有的潜在的发展能力，与动物有着本质的区别。人的认识器官的潜在机能，尤其是具有思维能力的"心之官"，是人的发展的物质基础。但是，人性不是一成不变的，而是处在不断发展变化过程之中，由此，他得出了人性"日生日成"的论断。他说："夫性者，生理也。日生则日成也。"他明确提出人性不是天生的，而是在后天不断的生长变化过程中逐渐形成的，是"日生则日成""继善成性"的。人的知识才能、道德观念"非性之本然"，而是后天教育与学习的结果。"人之性随习迁"，教育在人的发展过程中，起着决定性的作用。

王夫之反对理学家"存天理、灭人欲"的教育目标。他认为理与欲是统一的，天理就在人欲之中。人欲完全没有了，也就不是活生生的人了，哪还有什么天理？王夫子认为理与欲皆自然而非人为，即人欲是人类生存的自然需求，是保证人类生存的合理要求，禁欲是违反人性的，但是也不要纵欲。

（二）教育目的

王夫之在教育目的上并不是一般性地主张"学为圣贤"，而提出要造就能"救人道于乱世"的"豪杰"。他认为当时社会需要"荡涤其浊气，震其暮气，纳之于豪杰而后期之以圣贤，此救人道于乱世之大权也"。"豪杰"有远大的政治理想和"堂堂巍巍、壁立万仞"的豪迈之气。他说"能兴即谓之豪杰"，就是要求造就出来的人才，虎虎有生气，思想上行动上有不同流俗的振作精神，有远大的胆识，其不仅要具有"救世之心"，还要"当思何以挽之"。王夫之还认为"能俭、能勤、能慎，可以为豪杰矣"。所谓俭，就是"节其耳目口体之欲，节己而不节人"；所谓勤，就是"不使此心昏昧偷安于近小，心专而志致"；所谓慎，就是"畏其身入于非道，以守死持之而不为祸福利害所乱"。

王夫之期望通过教育造就一批具有新的精神风貌的经世致用人才，承担起"救人道于乱世"的历史重任。他把"豪杰之士"看作"国之桢幹"，是封建社会的补天之才，在很大程度上突破了儒家学者关于人才规格的传统观念。

（三）教学思想

王夫之在教学论方面的论述，尤为宏富。他既有丰富的教学实践，又能从唯物主义认识论的高度，揭示教学过程的一些规律。

1. 论教学过程

王夫之用朴素的辩证法，揭示了教与学的关系。他说："夫学以学夫所教，而学必非教，教以教人学。而教必非学。"就是说，学生学习的东西，就是教师讲授的东西；但学生学习的过程，并不等同于教师讲授的过程。他认为，在教学过程中，学生是主体，教学的成功与否取决于他们是否"自悟"。他指出："教者但能示以所进之善，而进之之功，在人之自悟。"他认为学生的学习，不是简单的模仿，或者被动地接受知识，而是一种自觉的认识过程。教师的作用，不在于传授多少知识，而在于启发学生自悟，使学生成为学习的主人。因此，他把教学过程看作启发学生自悟的过程。他的这一思想，正确地揭示了教学过程的本质，值得弘扬。

2. 论知与行的关系

王夫之在知行关系问题上，既不同意朱熹的"知先行后"说，也不同意王守仁的"知行合一"说。他主张行先知后，知行并进，相互为用。他说："行可兼知，而知不可兼行。"又说："知行相资以为用，唯其各有致功，而亦各有其效，故相资以互用。"他认为在人们的认识中知与行各有其功效，又必须相互为用，因此，只有知行并进，才能"知同而起功"，这是认识事物的一条定理。他一方面提出"行可兼知"的观点，强调知源于行，必须从行上检验知识的效果功用，否定了传统教育中那种严重脱离实际、死读书的弊端。另一方面又提出知行相互为用，不能混淆，二者都不可偏废，比较正确地揭示了人的认识规律。

3. 论学与思的关系

王夫之认为，学与思的关系，是互相依赖、互相促进的关系。他说："致知之途有二：曰学，曰思。学则不恃已之聪明，而一唯先觉之是效；思则不徇于古人之陈迹，而任吾警悟之灵。……学非有碍于思，而学愈博则思愈远；思正有功于学，而思之困则学必勤。"就是说，学不独不妨碍思考，相反学识广博将有利于思考的深化。思考也有助于学，因为思考时遇到困惑而感到难以深入，就会促使自己进一步勤奋学习。学与思二者并重，互相促进，才能获得最佳的教学效果。

4.关于博与约的关系

王夫之强调学习要尚博尚实，多闻多见，要从广博丰富的资料中提炼出精华来，因此他主张"约有博之约，而博者约之博"，即把"约"看作建立在"博"的基础上的"约"，而"博"则是在"约"的指导下的"博"，提倡把"博"与"约"有机地结合起来。二者之中，博学是前提，是基础；而"约礼"是"一以贯之"，是提高。

5.论"有序"与"不息"

王夫之认为，教师应该"施之有序"，"施之有序者，行之自远"。他强调教学既要循序渐进，不躐等，不速成，又要有恒心，不间断。这样就可以使学生的学习"因其序则可使之易"。由此，他提出了教学五步骤：第一步是教学粗小的事，如洒扫应对；第二步是教粗小的理，如洒扫应对之理；第三步是教学精大的事，如正心、诚意、修身、齐家、治国、平天下等；第四步是教学精大的理，如正心、诚意、修、齐、治、平之理；第五步是教学大小精细之理的综合或统一。这五步是不可分割、先后贯通的。正因为有序，才能使学者做到不息。只有不息，才能使学生自勉学问。

五、原著选编 [①]

"习与性成"者，习成而性与成也。使性而无弗义，则不受不义；不受不义，则习成而性终不成也。使性而有不义，则善与不善，性皆实有之；有善与不善而皆性气禀之有，不可谓天命之无。气者天气，禀者禀于天也。故言性者，户异其说。今言习与性成，可以得所折中矣。

夫性者生理也，日生则日成也。则夫天命者，岂但初生之顷命之哉！但初生之顷命之，是持一物而予之于一日，俾牢持终身以不失；天且有心以劳，劳于给与，而人受之，一受其成形而无可损益矣。夫天之生物，其化不息。初生之顷，非无所命也。何以知其有所命？无所命，则仁、义、礼、智

---

① ［明］王夫之.宋论［M］.北京：中华书局,1964.

无其根也。幼而少，少而壮，壮而老，亦非无所命也。何以知其有所命？不更有所命，则年逝而性亦日忘也。形化者化淳也，气化者化生也。二气之运，五行之实，始以为胎孕，后以为长养，气日以滋，理日以成；方生而受之，一日生丽一日受之。受之者有所自授，岂非天哉？故天日命于人，而人日受命于天。故曰：性者生也，日生而日成之也。

天命之谓性，命日受则性日生矣。目日生视，耳日生听，心口生思，形受以为器，气受以为充，理受以为德。取之多，用之宏而壮；取之纯，用之粹而善；取之驳，用之杂而恶；不知所自生而生。是以君子自强不息，日乾夕惕，而择之，守之，以养性也。于是有生以后，日生之性益善而无有恶焉。

唯命之不穷也而靡常，故性屡移而异。抑唯理之本正也而无固有之疵，故善来复而无难。未成可成，已成可革。性也者，岂一受成刑，不受损益也哉？故君子之养性，行无所事，而非听其自然，斯以择善必精，执中必固，无敢驱驰而戏渝已。

[译文]

习与性成，是说习形成了，性也就形成了。如果性没有不义，那就不承受不义，不承受不义，那么习性成了性还不能形成。如果性有不义，那么善和不善，性都具有；善和不善都是性的气质禀赋所具有的，就不能说天命之性无不善。气是天气，禀是承受于天的意思。所以说谈性的人，各家说法不同。现在说习与性成，可以算是中肯的了。

性是生理，天天在生长形成。那么所说的天命，哪能是初生下来的顷刻所加给的呢！不过，初生之顷刻的加给，这是上天在一日之内的给予，使人能坚持终身不失；上天有心给予，人承受它，一经承受成形，就不再减损。天生万物，变化不息。初生的顷刻，并非无所命啊。怎么知道它有所命呢？如果无所命，那么仁、义、礼、智就没有根底了。从幼年到少年，少年到壮年，壮年到老年，也并非无所命的。怎么知道它有所命呢？如果不是有所命，那不是时光过去了，性也会一天天忘掉吗？形化是化醇，气化是化生。阴阳五行变化，开始是胎孕，后来是长养，取精用物，都同样是天产地产的精英。形一天天得到培养，气一天天得到滋长，理一天天地形成；一生下来就有所承受，生一日就承受一日。承受的人有授给他的人，那岂不是天吗？因此，上天每天赐命于人，而人也每天受命于天。所以说，性就是生，天天在生长，天天在形成！

天命叫作性，天天受命就天天形成性。眼睛天天要看，耳朵天天要听，心天天要想。形受之成为器官，气受之更加充实，理受之就成为德。承受得多，用起来就宏大壮实；承受得纯，用起来就粹美善良；承受得庞驳，用起来就杂乱而恶；而人之性也就不知不觉地就形成了。所以君子用自强不息、朝夕勤奋的办法努力选择它、保持它来养性啊！这样，有生以后，每日生长形成的性，就会越发善良而没有恶了。

命是无穷的、无常的，所以性常常变化而有不同。或者说理本来正确而没有什么本身的缺点，所以善的变化是没有什么困难的。未形成的可以形成，已形成的可以改变，怎么会一受成形就再不可增减呢！所以君子养性，因势利导，不是听其自然，而是择善必精，执中必固，不敢放纵和沉醉于安乐享受罢了。

第十章　蔡元培与《蔡元培教育文选》等选读

一、作者简介

　　蔡元培（1868—1940 年），中国近代民主革命家、教育家。字鹤卿，号子民。浙江绍兴人。1868 年 1 月 11 日（清同治六年十二月十七）生于一个商人世家。十一岁丧父，家境从此萧条。蔡元培自幼刻苦好学，博览群书，1883 年中秀才，1889 年、1892 年相继中举人、进士，授翰林院庶吉士，1894 年补翰林院编修。中日甲午战争后，开始接触西方资产阶级政治学说，并学习外语，1898 年戊戌维新运动中，蔡元培同情维新派，尤其佩服激进的改良主义者谭嗣同。他认为维新派失败是因为没有培养革新人才，决心兴办教育，一度任绍兴中西学堂监督。1901 年到上海任南洋公学特班总教习。1902 年参与创立中国教育会，任会长，并创立爱国女学和爱国学社，作为培养革命人才、进行秘密暗杀等活动的机关。

　　1903 年创办《俄事警闻》（后改名《警钟》日报）。1904 年参加军国民教育会暗杀团，11 月，将暗杀团改组扩大，修订章程，创立东南地区反清革命斗争的重要组织——光复会。1905 年加入同盟会，任上海分会会长。1906 年春应聘任绍兴学务公所总理。1907 年 6 月赴德，在中国驻德使馆工作。次年秋入莱比锡大学，攻读哲学、心理学、美术史学等学科。武昌起义后回国，1912 年 1 月出任南京临时政府教育总长，发表《对于教育方针之意见》，宣布废除忠君、尊孔、读经，改革学制，修订课程，实行小学男女同校，推行义务教育和社会教育等。1912 年 7 月，因不满袁世凯擅权而辞职。不久旅居欧洲，从事著述。旅法期间曾参与组织"留法勤工俭学会"和"华法教育会"。1916 年 11 月回国，次年 1 月任北京大学校长，提出"思想自由""兼容并包"的办学方针，并采取一系列具体措施，使北大面貌焕然一新。五四运动前后，他站在维护新文化运动的立场上，提倡白话文，反对文言文；提倡科学与民主的新思想，反对封建主义的旧思想、旧礼教；提倡"劳工神圣"，反对军阀政客的巧取豪夺，使北大成为五四新文化运动的重要阵地。

蔡元培在中国国民党第一、二次全国代表大会上，先后被选为候补中央监察委员、中央监察委员。1926年北伐兴师后，他在江浙一带发起组织苏浙皖三省联合会，策动自治运动。次年2月北伐军攻占杭州，蔡任浙江临时政治会议委员，一度代理主席。蒋介石发动"四一二"政变前后，蔡元培与国民党右派联名发表"护党救国"通电，参加清党反共运动。南京国民政府成立后，他任教育行政委员会委员、全国最高学术教育行政机关——大学院院长、代理司法部长、国立中央研究院院长。1928年8月，因不愿与蒋介石集团为伍，辞去所兼各职，专任中央研究院院长，定居上海，致力于文化教育和科学研究事业。10月国民政府设立五院，任命蔡元培为监察院院长，他坚辞不就。1932年，同宋庆龄、鲁迅等发起成立中国民权保障同盟，任副主席，为争取民主、保障人权、营救政治犯，进行了不懈的努力。抗日战争爆发后移居香港。1938年，被推为国际反侵略运动大会中国分会名誉主席。1940年3月5日病逝于香港。

蔡元培一生著作颇丰。伦理学方面的著作有《伦理学原理》《中国伦理学史》等；美学方面的论文有《以美育代宗教说》《文化运动不要忘了美育》《美术的起源》《美术的进化》等；哲学方面的著作有《哲学要领》《哲学大纲》《哲学纲要》；其他方面的著作有《石头记索隐》《妖怪学讲义录》《文变》等；还写过《中学修手教科书》五册，民国初年被各中学普遍采用。

二、成书背景

20世纪初的中国可谓是积贫积弱，满目疮痍。政治上，军阀连年混战，动荡的政局使得教育的发展举步维艰；经济上，第一次世界大战期间，中国民族资本主义取得了显著发展，而教育却迟迟不能满足发展资本主义的需要；思想上，外国教会纷纷在中国建立学校，从教学体制到办学内容均教会化，严重阻碍了教育的良性发展，教育独立思潮就是在这样的时代背景下出现的，并最终形成了颇具规模的教育独立运动。作为运动的倡导者和领袖，蔡元培怀着对教育救国的莫大希望，先后发表了一系列文章，致力于废除封建主义的教育制度，奠定了我国新式教育制度的基础，为我国教育、科学事业的发展做出了富有开创性的贡献。

到了五四新文化运动时期，更是一个急剧变革的时代。以反帝、反封建为核心，以"科学"和"民主"为旗帜的新文化运动猛烈地冲击着社会的各个方面。在教育上，"尊孔读经"的封建教育与"取法西洋"的洋务买办教育遭到鞭挞和抨击。一些先进的知识分子逐渐认识到，缺乏文化教育的彻底变革和思想启蒙是中国社会变革屡遭失败的主要原因。他们感到，文化教育革命是政治革命的前提。要建立新政权，就必须有适合新政权的新文化教育作为基础。这样，教育自然就被推到变革社会的重要位置上来。"教育救国思想"在这种背景下重新崛起，发展到一个新的阶段。一时间，各种"教育救国思想"的理论和实践活动如雨后春笋在全国各地形成了一股强大的社会潮流。蔡元培先生的教育思想在这前后表现出来并大放光彩。

三、原著概要

本节主要介绍《新教育与旧教育之歧点》《教育独立议》《就任北京大学校长之演说》等文章的概要。

在《新教育与旧教育之歧点》一文中，蔡元培开门见山地指出："夫新教育所以异于旧教育者，有一要点焉，即教育者，非以吾人教育儿童，而吾人受教于儿童之谓也。"这种反对单方面灌输，主张师生积极和有效互动的教学思想，既是对传统教学相长优秀思想的继承，又言简意赅地点出了新旧教育间差异的根本所在。文中最为精彩之处在于其形象地将两种教育进行了一番比喻，他调侃式地将旧教育的不通人性比喻为："如吾人之处置无机物然，石之凸者平之，铁之脆者煅之；如花匠编花草为鹤鹿焉；如技者教狗马以舞蹈焉；如凶汉之割折幼童，而使为奇形怪状焉；追想及之，令人不寒而栗"。同时将新教育的驯顺人性比喻为："如农学家之于植物焉，干则灌溉之，弱则支持之，畏寒则置之温室，需食则资以肥料，好光则复以有色之玻璃；其间种类之别，多寡之量，皆几经实验之结果，而后选定之"。

《教育独立议》一文可分为三个部分。第一部分总论何为教育以及对待教育应有的态度。蔡元培阐明了教育的最终目的是"帮助被教育的人，给他能发展自己的能力，完成他的人格，于人类文化上能尽一分子的责任。不是把被教育的人，造成一种特别器具，给抱有他种目的的人去应用的。所以，教育事业当完全交与教育家，保有独立的资格，毫不受各派政党或各派教会的影响"。第二部分具体制定了创办学校的方法，即实行大学区制和教授治校，大学中不设神学科，各区教育经费从本区税收中供给。第三部分以注解的形式对各种方法的操作和实施做了具体的规定。

《就任北京大学校长之演说》中，蔡元培先生的演讲开宗明义，作为一所大学首先要明确它的性质，"大学者，研究高深学问者也"。学生进入大学应为求学，而非仅仅达到做官发财的目的。在研究学问之外砥砺自己的德行，提高自身的素质和修养也是大学生所必需的。而作为学校之主体的师生应该建立一种互敬互爱、互相劝勉的关系。所有这些举措都为北京大学"学术自由，兼容并包"精神的形成和发展奠定了良好的基础，可以说，正是这篇简短的演说为北大开启了一个新的纪元。

四、教育思想解读

（一）教育目的

"养成共和国民健全之人格"健全人格教育是蔡元培教育思想的培养目标。他早在1902年《师范学会章程》中，就开宗明义地提出教育的宗旨就是"使被教者传布普通之知识，陶铸文明之人格"。完全人格教育是蔡元培教育思想的重要组成部分，"完全人格"是他要培养的自由、民主、平等社会新人的目标。

具有完全人格的个体需要靠力倡"尚自然、展个性"的教育来造就。社会发展的最终目的是为了个人全面而自由的发展，并且是通过人的自由自觉的活动来实现的。个人的发展、个人的幸福和个人的自由都有着"独立向善"的价值，它不需要别的任何价值来证明。也就是说，并不因为个人自由是社会自由的条件，也不是因为个人发展是社会发展的一个条件，个人自由、个人发展才有了价值，个人自由、个人发展其本身就是目的，有着自足的价值。更何况现实的个人是社会发展的重要动力，离开现实的个人的发展，社会的发展就是不可理解和毫无意义的了。

"尚自然、展个性"是蔡元培针对封建教育无视学生的特点，违反自然，压抑、禁锢、束缚个性而提出的教育主张。蔡元培认为教育要顺应受教育者身心发展的实际，指出"守成法"与"尚自然"、"求划一"与"展个性"是新旧教育的分水岭。为此，提倡教育科学的实验研究要摈弃注入式教学方法，强调用启发式进行教学，特别是学生自动、自学、自己研究的方法。

（二）论教育的内容

在中国近代教育思想发展史上，蔡元培是第一位提出了国民教育、实利主义教育、公民道德教育、世界观教育和美感教育"皆今日之教育所不可偏废"的教育思想家。五育并举是蔡元培教育思想的一个显著特点，也是他对于中国近代教育理论的重大贡献。蔡元培五育并举的思想，是以公民道德教育为中心的德智美诸育和谐发展的思想，这在中国近代教育史上是首创，它适应了辛亥革命后资产阶级改革封建教育的需要，顺应了当时中国社会的变革，以及世界发展的潮流。

他说："五育，皆今日之教育所不可偏废者也。"对于这五者的内涵及相互关系，他解释说："军国民主义为体育，实利主义为智育，公民道德及美育皆毗于德育，而世界观则统三者而一之。"他在参议院发表演说时进一步阐明："普通教育，务顺应时势，养成共和国民健全之人格。"上述体现蔡元培以培养健全人格为宗旨的教育思想，尽管在不同的时期表述有所不同，但其基本内涵是一致的，可以归纳为：第一，健全人格是德、智、体、美四方面的和谐发展，培养健全人格的教育就是德育、智育、体育、美育不可偏废的发展。第二，健全人格是身心两方面的协调统一，培养健全人格的教育必须是促进身心两方面平衡发展的教育。第三，健全人格是个性与群性的统一，培养健全人格的教育须是促进个性和群性协调发展的教育。

为了切实落实五育并举的教育方针，蔡元培提出了"以美育代宗教"，他之所以提倡"以美育代宗教"，其理由是美育是自由的，而宗教是强制的；美育是进步的，而宗教是保守的；美育是普及的，而宗教是有界的。毕竟，宗教是有局限的，它摆脱不了宗派的狭隘性。它与自由、民主、博爱、平等、人权等现代社会的核心价值是冲突的。

（三）论高等教育

1. 关于大学性质的探讨

蔡元培认为大学应当成为研究高深学问的学府，这是蔡元培办学的指导思想，也是他大学教育思想的出发点。早在 1912 年 5 月 16 日，他以教育总长身份出席北京大学开学典礼，在演说中就提出"大学为研究高尚学问之地"。在担任北京大学校长后，他更是反复申述这一思想。1917 年 1 月 9 日，他在就任校长的演说中，明确地向学生说明："诸君来此求学，必有一定宗旨，欲知宗旨之正大与否，必先知大学之性质。今人肄业专门学校，学成任事，此固势所必然。而在大学则不然，大学者，研究高深学问者也"。

蔡元培如此强调大学性质在于研究高深学问，在当时是为了扭转学生上大学为做官的陈腐观念。当时学生入学仍抱科举时代思想，以大学为取得官吏资格之机关，而对于学问则没有什么兴趣。蔡元培指出，这是北大"著名腐败的总因"。因此，他认为要改革旧北大，"第一要改革的，是学生的观念"。

由于大学的性质在于研究高深的学问，他还提出，大学不能只是从事教学，还必须开展科学研究。他要求大学教员不是灌输固定知识，而是对学问有浓厚的研究兴趣，并能引起学生的研究兴趣；大学生也不是死记硬背教员的讲义，而是在教员的指导下主动地研究学问。为了使大学能承担起教学、科研的双重任务，他极力主张"凡大学必有各种科学的研究所"。他在《论大学应设各科研究所之理由》的文章，详列了三点理由：

一是"大学无研究院，则教员易陷入抄发讲义不求进步之陋习"。

二是设立研究所，为大学毕业生深造创造条件。

三是使大学高年级学生得以在导师指导下，有从事科学研究的机会。

2. 办学原则——思想自由，兼容并包

蔡元培从大学应该是研究高深学问的学府这一思想出发，提出了这一办学原则。他认为大学应该广泛吸收各种人才，容纳不同学派。如果抱残守缺，持一孔之论，守一家之言，是不可能成为真正高水平的大学。

思想自由、兼容并包的办学原则主要体现在对待学说和教员两方面，由于学说必须由人提倡、宣传和发展，教员又以研究和传授学问为己任，所以思想自由、兼容并包的办学原则，在实际中更多的是体现在对待教员方面。

蔡元培聘请教员，最重要的是有无专门学问。只要有真才实学，有研究学问的兴趣和能力，就聘为教员。反之，如若学术水平低，则不管什么人，坚持辞退。而对于教员的政治见解，学术派别，只要不妨碍授课，则不作为取舍标准。

当然，蔡元培提倡思想自由，兼容并包，并不是主张对新旧思想采取不偏不倚的态度，恰恰相反，其本意在于打破封建文化专制主义的束缚，发展资产阶级新文化。

3. 学科设置——从偏重文理到沟通文理，废科设系

关于大学学科设置，蔡元培的思想，有一个变化发展过程，最初，他从"大学为研究学理的机关"这一思想出发，主张"要偏重文理两科"。

蔡元培担任北大校长后，又进一步主张"学术分校"，理由有两条：第一，文理两科，专署学理，其他各科偏重于致用；第二，文理两科，设有研究所，实验室等设备，如若遍设其他各科，就要增设病院、工场等，困难更大。

主张学术分校，大学专设文理两科，显然是对民国元年"大学以文理两科为主"见解的发展，目的是突出大学的性质在于研究学理，在蔡元培看来，"学"与"术"可分为两个名词，"学"为"学理"，"术"为"应用"。文、理是"学"，法、商、医、工、农皆为应用，为"术"。学与术虽然关系密切，但学为基本，术为枝干。

更可贵的是，蔡元培在看到了文、理分科所造成的流弊之后，进一步主张"沟通文理"。他说文理是不能分科的，文科的史学、文学均与科学有关，而哲学全以自然科学为基础。同样，理科各学科都与哲学有关，自然哲学，尤为自然科学的归纳。而且，由于学科之间的彼此交错，有些学科简直无法以文、理科来区分。因此，他主张沟通文理，合为一科。1919年，北大进行改革，撤销文、理、法三科界限。全校设立14个系，废学长，设系主任。

4. 教学制度——选科制

与沟通文理思想相联系，在教学制度上，蔡元培主张采用选科制，他认为这种制度使学生于专精之余，能够旁设种种有关系的学科，有利于打破学生"专己守残之偏见"，扩大知识面。有利于学生个性的自由发展。

对于实行选科制，蔡元培认为必须加强指导，为防止学生纯粹从兴趣出

发，忽视对基本理论、基本知识的学习，他强调学生所选的学科必须经教员审定，学生只有相对的选择，无绝对的选择，除必修课以外的学科，才有选择权。同时，他还指出，选科制只能行之于高等以上学校，普通教育只可采用选科精神，而不能行选科制。

5. 行政管理——教授治校

实行教授治校，这是蔡元培关于大学行政管理的基本思想。他主张教授治校，是为了建立民主的管理体制，防止校长主观专断，任意办事，这是他民主思想的反映。更主要的是依靠真正懂得教育和学术的专家来管理学校。由此可见，民主精神和依靠专家，是蔡元培教授治校主张的两根支柱，教授是学校教学与科研的主力，他们既懂得教育又有学问，蔡元培依靠他们来管理学校，不仅彻底扭转了旧北大一切校务由校长等少数几个人决定的状况，而且大大调动了教授们的积极性和创造性，出现了民主办校的生动局面。

五、原著选编[①]

（一）教育独立议

教育是帮助被教育的人，给他能发展自己的能力，完成他的人格，于人类文化上能尽一分子的责任。

不是把被教育的人，造成一种特别器具，给抱有他种目的的人去应用的。所以，教育事业当完全交与教育家，保有独立的资格，毫不受各派政党或各派教会的影响。

教育是要个性与群性平均发达的。政党是要制造一种特别的群性，抹杀个性。例如，鼓励人民亲善某国，仇视某国；或用甲民族的文化，去同化乙民族。今日的政党，往往有此等政策，若参与教育，便是大害。教育是求远效的；政党的政策是求近功的。中国古书说："一年之计树谷；十年之计树木；百年之计树人。"可见教育的成效，不是一时能达到的。政党不能掌握政权，往往不出数年，便要更迭。若把教育权也交与政党，两党更迭的时

---

① 高平叔编. 蔡元培教育论著选 [M]. 北京：人民教育出版社，1991.

候，教育方针也要跟着改变，教育就没有成效了。所以，教育事业不可不超然于各派政党以外。

教育是进步的：凡有学术，总是后胜于前，因为后人凭着前人的成绩，更加一番功夫，自然更进一步。教会是保守的：无论什么样尊重科学，一到《圣经》的成语，便绝对不许批评，便是加了一个限制。

教育是共同的：英国的学生，可以读阿拉伯人所作的文学；印度的学生，可以用德国人所造的仪器，都没有什么界限。教会是差别的：基督教与回教不同；回教又与佛教不同。不但这样，基督教里面，天主教与耶稣教又不同。不但这样，耶稣教里面，又有长老会、浸礼会、美以美会等派别的不同。彼此谁真谁伪，永远没有定论，只好让成年的人自由选择，所以各国宪法中，都有"信仰自由"一条。若把教育权交与教会，便恐不能绝对自由。所以，教育事业不可不超然于各派教会以外。

但是，什么样可以实行超然的教育呢？鄙人拟一个办法如下：分全国为若干大学区，每区立一大学；凡中等以上各种专门学术，都可以设在大学里面，一区以区的中小学校教育，与学校以外的社会教育，如通信教授、演讲团、体育会、图书馆、博物院、音乐、演剧、影戏，与其他成年教育、盲哑教育等等，都由大学办理。

大学的事务，都由大学教授所组织的教育委员会主持。大学校长，也由委员会举出。

由各大学校长，组织高等教育会议，办理各大学区相互关系的事务。

教育部，专办理高等教育会议所议决事务之有关系于中央政府者，及其他全国教育统计与报告等事，不得干涉各大学区事务。

教育总长必经高等教育会议承认，不受政党内阁更迭的影响。

大学中不必设神学科，但于哲学科中设宗教史、比较宗教学等。

各学校中，均不得有宣传教育的课程，不得举行祈祷式。

以传教为业的人，不必参与教育事业。

各区教育经费，都从本区中抽税充用。较为贫乏的区，经高等教育会议议决后，得由中央政府拨国家税补助。

（注）分大学区与大学兼办中小学校的事，用法国制。

大学可包括各种专门学术，不必如法、德等国别设高等专门学校，用美国制。

大学兼任社会教育，用美国制。

大学校长，由教授公举，用德国制。

大学不设神学科，学校不得宣传教义与教士不得参与教育，均用法国制。瑞士亦已提议。

抽教育税，用美国制。

（二）新教育与旧教育之歧点

夫新教育所以异于旧教育者，有一要点焉：即教育者，非以吾人教育儿童，而吾人受教于儿童之谓也。吾国之旧教育以养成科名仕宦之材为目的。科名仕宦，必经考试，考试必有诗文，欲作诗文，必不可不识古字，读古书，记古代琐事。于是先之以《千字文》《神童诗》《龙文鞭影》《幼学须知》等书；进之以四书五经；又次则学为八股文，五言八韵诗；其他若自然现象，社会状况，虽为儿童所亟欲了解者，均不得阑入教科，以其于应试无关也。是教育预定一目的，而强受教育者以就之；故不问其性质之动静，资秉之锐钝，而教之止有一法，能者奖之，不能者罚之，如吾人之处置无机物然，石之凸者平之，铁之脆者煅之；如花匠编花草为鹤鹿焉；如技者教狗马以舞蹈焉；如凶汉之割折幼童，而使为奇形怪状焉；追想及之，令人不寒而栗。

新教育则否，在深知儿童身心发达之程序，而择种种适当之方法以助之。如农学家之于植物焉，干则灌溉之，弱则支持之，畏寒则置之温室，需食则资以肥料，好光则复以有色之玻璃；其间种类之别，多寡之量，皆几经实验之结果，而后选定之；且随时试验，随时改良，决不敢挟成见以从事焉。故治新教育者，必以实验教育学为根柢。实验教育学者，欧美最新之科学，自实验心理学出，而尤与实验儿童心理学相关……虽今日尚未达完全之域，然研究所得，视昔之纯凭臆测者，已较有把握矣。

因而知教育者，与其守成法，毋宁尚自然；与其求划一，毋宁展个性。请举新教育之合于此主义者数端。一曰托尔斯泰之自由学校，其建设也，尚在实验教育学未起以前，乃本卢梭、费斯泰洛奇、弗罗贝尔等之自然主义而推演之者；其学生无一定之位置，或坐于凳，或登于棹，或伏于窗槛，或踞于地板，惟其所欲；其课程亦无定时，惟学生之所愿，常以种种对象间厕而行之；其教授之形式，惟有问答。……二曰杜威（Dewey）之实用主义，杜威尝著《学校与普通生活》一书；力言学校教科与社会隔绝之害；附设一学校于芝加哥大学，即以人类所需之衣、食、住三者为工事标准，略分三部：一曰手工，如木工、金工之类；二曰烹饪；三曰缝织，而描画模型等皆属之；即由此而授以学理，如因烹饪而授以化学，因裁缝而授以数学，因手工而授以物理学、博物学，因原料所自出而授以地学，因各时代各民族工艺若食服之不同而授以历史学、人类学等，是也。三曰蒙台梭利之儿童室，即特设各种器具以启发儿童之心理作用者，是也；吾国已有译本，想诸君已见之。四曰某氏之以工作为操练说……其他类是之新说，为鄙人所未知者，尚不知凡几，亦足以见现代教育界之进步矣。吾国教育界，乃尚牢守几本教科书，以强迫全班之学生，其实与往日之《三字经》、四书、五经等，不过五十步与百步之相差。

（三）就任北京大学校长之演说

五年前，严几道先生为本校校长时，余方服务教育部，开学日曾有所贡献于同校。诸君多自预科毕业而来，想必闻知。士别三日，刮目相见，况时阅数载，诸君较昔当必为长足之进步矣。予今长斯校，请更以三事为诸君告。

一曰抱定宗旨。诸君来此求学，必有一定宗旨，欲知宗旨之正大与否，必先知大学之性质。今人肄业专门学校，学成任事，此固势所必然。而在大学则不然，大学者，研究高深学问者也。外人每指摘本校之腐败，以求学于此者，皆有做官发财思想，故毕业预科者，多入法科，入文科者甚少，入理科者尤少，盖以法科为干禄之终南捷径也。因做官心热，对于教员，则不问其学问之浅深，惟问其官阶之大小。官阶大者，特别欢迎，盖为将来毕业有人提携也。现在我国精于政法者，多入政界，专任教授者甚少，故聘请教员，不得不聘请兼职之人，亦属不得已之举。究之外人指摘之当否，姑不具论，然弭谤莫如自修，人讥我腐败，（而我不腐败），问心无愧，于我何惧（损）？果欲达其做官发财之目的，则北京不少专门学校，入法科者尽可肄业于法律学堂，入商科者亦可投考商业学校，又何必来此大学？所以诸君须抱定宗旨，为求学而来。入法科者，非为做官；入商科者，非为致富。宗旨既定，自趋正轨，诸君肄业于此，或三年，或四年，时间不为不多，苟能爱惜光阴，孜孜求学，则其造诣，容有底止。若徒志在做官发财，宗旨既乖，趋向自异。平时则放荡冶游，考试则熟读讲义，不问学问之有无，惟争分数之多寡；试验既终，书籍束之高阁，毫不过问，敷衍三四年，潦草塞责，文凭到手，即可借此活动于社会，岂非与求学初衷大相背驰乎？光阴虚度，学问毫无，是自误也。且辛亥之役，吾人之所以革命，因清廷官吏之腐败。即在今日，吾人对于当轴多不满意，亦以其道德沦丧。今诸君苟不于此时植其基，勤其学，则将来万一因生计所迫，出而仕（任）事，但任讲席，则必贻误学生；置身政界，则必贻误国家。是误人也。误己误人，又岂本心所愿乎？故宗旨不可以不正大。此余所希望于诸君者一也。

二曰砥砺德行。方今风俗日偷，道德沦丧，北京社会，尤为恶劣，败德毁行之事，触目皆是，非根基深固，鲜不为流俗所染。诸君肄业大学，当能束身自爱。然国家之兴替，视风俗之厚薄。流俗如此，前途何堪设想。故必有卓绝之士，以身作则，力矫颓俗。诸君为大学学生，地位甚高，肩此重任，责无旁贷，故诸君不惟思所以感己，更必有以励人。苟德之不修，学之不讲，同乎流俗，合乎污世，己且为人轻侮，更何足以感人。然诸君终日伏首案前，芸芸（营营）攻苦，毫无娱乐之事，必感身体上之苦痛。为诸君计，莫如以正当之娱乐，易不正当之娱乐，庶于道德无亏，而于身体有益。诸君入分科时，曾填写愿书，遵守本校规则，苟中道而违之，岂非与原始之意相反乎？故品行不可以不谨严。此余所希望于诸君者二也。

三曰敬爱师友。教员之教授，职员之任务，皆以图诸君求学便利，诸君能无动于衷乎？自应以诚相待，敬礼有加。至于同学共处一室，尤应互相亲爱，庶可收切磋之效。不惟开诚布公，更宜道义相勖，盖同处此校，毁誉共之。同学中苟道德有亏，行有不正，为社会所訾詈，己虽规行矩步，亦莫能辨，此所以必互相劝勉也。余在德国，每至店肆购买物品，店主殷勤款待，付价接物，互相称谢，此虽小节，然亦交际所必需，常人如此，况堂堂大学生乎？对于师友之敬爱，此余所希望于诸君者三也。

余到校视事仅数日，校事多未详悉，兹所计划者二事：一曰改良讲义。诸君既研究高深学问，自与中学、高等不同，不惟恃教员讲授，尤赖一己潜修。以后所印讲义，只列纲要，细微末节，以及精旨奥义，或讲师口授，或自行参考，以期学有心得，能裨实用；二曰添购书籍。本校图书馆书籍虽多，新出者甚少，苟不广为购办，必不足供学生之参考。刻拟筹集款项，多购新书，将来典籍满架，自可旁稽博采，无虞缺乏矣。今日所与诸君陈说者只此，以后会晤日长，随时再为商榷可也。

第十一章 陶行知与《教学做合一》等

一、作者简介

陶行知（1891—1946年），本名文濬，安徽省歙县人。我国伟大的人民教育家、教育思想家。陶行知自幼聪明好学，但因生活贫困无力入私塾读书，六岁时蒙馆塾师方庶咸秀才视其资质聪颖，为其免费开蒙。八岁到万安镇经馆伴读，十一岁又回到黄潭源自学，有时也帮父母参加田间劳动。十五岁进入歙县教会学校——崇一堂学校读书。因陶母在本校帮佣，英人校长唐进贤喜欢勤劳聪明的陶行知，准其免费读书。十七岁崇一堂毕业后独自远离家乡，考取了杭州广济医学堂，因不满该校歧视非教徒学生，入学三天后便愤而退学。十八岁考入南京汇文书院，后直接升入金陵大学文科就读，是该校的首届学生。在校学习期间，担任金陵大学报《金陵光》中文版主编。四年后，陶行知以总分第一名的成绩毕业于金陵大学。毕业典礼上，他以优异毕业生的资格，宣读了毕业论文《共和精义》，其中有这样的句子："人民贫，非教育莫与富之；人民愚，非教育莫与智之；党见，非教育不除；精忠，非教育不出。"论文表露出了他最初的教育救国思想。1914年（二十三岁）陶行知在大学校长包文先生的鼓励和亲友的赞助下赴美留学，考入美国伊利诺伊大学攻读市政。第二年便获政治学硕士学位。但他没有在伊利诺伊大学读完，便于1915年9月转入哥伦比亚大学师范学院攻读教育。原因是，他深信"教育苟良，则人民生计必能渐臻满意。可见教育是建设共和最重要之手续"。没有真正的公众教育，就不可能建立真正的民主共和国，而且他认为第一流的哥伦比亚大学是他攻读教育最好的学校。他决心将来为祖国教育的改革、发展奉献终身。1917年在哥伦比亚大学毕业，获得"都市学务总监资格"文凭后回国，他说"我要使全中国人都受到教育"。

毕业回国后即 1917 年 9 月应聘担任南京高等师范学校教员，从此开始了他长达 30 年的教育生涯。为方便起见，我们分几个阶段向大家介绍一下陶行知的从教经历。

（一）反对旧式教育，主张教育改革

1918 年任南京高师教务主任，1921 年任东南大学教授、教育系主任，同年 12 月中华教育改进社成立，他任主任干事。其间他反对"沿袭陈法，仪型他国"，主张将"教授法"改为"教学法"。他促成南京高师首次招收本科女生，成为我国大学开放女禁的最早实行者。

（二）进行办学试验，推行平民教育

为了改革旧教育，提倡新教育，陶行知着力进行办学试验，如举办南京高师暑期学校、南京安徽公学、平民初级学校等，这些早期的重要办学活动对他的教育思想发展具有承前启后的重要意义。他决心"要用四通八达的教育来创造一个四通八达的社会"。1923 年 6 月他和黄炎培等人组建了南京平民教育促进会，编写《平民千字课》课本。为了推行平民教育，他辞去了东南大学教育系主任之职，放弃了每月 400 银圆的高薪，风尘仆仆奔走全国十几个省市，他说"凡我所到的地方，就是平民教育到的地方"。几年间平民教育运动使成千上万的平民受到了教育。

（三）投身乡村教育运动，创办晓庄师范学校

在平民教育处于高潮的时候，陶行知冷静地看到："中国以农立国，十有八九住乡下，平民教育是向民间去的运动，就是到乡下去的运动。"所以他响亮地提出了"到民间去""到乡下去"的口号。1926 年 1 月他提出了"师范教育下乡运动"，并撰文为乡村教育确定了基本任务："乡村师范学校负有训练乡村教师，改造乡村生活的使命。"他指出："我们从事乡村教育的同志，要把整个的心，献给我们三万万四千万农民，我们要向农民'烧心香'。"他所绘制的蓝图是："筹募一百万元基金，征集一百万位同志，提倡一百万所学校，改造一百万个乡村。"

经过一年的奔波筹备，1927 年 3 月 15 日晓庄试验乡村师范成立。第一批学生 13 人，当时校舍尚未造好，陶行知说："我们的校舍上面盖的是青天，下面踏的是大地，我们的精神一样的要充满天间。……农夫、村妇、渔人、樵夫，都可做我们的指导员"。学校以培养农村教师为目标，他要求学生农民化，他说，"要想化农民，须受农民化"。他带头脱下西装革履，穿起布衣草鞋，住在牛棚柴房。

晓庄师范获得了很好的教育效果和社会声誉。由于晓庄师范有地下党团组织，师生们积极参加反帝爱国斗争，陶行知都给予大力支持。国民党气急败坏，1930年4月8日，勒令停办晓庄师范，武力封闭学校，逮捕学生，陶行知以"勾结叛逆、图谋不轨"等罪名遭到通缉，被迫流亡日本。

（四）开展"科学下嫁"，创办山海工学团

在日本，虽时间不长，但他对日本科学技术发达促成了国家的强盛，留下了深刻的印象。为了使中国效法日本走工业化道路，他决心开展"科学下嫁"运动，普及科学知识，培养科技人才。他主张科学要从儿童教起，要使"人人都能享受"科学知识。他说："做一个现代人，必须懂得现代化的知识，我们必须拿着现代文明的钥匙才能继续不断地开发现代文明的宝库，保证川流不息的现代化。"在20世纪30年代初期，他就能看到科学技术和科技教育的重要性，确实是难能可贵的。

1932年10月陶行知根据晓庄师范学校的教育实践经验，在上海宝山大场地区创办了"山海工学团"，开展普及教育运动。山海工学团的儿童团员张健经常为农友讲故事，深受欢迎，农友亲切地称他为"小先生"。陶行知对"小先生"这一新事物极为重视，1934年1月正式提出了"小先生制"。由于"小先生制"适合普及教育需要，很快在二十几个省市得到推广。还对东南亚一带普及教育产生了很大影响，并为中国革命培养了上百名干部。

（五）推行国难教育和战时教育，出访26国

"九一八"事变后，陶行知出于爱国赤诚，自觉地把教育工作与抗日救亡斗争结合起来，组织国难教育社，推进国难教育，作为抗日救亡的重要组成部分。1936年陶行知受全国各界救国联合会的委托，任国民外交使节，去国外宣传中国的抗日主张，历时两年零一月，出访26个国家和地区，受到世人的尊敬。

（六）提倡全面教育，创办育才学校

1939年，抗日战争进入全面抗战阶段，3月15日陶行知在一次讲演中说，"这阶段的战争特征是把战争的形势展开成全面，它已不是点线的战争，而是各方面的全面战争了"。他认为全面战争需要进行全面教育，并提出了全面教育的内涵。在开展全面教育运动时期，他在流离失所的流浪儿中，见到许多有特殊才能的人，因为得不到培养而夭折，他认为这是民族的损失，人类的憾事，于是 1939 年 7 月 20 日便在四川省合川县草街子凤凰山的古圣寺创办了育才学校，育才学校吸引了许多著名进步学者、专家、教授来校任教，如艾青、贺绿汀、章泯、陈烟桥、戴爱莲等。周恩来专程到育才学校访问并做了抗战形势报告，题词："一代胜于一代"。

（七）实行民主教育，创办重庆社会大学

抗战胜利后，国内阶级矛盾上升为主要矛盾，国民党反动派实行独裁统治路线，中国共产党代表全国劳苦大众，实行的是一条真正民主的革命路线，这时陶行知指出"民主的洪流，浪头已经到来，没有力量可以抵抗它。因此学习民主，帮助创造民主的新中国，已成为生活教育的新的历史任务"。他为使教育服务于民主革命运动，提出了"民主教育运动"，这是他探索新教育生路的一个新阶段。并于 1946 年 1 月 15 日创办了重庆社会大学，学校的办学宗旨是陶行知提出的社会大学之道："在明民德，在亲民，在止于人民之幸福"。在社会大学任教的有吴玉章、郭沫若、翦伯赞、邓初民、张友渔、王昆仑、马寅初、许涤新、侯外庐、沙千里、孙起孟、聂绀弩、曹靖华、胡风、田汉、何其芳等。这种壮观的教师阵营在当时国内正规的文科大学也是罕见的。由于社会大学渐渐成为各界进步人士的一面旗帜，所以一直遭到国民党的蓄意破坏，1947 年 3 月被国民政府查封。

（八）生命旅程的最后冲刺

陶行知在爱国民主运动中屡遭反动派的威胁和迫害，但他毫不畏惧、视死如归。1945 年 12 月 1 日昆明大中学生举行了反内战示威游行，遭到国民党镇压，造成"一二·一"流血惨案，12 月 19 日重庆各界人士举行"陪都公祭'一二·一'死难烈士会"，陶行知给夫人写了遗嘱信，做好了牺牲的准备，毅然去参加公祭大会。1946 年 4 月 18 日陶行知到达上海，开始了他在上海最后一百天的生命冲刺。他在生命的最后 100 天中，做了 100 多次演讲，为推进和平民主运动日夜奔走呼号。有一次要在反内战和平大会上做演讲，特务们上台抢走话筒，高喊反动口号。他在特务们喊口号的间歇时间里，讲完了他要讲的话，坚持宣传真理。

1946 年 7 月 11 日和 15 日，民主战士李公仆和闻一多在昆明遭到国民党

暗杀，陶行知非常愤恨，更加奋不顾身地投入民主运动。由于劳累过度，健康受损，陶行知于 1946 年 7 月 25 日逝世，享年五十五岁。

陶行知的主要著作有《中国教育改造》《教学做合一讨论集》《普及教育》《普及教育续》《普及教育三编》《怎样做小先生》《老少通千字课》《古庙敲钟录》等。

二、成书背景

陶行知生活的年代，是祖国的危难之际，多事之秋。自鸦片战争爆发以后，中国由一个闭关自守的封建社会，到被帝国主义列强们用枪炮打开国门，被迫对外开放，成为一个半殖民地、半封建的社会。生活在这样一个时代的陶行知，亲眼见到生活在社会底层的广大劳动人民特别是占中国人口八成以上的农民过着贫穷、愚昧、落后，受压迫、受欺凌的悲惨生活，另一方面由于他在美国留学的经历，使陶行知更深地认识到祖国传统教育的一些弊病，并立志去改造。他亲眼见到了世界一些发达国家中的先进东西，先进国家与落后国家之间的强烈反差重重地刺激着陶行知那颗忧国忧民的心，他热切地希望祖国能够尽快地改变贫穷落后的面貌，早日跨入世界先进国家的行列。

随着欧美教育思潮逐渐进入中国，以儿童活动为本位的各种新教学方法，如设计教学法、道尔顿制等相继传入，并于 20 世纪 20 年代初期在我国学校正式试行。这些新教学方法更关注学生的兴趣和活动，一经试行就引起较大轰动。但深入试行后，人们逐渐认识到，这些新的教学方法不仅没有充分考虑中国的实际情况，其缺陷也日渐暴露，如设计教学法虽和实际生活接近，但计划是教师设计出的，有时与学生生活无关，且偏离了系统知识传授；道尔顿制下的学生虽然较为自由，但过于看重书本，与学生实际生活依然无关。陶行知认为这是由"老八股"变为"洋八股"，同样是"教育自教育，生活自生活，依然渺不相关"，教学方法改革脱离了中国实际情况。

基于这种情况，陶行知把"做"引入"教学合一"，主张事怎样做就怎样学，怎样学就怎样教；教的法子要根据学的法子，学的法子要根据做的法子。此时，"教学做合一"的理论已经成立，但是名字尚未出现。直到 1925

年陶行知去南开大学演讲后，张伯苓先生建议改为学做合一后，才豁然开朗，直称"教学做合一"。名称的提出，标志着"教学做合一"的萌芽。

三、教育思想解读

"生活教育"是陶行知教育思想的核心，主要有"生活即教育""社会即学校"和"教学做合一"。"生活即教育"是生活教育理论的核心，集中地体现在教育目的、教育目标、教学内容上；"教学做合一"是"生活即教育"在教学方法上的具体化；"社会即教育"是"生活即教育"在学校和社会关系问题上的具体化。

（一）教育目的

陶行知说："从生活与教育的关系上说，是生活决定教育。"生活决定教育，表现为教育的目的、原则、内容、方法都为生活所决定，是为了"生活所必需"。陶行知是一位坚定的教育救国论者，他认为要改造落后的中国，应先改革中国的教育。他经常对人说，中华民族的根本出路在于中华民族教育的根本出路，而中华民族教育的根本出路又在于中华民族乡村教育的出路。换言之，中华民族的乡村教育出路找到了，那么，整个中华民族的出路就找到了。为什么要从乡村教育入手呢？陶行知认为，中国以农立国，85%的人口在农村，全国85%的文盲也大多在农村，农村问题解决了，整个中国的问题也就解决了。如何解决中国的农村问题呢？陶行知认为，只有通过农村教育改革，培养农村所需要的人才，建立起适合农村需要和发展的新教育。通过教育的力量，最终达到："使农民变成快活的神仙，农村变成西天的乐园"。陶行知一生致力农村教育改造，先后创办晓庄师范、山海工学团，其原因、目的也在于此。那么，在中国传统教育制度下的乡村教育的实际情况又是如何呢？一是农村学校数量很少，人口占大多数，学校却占少数。二是农村教育"完全走错了路"。用陶行知的话来说："他教人离开乡下向城里跑，他教人吃饭不种稻……他教农夫的子弟变成书呆子。"这种离农的"死教育"当然要彻底改造，彻底抛弃。陶行知要创办的乡村教育完全与此相反，他不培养"书呆子"，不培养"小名士"，不为少数人升官发财服务，而是通过乡村教育，使中国的一个个乡村都有充满活力的新生命，"合起来造成中华民国的伟大的新生命"。

（二）教育目标

"千教万教教人求真，千学万学学做真人"。真人是陶行知的培养目标，真人就是真善美的人，真人就是德智体和谐发展的人，真人就是智仁勇俱全的人。首先，陶行知的真人培养目标是针对传统教育培养"假人"的教育提出来的。陶行知写过一首《假人》诗，"世界如何坏？坏在假好人。口是而心非，虽人不是人"。这种假人到处骗人，而且处处得手，使得社会一片黑暗。因此，陶行知要培养真人。真人读书不是为了文凭，"宁可真白丁，不要假秀才"。真人读书不是为了分数，而是为了学到真本领。其次，陶行知的真人目标是针对传统教育为升学而读书，为做官而读书，为个人发财而读书提出来的。他要培养的真人是以改造社会、改造农村为己任，他能为中国农村、为农民的幸福鞠躬尽瘁，死而后已。真人从老百姓中来，最终又回到老百姓中去，为老百姓服务。真人不是人上人，而是人中人。真人具有为民族复兴而献身的牺牲精神。最后，陶行知的真人是针对传统教育中培养"少爷"、"小姐"式的学生提出来的。这些少爷、小姐手无缚鸡之力，饭来张口，衣来伸手，事事要人侍候。只会分利，不会生利。一生只会死读书，读死书，因此，他要培养的真人，要具备五种生活力，即科学的生活力，健康的生活力，劳动的生活力，艺术的生活力，改造社会的生活力。从陶行知创办的晓庄师范的培养目标来看，"真人"的标准就是三个条件："第一有农夫的身手；第二有科学的头脑；第三有改造社会的精神。"

（三）课程内容

教学内容直接关系到教育目的和培养目标。陶行知认为，中国传统的教育内容是以文字为中心，是以与生活脱离的无用知识为中心，不能真正培养人的生活能力。陶行知把清末兴学以来编写的教科书，同当时流行的教科书逐一比较后，发现一个惊人的事实："这事实便是三十年来，中国的教科书在枝节上虽有好些进步，但是在根本上是一点儿变化也没有。三十年前中国的教科书是以文字做中心，到现在中国的教科书还是以文字做中心。"所不同的是，以前一个字一个字地认，现在一句一句地认，以前用文言文，现在用白话文；以前所写的文字是根据忠君、尊孔、尚公、尚武、尚实的宗旨，现在所写的文字是根据三民主义宗旨。教科书的编法和意义毫无改变，都是"认字的书""读文的书"。以小学常识与初中自然教科书为例，这些教科书中不教人实验、不教人认识真正的大自然，也不教人创造，学生读完这些"科学的识字书"和"科学的论文书"以后，丝毫也没有驾驭自然界的力量，充其量变成一个"自然科学的书呆子"。"三民主义"的教材也一样，"它们教您识民权的字，不教您拿民权，教您读民主的书，不教您干民主的事"。至多可以培养出三民主义的书呆子。

在批判旧的课程理论基础上，陶行知提出了以培养学生"生活力"为目的的生活课程论，其主要思想在《教学做合一下之教科书》一文中，曾明确地表述过，生活教育理论对教科书的根本态度。他说："生活教育指示我们说：过什么生活用什么书。教学做合一指示我们说：做什么事用什么书。这两句话只是一句话的两样说法。我们对于书的根本态度是：书是一种工具，一种生活的工具，一种'做'的工具。工具是给人用的；书也是给人用的。我们对一本书的见面问是：您有什么用处（当然是广义的用处）？"陶行知认为，凡是对人们健康生活有帮助的书，都可以说是有用的书。看了一本书，能帮助我们把某件事做得更好是用，能使我们的生活过得丰富多彩也是用。总之，为了用的目的去看书、读书、讲书、听书都可以说是"用书"。因此，陶行知提出的生活课程论对书的根本要求是："我们要活的书，不要死的书；要真的书，不要假的书；要动的书，不要死的书；要用的书，不要读的书。总起来说，我们要以生活力中心的教学做指导，不要以文字为中心的教科书。"

陶行知对教学内容的具体要求是什么？他提出三条标准：第一，"看它有没有引导人动作的力量，看它有没有引导人干了一个动作又要干一个动作的力量"。也就是说教科书要有引导学生动手的力量，使儿童的手从仅仅起握笔的作用中解脱出来，成为"万能的手""开天辟地的手"。第二，"看它有没有引导思想的力量，看它有没有引导想了又想的力量。"一本好的教科书，要给儿童以启发、以思考、以创造的作用，从而达到举一反三，学以致用的目的。第三，"看它有没有引导人产生新价值的力量，看它有没有引导产生新益求新的新价值的力量"。

按照上述标准和总要求，陶行知提出了十分广泛，且又与生活密切联系的教学内容体系。大致分为五大类：第一类有关健康的教学内容。第二类有关劳动生活的教学内容。第三类有关科学生活的教学内容。第四类有关艺术生活的教学内容。第五类有关社会改造生活的教学内容。很显然，陶行知所要求的教学内容，不是应试的内容，不是升学的内容，而是社会生活所需要的内容。

（四）教学做合一

其一，"教学做合一"要求"在劳力上劳心"。陶行知认为在传统教育下劳力者与劳心者是割裂的，造成"田呆子"（劳力者）和"书呆子"（劳心者）两个极端，所以在中国"科学的种子长不出来"。为纠此偏，就必须①教劳心者劳力——教读书的人做工；②教劳力者劳心——教做工的人读书。"在劳力上劳心"是指"手脑双挥"，将传统教育下劳力和劳心的"两橛子"连接起来，"在劳力上劳心，是一切发明之母……人人在劳力上劳心，便可无废人"。

其二，"教学做合一"是因为"行是知之始"。陶行知批评传统教育历来把读书、听讲当成"知之始"，并以之为知识的唯一来源，习之既久，学生就"不肯行、不敢行、终于不能行，也就　无所知"。他认为，行（做）是知识的重要来源，也是创造的基础，身临其境，动手尝试，才有真知，才有创新。他形象地比喻说："行动是老子，知识是儿子，创造是孙子。"不仅个人如此，中国的教育也是如此，中国的教育也须从行动开始，而以创造为完成。

其三，"教学做合一"要求"有教先学"和"有学有教"。陶行知曾将"以教人者教己"作为晓庄师范学校的根本教育方法之一，要求教人者先将所教材料"弄得格外明白"，先做好学生。同时，教人者还要"为教而学"，即先明了所教对象为什么而学、要学什么、怎么学，"为教而学必须设身处地，努力使人明白；既要努力使人明白，自己便自然而然的格外明白了"。"有学有教"即"即知即传"，它要求，会者教人学，能者教人做。还要求，不可保守，不应迟疑，不能间断。

其四，"教学做合一"还是对注入式教学法的否定。陶行知指出，注入式的教学法是以教师的教、书本的教为中心的"教授法"，它完全不顾学生的学，不顾学生和社会生活的需要。根据生活教育的要求，"依据做学教合一原则，实地训练有特殊兴味才干的人，使他们可以按着学生能力需要，指导学生享受环境之所有，并应济环境之所需"。或者说，"教的法子根据学的法子，学的法子根据做的法则；事怎样做便怎样学，怎样学便怎样教"。教是服从于学的，而教、学又是服从于生活需要的。

（五）"社会即学校"

陶行知为什么主张"社会即学校"呢？陶行知认为："'在学校即社会'的主张下，学校里面的东西太少，不如反过来主张，'社会即学校'，教育的材料，教育的方法，教育的工具，教育的环境，都可以大大增加，学生先生也可以更多起来"。他说，"社会即学校"这一原则，要把教育从鸟笼里解放出来，而"学校即社会"就好像把一只活泼的小鸟从天空里捉来关在笼子里一样。

其次，所谓"社会即学校"是指"学校含有社会的意味"。陶行知主张传统学校必须改造，改造的依据是社会的需要。他提出的"社会即学校"就是指学校通过与社会生活相结合，一方面"运用社会的力量，使学校进步"，另一方面"动员学校的力量，帮助社会进步"，使学校真正成为社会生活必不可少的组成部分。杜威的"学校即社会"其实是一种"半开门"的改良主义主张，是把社会里的东西"拣选几样，缩小一下搬进学校里去"；"社会即学校"是拆除学校围墙，依据社会的需要、利用社会的力量、在社会中创建新型的学校，即把工场、农村与学校、社会打成一片的学校。只有这样的学校，才能"成为民主的温床，培养出人才的幼苗"，也才能产生改造社会的功用。

四、原著选编①

（一）教学做合一

教学做合一是本校的校训，我们学校的基础就是立在这五个字上，再也没有一件事比明了这五个字还重要了。说来倒很奇怪，我在本校从来没有演讲过这个题目，同志们也从没有一个人对这五个字发生过疑问，大家都好像

---

①　华中师范学院教育科学研究所编 . 陶行知全集 [M]. 长沙 : 湖南教育出版社 ,1985.

觉得这是我们晓庄的家常便饭，用不着多嘴饶舌了。可是我近来遇到了两件事，使我觉得同志中实在还有不明了校训的意义的。

一是看见一位教导员的教学做草案里面把活动分成三方面，叫做教的方面，学的方面，做的方面。这是教学做分家，不是教学做合一。二是看见一位同学在《乡教丛讯》上发表一篇关于晓庄小学的文章。在这篇文章里，他说："晓庄小学的课外作业就是农事教学做。"在教学做合一的学校的辞典里并没有"课外作业"。课外作业是生活与课程离婚的宣言，也就是教学做离婚的宣言。今年春天洪深先生创办电影演员养成所，招生广告有采用"教""学""做"办法字样，当时我一见这张广告，就觉得洪先生没有十分了解教学做合一。倘使他真正了解，他必定要写"教学做"办法，决不会写作"教""学""做"办法。

他的误解和我上述的两个误解是相类的。我接连受了两次刺激，觉得非彻底的、原原本本的和大家讨论明白，怕要闹出绝大的误解。思想上发生误解则实行上必定要引起矛盾。所以把这个题目来演讲一次是万不可少的。

我自回国以后，看见国内学校里先生只管教，学生只管受教的情形，就认定有改革之必要。这种情形以大学为最坏。导师叫做教授，大家以被称教授为荣。他的方法叫做教授法，他好像拿知识来赈济人的。我当时主张以教学来代替教授法，在南京高等师范学校校务会议席上辩论二小时，不能通过，我也因此不接受教育专修科主任名义。八年，应《时报·教育新思潮》主干蒋梦麟先生之征，撰《教学合一》一文，主张教的方法要根据学的方法。此时苏州师范学校首先赞成采用教学法。继而"五四"事起，南京高等师范同事无暇坚持，我就把全部课程中之教授法一律改为教学法。这是实现教学合一的起源，后来新学制（1922年北洋政府颁布的学制，又称壬戌学制。编者注）颁布，我进一步主张：事怎样做就怎样学，怎样学就怎样教；教的法子要根据学的法子，学的法子要根据做的法子。这是民国十一年的事，教学做合一的理论已经成立了，但是教学做合一之名尚未出现。前年在南开大学演讲时，我仍用教学合一之题，张伯苓先生拟改为学做合一，我于是豁然贯通，直称为教学做合一。去年我撰《中国师范教育建设论》时，即将教学做合一之原理作有系统之叙述。

我现在要把最近的思想组织起来作进一步之叙述。教学做是一件事，不是三件事。我们要在做上教，在做上学。在做上教的是先生；在做上学的是学生。从先生对学生的关系说：做便是教；从学生对先生的关系说：做便是学。先生拿做来教，乃是真教；学生拿做来学，方是实学。不在做上用功夫，教固不成为教，学也不成为学。

从广义的教育观点看，先生与学生并没有严格的分别。实际上，如果破除成见，六十岁的老翁可以跟六岁的儿童学好些事情。会的教人，不会的跟人学，是我们不知不觉中天天有的现象。因此教学做是合一的。因为一个活动对事说是做，对己说是学，对人说是教。比如种田这件事是要在田里做的，便须在田里学，在田里教。游泳也是如此，游水是在水里做的事，便须在水里学，在水里教。再进一步说，关于种稻的讲解，不是为讲解而讲解，乃是为种稻而讲解；关于种稻的看书，不是为看书而看书，乃是为种稻而看书；想把种稻教得好，要讲什么话就讲什么话，要看什么书就看什么书。我们不能说种稻是做，看书是学，讲解是教。为种稻而讲解，讲解也是做，为种稻而看书，看书也是做。这是种稻的教学做合一。一切生活的教学做都要如此，方为一贯。否则教自教，学自学，连做也不是真做了。所以做是学的中心，也就是教的中心。"做"既占如此重要的位置，宝山县立师范学校竟把教学做合一改为做学教合一，这是格外有意思的。

（二）生活即教育

今天我要讲的是"生活即教育"。中国从前有一个很流行的名词，我们也用得很多而且很熟的，就是"教育即生活"（Education of Life），教育即生活这句话，是从杜威先生那里来的，我们过去是常常用它，但是，从来没有问过这里边有什么用意。现在，我把它翻了半个筋斗，改为"生活即教育"。在这里，我们就要问："什么是生活？"有生命的东西，在一个环境里生生不已的就是生活。譬如一粒种子一样，它能在不见不闻的地方发芽、开花。从动的方面看起来，好像晓庄剧社在舞台演戏一样。"生活即教育"这个演讲，从前我已经讲了两套，现在重提我们的老套。

第一套就是：

是生活就是教育；

是好生活就是好教育，是坏生活就是坏教育；

是认真的生活，就是认真的教育，是马虎的生活。就是马虎的教育；

是合理的生活，就是合理的教育，是不合理的生活，就是不合理的教育；

不是生活就不是教育；

所谓之"生活"，未必是生活，就未必是教育。

第二套是第二次讲的时候包括进去的，是按着我们此地的五个目标加进去的，那是：

是康健的生活，就是康健的教育，是不康健的生活，就是不康健的教育；

是劳动的生活，就是劳动的教育，是不劳动的生活，就是不劳动的教育；

是科学的生活，就是科学的教育，是不科学的生活，就是不科学的教育；

是艺术的生活，就是艺术的教育，是不艺术的生活，就是不艺术的教育；

是改造社会的生活，就是改造社会的教育，是不改造社会的生活，就是不改造社会的教育。

近来，我们有一个主张，是每一个机关，每一个人在十九年度里都要有一个计划。这样，在十九年度里我们所过的生活，就是有计划的生活，也就是有计划的教育。于是，又加了这么一套：

是有计划的生活，就是有计划的教育，是没有计划的生活，就是没有计划的教育。

我今天所要说的，就是我们此地的教育，是生活教育，是供给人生需要的教育，不是作假的教育。人生需要什么，我们就教什么。人生需要面包，我们就得过面包生活，受面包的教育；人生需要恋爱，我们就得过恋爱生活，也受恋爱的教育。准此类推，照加上去：是那样的生活，就是那样的教育。

与"生活即教育"有连带关系的就是"社会即学校"。"学校即社会"也就是跟着"教育即生活"而来的，现在我也把它翻了半个筋斗，变成"社会即学校"。整个的社会活动，就是我们教育的范围，不消谈什么联络，而他的血脉是自然流通的。不要说"学校社会化"。譬如说现在要某人革命化，就是某人本来不革命的；假使某人本来是革命的，还要他"化"什么呢？讲"学校社会化"，也是犯同样的毛病。"学校即社会"，我们的学校就是社会，还要什么社会化呢？现在我还有一个比方：学校即社会，就好像把一只活泼泼的小鸟从天空里捉来关在笼里一样。它要以一个小的学校去把社会上所有的一切东西都吸收进来，所以容易弄假。社会即学校则不然，它是要把笼中的小鸟放到天空中，使他能任意翱翔，是要把学校的一切伸张到大自然里去。要先能做到"社会即学校"，然后才能讲"学校即社会"；要先能做到"生活即教育"，然后才能讲到"教育即生活"。要这样的学校才是学校，这样的教育才是教育。

杜威先生在美国为什么要主张教育即生活呢？我最近见到他的著作，他从俄国回来，他的主张又变了，已经不是教育即生活了。美国是一个资本主义的国家，他们是零零碎碎的实验，有好多教育家想达到的目的不能达到，想实现的不能实现。然而在俄国已经有人达到了，实现了。假使杜威先生是在晓庄，我想他也必主张"生活即教育"的。

杜威先生是没有到过晓庄来的，克伯屈先生是到过晓庄来的。克伯屈先生离了俄国而来中国，他说："离莫斯科不远的地方，有一个人名叫夏弗斯基的，他在那里办了一所学校，主张有许多与晓庄相同的地方。"我见了杜威先生的书，他说现在俄国的教育，很受这个地方的影响，很注重这个地方。他们也主张生活即教育，社会即学校。克伯屈先生问我们在文字上通过消息没有？我说没有。我又问他："夏弗斯基这个人是不是共产党？"他说不是。我又问他："他不是共产党，又怎么能在共产党政府之下办教育呢？"他说："因为他是要实现一种教育的理想，要想用教育的力量来解决民生问题，所以俄政府许可他试验，他在俄政府之下也能生存。"我又对他说："这一点倒又和我相合，我在国民党政府之下办教育，而我也不是一个国民党党员。"这是克伯屈先生参观晓庄后与我所谈的话。

现在我们这里的主张，终于已经到了实现的时期了，问题是在怎样实现。这一点可以分作三个时期：

第一个时期，是生活是生活，教育是教育，两者是分离而没有关系的。

第二个时期，是教育即生活，两者沟通了，而学校社会化的议论也产生了。

第三个时期，是生活即教育，就是社会即学校了。这一期也可以说是开倒车，而且一直开到最古时代去。因为太古的时代，社会就是学校，是无所谓社会自社会、学校自学校的。这一期，也就是教育进步到最高度的时期。

其次，要讲生活即教育与社会即学校，有几方面是要开仗的，而且是不痛快的，是很烦恼的，而与我们有极大的冲突的。

第一，在这个时期，是各种思潮在中国谋实现的时期，中国几千年来传统教育所支配的许多传统思想都要在此时期谋取得它的地位。第二，是外来的各种文化，如德国的文化中心的教育，英国的绅士的教育，美国的拜金教育。第三，是外国的都在中国倾销，从各国回来的留学生便是推销外国文化的买办。

现在先说中国遗留下来的旧文化与我们的生活即教育是有冲突的。中国从前的旧文化，是上了脚镣手铐的。分析起来，就是天理与人欲，以天理压迫人欲，做的事无论怎样，总要以天理为第一要件。它是以天理为一件事，人欲为一件事。人欲是不对的，是没有地位的。在生活即教育的原则之下，人欲是有地位的，我们不主张以天理来压迫人欲的。这里，我们还得与戴东原先生的哲学打一打通，他说，理不是欲外之理，不是高高地挂在天空的，欲并不是很坏的东西，而是要有条有理的。我们这里主张生活即教育，就是要用教育的力量，来达民之情，遂民之欲，把天理与人欲打成一片，并且要和戴东原先生的哲学联合起来。

与此有连带关系的就是"礼教"。现在有许多人唱"礼教吃人"的论调，的确，礼教吃的人，骨可以堆成一个泰山，血可以合成一个鄱阳湖。我们晓得，礼是什么？以前有人说，礼是养生的，那是与生活即教育相通的。这种礼，我们不惟不打倒，并且表示欢迎。假若是害生之礼，那就是要把人加上脚镣手铐，那是与我们有冲突的，我们非打倒不可。因为生活即教育是要解放人类的。

再次，中国从前有一个很不好的观念，就是看不起小孩子。把小孩子看成小大人，以为大人能做的事小孩也能做，所以五六岁的小孩，就要他读《大学》《中庸》。换句话说，就是小孩子没有地位。我们主张生活即教育，要是儿童的生活才是儿童的教育，要从成人的残酷里把儿童解放出来。

还有一点要补充进去的，就是书本教育。从前的书本教育，就是以书本为教育，学生只是读书，教师只是教书。在生活即教育的原则之下，书是有地位的，过什么生活就用什么书。书不过是一种工具罢了。书是不可以死读的，但是不能不用。从前有许多像这样的东西，非推翻不可的，否则不能实现生活即教育。

现在外国传进来的思潮，也有许多与我们是冲突的。以文化做一个例吧，以文化做中心的教育，它的结果是造成洋八股。文化是人类创造出来的，固然是非常的宝贵，但它也不过是一种工具而已，不能拿做我们教育的中心。人为什么要用文化？是要满足我们人生的欲望，满足我们生活的需要。电灯是文化，我们用了它，可以把一切看得更明白。无线电是文化，我们用了它，可以更便利。千里镜是文化，我们用了它，可以钻进土星、木星里去。……所以文化是生活的工具，它是有它的地位的。我们不惟不反对，而且表示欢迎。欢迎它来做什么呢？就是满足我们生活的需要。有些人把它弄错了，认它做一种送人的礼物，这是不对的。文化要以参加做基础，有了这参加的最低限度的基础，才能了解，才能加上去。生活即教育与文化为中心的教育不同，就是如此。

还有训育与生活即教育的理论怎么样？生活即教育与训育把训与教分家的关系怎么样？生活即教育与社会即学校如何实现？小学里如何把它实现出来？假使诸位以为是行得通的，最好是每一个人拟一个方案来交我，哪一部分可以实现，我们就拿那个地方当一个社会实现出来。

现在我举一个例说：去年因为天干，和平学园因为急于要水吃，就开了一个井。井是学校开的，但是献给全村公用，不久就发现了两大问题：

（一）每天出水二百担，不敷全村之用。于是大家都起早取水，后到的取不到水。明天又比别人早，甚至于一夜到天亮，都有取夜水的。到天亮时，井里的水已将干了。群聚在井边候水，一勺一勺的取，费尽了力气才打出一桶水。

（二）大家围着取水，争先恐后，有时甚至用武力解决。

这种现象，假使是学校即社会，就可以用学校的权力来解决，由学校出个命令，叫大家照着执行。社会即学校的办法就不然，他觉得这是与全村人的生活有关系的，要全村的人来设法解决，于是就开了一个村民大会，一共到了六七十个人，共同来做一个吃水问题的教学做。到会的人，有老太婆，也有十二三岁的小孩子，公推了一位十几岁的小学生做主席。我和许多师范生，就组织了一个诸葛亮团，插在群众当中，保护这位阿斗皇帝。老太婆说的话顶多，但同时有许多人说话，大家听不清楚，而阿斗皇帝又对付不过来。这回，诸葛亮用得着了，他就起来指导。结果，共同议决了几件事：

（1）水井每天休息十小时，下午七时至上午五时不许取水。违者罚洋一元，充修井之用。

（2）每天取水，先到先取，后到后取。违者罚小洋六角，充修井之用。

（3）公推刘君世厚为监察员，负执行处分之责。

（4）公推雷老先生为开井委员长，筹款加开一井，茶馆、豆腐店应多出款，富户劝其多出，于最短期内，由村民团结的力量，将井开成。

这几个议案是由村民大会通过的。这就是社会即学校的办法。由此，我有几个感触：

（一）民众运动，要以对于民众有切身关系的问题为中心，否则不能召集。

（二）社会运动，非以社会即学校，则不能彻底实行。而社会即学校，是有实现的可能的。

（三）不要以为老太婆、小孩不可训练，只要有法子，只要能从他们迫切的问题着手。

（四）公众的力量比学校发生的大，假使由学校发命令解决，则社会上了解的人少，而且感情将由此分离。

（五）民众没有指导是不行的，和平门饮水问题，倘无相当指导，可以再过四五十年也不会解决。

（六）做民众运动是要陪着民众干，不是替民众干。要想培养中华国民，非此不可。

这就是以小学所在地做学校的一个例，其余的例很多，不必多举。社会即学校要如何的实现，请大家一样一样的做个方案，二次开会的时候再谈。

这是证明"生活即教育"与"社会即学校"是相连的，是一个学理。

关于"生活即教育"，我现在再来补充一套。我们是现代的人，要过现代的生活，就是要受现代的教育。不要过从前的生活。也不要过未来的生活。若是过从前的生活，就是落伍；若要过未来的生活，就要与人群隔离。以前有一部书叫《明日之学校》，大家以为很时髦的，讲得很熟的。我希望乡村教师，要办今日之学校，不要办明日之学校。办今日之学校，使小学生过今日之生活，受今日之教育。

（三）创造的教育

什么是创造的教育？先说明"创造"两个字的意义。我举两个例子来说吧。鲁滨孙漂流到荒岛上去，口渴了，白天他走到海边用手去捧水喝，到黑夜里就没有办法了。他偶尔在灶的旁边，看见经火烧过的泥土，硬得如石子一样。他想到软的土经火烧了，就成坚固且硬的东西，于是他把土做成三个瓶子，放入火中去烧，烧碎了一个，其余的两个可以满满地盛着水。于是他口渴的问题完全解决了。我们把这件事分析起来，可以发现三点：他把手捧水喝，到黑夜发生了困难，是他的行动；发现泥土经过火烧变成坚固且硬的东西，也是他的行动；把泥土塑成了瓶，希望同烧过的土一样坚固，是他的思想。结果，他瓶子盛水的计划成功了，是新价值的产生。由行动而发生思想，由思想产生新价值，这就是创造的过程。这个例子是"物质的创造"。再如《红楼梦》上刘姥姥游大观园，贾母请客，后来唤了二只船来，贾母同媳妇人等在前船先行，宝玉同姊妹们在后船后行。河内杂满着破残荷叶，宝玉的船划不快，追不上前船。宝玉心里非常忿怒，马上要铲光破荷叶。薛宝钗说："现在仆人们很忙碌，等他们空了，再叫他们铲除吧！"林黛玉说："我平生最不喜欢李义山的诗，只有一句还可以。"宝玉问她究竟是哪一句呢？黛玉说，"留得残荷听雨声"一句。宝玉一想，觉得破荷叶很有用处，就不再要铲荷叶了。这个例子中，船行到荷叶中去，是行动；破荷叶妨碍行船，是行动；林黛玉提出李义山的诗句，是思想；宝玉心中厌恶的破荷叶，一变而为可爱的天然乐器，是产生了新的价值。这种新观念的成立，是"心理的创造"。

我现在再讲行动，关于教育上的行动。中国现在的教育是关门来干的，只有思想，没行动的。教员们教死书，死教书，教书死；学生们读死书，死读书，读书死。所以那种教育是死的教育，不是行动的教育。我们知道王阳明先生是提倡"知行合一"说的，他说"知是行之始，行是知之成"。他的意思是先要脑袋里装满了学问，方才可以行动。所以大家都认为学校是求知的地方，社会是行动的地方，好像学校与社会是漠不相关的，以致造成一班只知而不行的书呆子。所以阳明先生的二句话，很可以代表中国数千年的传统教育的思想。现在我要把他的话翻半个筋斗。如果翻一个筋斗，岂非仍是还原吗，所以叫他翻半个筋斗，就是说："行是知之始，知是行之成"。例如爱迪生发明电灯，不是从前的人告诉他的，是玩把戏而偶然发现的。小孩子不敢碰洋灯泡，是他弄火烫痛的经验；至于妈妈告诉他火是烫人的，不过使小孩格外清楚一些。所以要有知识，是要从行动中去求来，不行动而求到的知识，是靠不住的。有人告诉你这是白的，那是黑的，你不行动，就不能知道哪个是真，哪个是假。有行动的勇敢，才有真知识的收获。书本子的东西，不过告诉你别人得来的知识。有许多人著书，东抄西袭，这种抄袭成章的知识不是自己知识的贡献。你能行动，行动才生困难，想法解决了困难，才是真知识的获得。我现在介绍杜威先生思想的反省中的五个步骤：（一）感觉困难；（二）审查困难所在；（三）设法去解决；（四）择一去尝试；（五）屡试屡验，得出结论。我的意思，要在"感觉困难"上边添一步："行动"。因为惟其行动，到行不通的时候，方才觉得困难，困难而求解决，于是有新价值的产生。所以我说行动是老子，思想是儿子，创造是孙子。你要有孙子，非先有老子、儿子不可，这是一贯下来的。但是我们知道，单独的行动，也是不能创造的，如中国农夫耕种的方法，几千年来，间有小小的改良外，其余的都是墨守成规，毫无创造。还有许多书呆子，书尽管读得多，也不能创造。所以要创造，非你在用脑的时候，同时用手去实验；用手的时候，同时用脑去想不可。手和脑在一块儿干，是创造教育的开始；手脑双全，是创造教育的目的。孟子说："劳心者治人，劳力者治于人。"这是孟子当时的教育思想。时至今日，这种传统的思想已经起了一个极大的地震，渐渐地在那里崩溃了。我最近读了许多世界有名科学家的传记，觉得有发明的人，都是以头脑指挥他的行动，以行动的经验来充实他的头脑。中国的所谓学者，他们擅长的是高谈阔论，作空文章；而做劳工的人，又不读书，不肯用脑。所以一辈子在这种传统习俗下过生活，大科学家、大发明家哪里会产生？现在我们知道了，劳工教育啦，平民教育啦，都是时见时闻的。但是情势一变，"反动""嫌疑"等等名目都加上来，你就陷于四面碰壁的绝境。有许多教育界很有声望的、无阻无碍的人，他们又不愿去干，以致这种教育至今还尚在萌芽时代。

行动的教育，要从小的时候就干起。要解放小孩子的自由，让他做有意思的活动，开展他们的天才。至于我们这一辈，从小是受传统教育的熏陶，到现在觉悟起来，成为一个半路出家的和尚。和尚是半路出家，他往往会想起他的家来。例如不抽鸦片的人，一见鸦片就生厌恶，但抽过鸦片的人，虽然戒了，至少对它有相当的感情。我们小的时候，有天赋的行动本能，不过一切工作都被仆人们代做去了，被慈善的妈妈代做去了。稍长一些，我们到小学校去读书，有阎罗王般的教师坐在上面，不许我们动一动。中学和大学的课程是呆呆地钉死在那里，你要动亦不得动。到现在始费尽九牛二虎之力，挣扎着改变久受束缚的人生，还不能回复自然的行动本能。但是我们不要灰心，时机也并不算晚，富兰克林四十几岁才发明了电呢！行动的教育，应当从小就要干起，因为小孩子还没有斫丧他行动的本能，小小的孩子，就是将来小小的科学家。假使我们给小孩子自由行动，我相信千百孩子之中，一定有一个小孩是天才，是一个创造者、发明者。爱迪生小时候，是个很喜欢行动的小孩子。当时美国的教育，也同中国一样，小学教员是禁止小孩子活动的。爱迪生违反了教师的训条，就蒙到"坏蛋"的声名，不到三个月，爱迪生被"坏蛋"的空气逼走了。爱迪生的母亲不服气，她以为她的儿子并不是"坏蛋"，"蛋"并没有"坏"，她就教他先在地窖里研究化学，后来研究物理，结果成了一个闻名的科学家。所以爱迪生的成功，幸而有他的妈妈，否则老早就把他的天才牺牲了。牛顿生下来的时候，小到像小老鼠一只，体重只有三磅。看护妇去请医生的时候，很不高兴地说："这样小老鼠一般大的东西，等到医生来，早已一命归天了。"岂料小老鼠一般的东西，就是以后闻名的科学家，还活到八十多岁呢。据说牛顿小的时候，并不聪明。可见小孩子的时代，很难看得出哪一个是天才的儿童。

四月四号是世界儿童节，中华慈幼协会请我编了四支儿童歌：

（一）小盘古

我是小盘古，

我不怕吃苦。

我要开辟新天地，

看我手中双斧。

（二）小孙文

我是小孙文，

我有革命精神。

我要打倒帝国主义，

像个球儿打滚。

（三）小牛顿

我是小牛顿，

让人说我笨。

我要用我的头脑，

向大自然追问。

（四）小工人

我是小工人，

我有双手万能。

我要造富的社会，

不造富的个人。

　　我们要打倒传统的教育，同时要提倡创造的教育。他的办法是怎样呢？我们知道，传统的教育，他们一个教室容纳四五十人，试问教师的力量有多么大，能够完全去推动全级学生？所以就发生了教育方法上的错误。我们现在的办法是教师教大徒弟，大徒弟再去教小徒弟，先生在上了几堂课以后，鉴别了几个较有天才、聪明的大徒弟。以后教师就专门去教大徒弟，所以他的精神容易去推动他们，学问也容易灌输到他们头脑中去。大徒弟再把他所得到的，分别去教那些小徒弟。学生们很活动的去找寻知识，解释困难，贡献他所求得的知识，先生不过站在旁边的地位略加指点而已。我们认为这种教育，是行动的教育。有行动才能得到知识．有知识才能创造，有创造才有热烈的兴趣。所以我们主张"行动"是中国教育的开始，"创造"是中国教育的完成。我曾经参观过一个学校，这个学校是小孩子办的。我问他们说："你们是大小孩子教小小孩子吗？"有一个小孩子回答说："是的，不过有许多时候小小孩子也教大小孩子呢。"我说："你的话是对的，是真理，比我的意见更进一层。"现在中国传统教育下的知识阶级，根本就看不起小孩子，看不起农人、工人。但是试问他们的力量有多么大？倭奴侵占我们的东三省，你有力量赶走他吗？不可能！我们要启发小孩子，启发农人、工人，运用大多数人的力量，才能够去创造，才能救国雪耻。我来举一个例子，证明农人的力量并不弱。从前我办一个学校，在校的旁边凿了一口井，专门供给学校用水的。有一年大旱，乡村中旁的井水都汲干了，所以乡民都集中到校旁井内来汲。后来这口井也枯竭了，于是我们校里，因为水的恐慌开了一个会。当时有人主张，把井收回自用。我不以为然。我说："我们的学校，是以社会作学校的，不应该把社会圈出于学校之外。假如这样，我们将来推广农事和民众教育就不容易办了。用水既是大众的事，还不如请大众共同来解决。"于是请各村庄每家派一个代表，男的、女的、小孩子在十三岁以上的都可以，没有多少时候，礼堂里已挤满了代表。我们教员们，自觉居于孔明的地位，三个臭皮匠合做一个诸葛亮的地位，所以黄龙宝座的主席，推了一个十三岁的小孩子。我们略略讲了几条会场规则之后，就正式开会。那一天的会，非常精彩，有力量，当时发言最多且最好者，要推老太婆！好！我们来听有一个老太婆的宏论。她说人是要睡觉的，井也是要睡觉呢；井不让它睡觉，一辈子就没有水吃。所以当时一致议决井要睡觉。自下午七时起至翌晨五时止，不得唤醒井，违者罚大洋一元，做修井之用。当这个老太婆发言未完，另有一个老太婆，也想立起来发言，就有第三个老太婆牵牵她的衣襟，制止她的发言，说："不是方才先生说过的吗？"你想他们非但能够自治，而且还能管理他人，所以当时会场发言的人非常多，秩序还是一丝不乱的。他们讨论了好久，还制成几条议案：第二条就是汲水的程序，先到者先汲，后到者后汲，违者罚大洋五角，做修井之用；第三条就是再开凿一井，把太平天国时留下淤塞的废井加以开凿，经费富者多捐，贫者少捐，茶店、豆腐店也多捐一些；其四，推举奉天刘君世厚为监察委员，掌理罚款，调解纠纷。结果，一个大钱都没有罚到，因为这是出于农人自动的议决，所以大家能遵守。你看农人的力量是多么大，他们的话多么的公正和有效，这种问题来的时候，岂是少数人所能干得了的？不过他们的旁边，还是需有孔明在那里指示，否则恐怕到如今，井还没有开凿成功。所以创造的教育应该启发农人、工人、学生……使他们得真的知识，才是真的创造。

其次我要讲的，现在中国的教育组织，是不能创造的，我们可以分两种来说：第一种是，学校是学校，社会是社会。他们认为学校是求知的地方，社会是行动的地方；他们说读书不忘救国，救国不忘读书。日本人的炮弹已经飞到他们面前，还是子曰子曰读他的书，这种教育是亡了中国还不够的。第二种，他们已经觉得学校是离不开社会的，所以他们主张"学校社会化"。他们想把社会的一切，都请到学校里来，所以学校里什么都有：公安局啦，卫生局啦，市政厅啦，什么都有。但是他们所做的与社会依旧是隔膜的。况且学校有多么大，能够包罗万象？他们的学校好像大的鸟笼，把鸟儿捉到笼里来养；又好像一只大缸，把鱼儿捉到缸里来养。结果鸟儿过不来鸟笼的生活，死了；鱼儿过不来鱼缸的生活，死了。所以这种似是而非的教育是不自然的、虚伪的和无力量的，也不是创造的教育。创造的教育是怎样呢？就是"以社会为学校"、"学校和社会打成一片"，彼此之间，很难识别的。社会含有学校的意味，学校含有社会的意味。我们要把学校的围墙拆去，那么才可与社会沟通。这种围墙不是真围墙，是各人心中的心墙。各人把他的感情、态度从以前传统教育那边改变过来，解放起来。实则这种教育，只要有决心去干，是很容易办到的。例如大夏大学的附近有许多村庄，庄上的人，都是散漫的，无教育的。假使我们把学校与村庄沟通，大学生都负责去创造新村，村上的人，都接受到知识，形成活泼的有力量有生命的村庄，再把全中国所有的村庄联合起来，构成一个有大生命的中国，民众的力量可以集中，国难也可共赴。这样做去，要普及教育，一年就可以成功。我们自近而后远，先小而后大，着手办去，把小孩子、农人、工人都培养起来，这才是创造教育的目的。中国现在的教育不是平等发展的，是畸形发展的，一方面有博士、硕士，一方面有一大群无知识的民众，迟滞的表示不出多大贡献。

现在我再要讲，创造的教育是以生活为教育，就是生活中才可求到教育。教育是从生活中得来的，虽然书也是求知之一种工具，但生活中随处是工具，都是教育。况且一个人有整个的生活，才可得整个的教育。举个例来说吧，有一个儿子，他是喜欢赌博的，他的母亲训斥他。不过他的母亲却悄悄地到邻舍去赌博了，他在窗内看见他的母亲赌博，于是也到别处去赌博了。这个孩子过的是赌博生活，受的是赌博教育，不期而然而成赌博的人生。某学校反对我"生活即教育"的主张，我去参观他们学校，适逢吃饭的时候。他们的饭菜是有等级的，厨子巴结先生，先生的菜特别好，学生的菜，简直坏之不堪。他们请我在先生一桌吃饭，我愿意同学生一块儿吃。学生的饭菜坏到怎样呢？他们名为一碗肉，肉仅在碗面上有几小块，学生在未下箸的时候，目光炯炯地早已看准那最大的一块，一下箸，一碗饭还没有吃完，而菜已吃得精光了。这种饕餮的状态，无形中在饭堂里更造成了许多小军阀。这个学校，是不把吃饭问题归入教育范围之内的。有许多学校对于男女学生的恋爱，他们是讳莫如深，但恋爱问题往往闹遍在学校里。现在生活的教育是怎样呢？我们知道恋爱、吃饭等问题都是非常重要的，所以，恋爱先生我怕你，请你进来；吃饭先生我怕你，请你进来，我们一块儿干吧！我们的教育非但要教，并且要学要做。教而不学，学而不做，叫做"忘三"。我们要能够做，做的最高境界就是创造。我们要能够学，学从生活中去学，只知学而不知做，就不是真的学。我们要能够教，教要教得其所，要有整个的教育，平等的行动的教育，不要像现在畸形的教育。有人说我的创造教育，不成其为学校，我做了一首诗："谁说非学校，就算非学校。依样画葫芦，简直太无聊。"

第十二章　陈鹤琴与《家庭教育》

一、作者简介

陈鹤琴（1892—1982 年），浙江上虞县人，中国近代学前儿童教育理论和实践的开创者，他一生致力于从中国国情出发，学习和引进西方教育思想和方法，建设有民族特色的中国现代儿童教育，被誉为中国"学前教育之父"。

陈鹤琴出身于一个没落商人家庭。自幼丧父，即知勤奋自勉，且聪明颖悟。八岁入塾读书，十四岁入杭州教会学校，开始接受新式教育。中学毕业后，1911 年春先入上海圣约翰大学，秋考入北京清华学堂高等科。

1914 年夏，陈鹤琴从清华毕业，获取留美奖学金。同船赴美的还有以后和他交情甚深的陶行知。在船上，陈鹤琴经历了学教育—学医学—学教育的思想反复。在美国，先入霍普金斯大学，得文学士学位。后入哥伦比亚大学师范学院，就学于克伯屈、桑戴克等。1918 年获教育学硕士学位，并转攻心理学博士。适逢南京高等师范学校赴美物色教师，遂应邀返国。

1919 年 9 月，陈鹤琴始任教南京高师，授教育学、心理学和儿童心理学。之后的 8 年里，是他奠定事业基础和形成教育思想的时期。其间，他投身教育改革，译介西方新理论、新方法，并通过对长子陈一鸣的追踪研究，力行观察、实验方法，探索中国儿童心理发展及教育规律；同时创办了中国第一所实验幼稚园——鼓楼幼稚园，进行中国化、科学化的幼儿园实验，总结并形成了系统的、有民族特色的学前教育思想。

1927 年 6 月起，陈鹤琴先后任南京教育局第二科科长，负责小学教育和上海工部局华人教育处处长。

20 世纪 30 年代末，陈鹤琴提出教师如何"教活书，活教书，教书活"，学生如何"读活书，活读书，读书活"，在总结自己以往教育实践和思想的基础上，明确提出"活教育"主张。1940 年春，陈鹤琴应江西省政府主席之邀，来到江西泰和，筹建省立实验幼稚师范学校，并附设小学和幼稚园，以及校办农场，开展"活教育"实验；1941 年 1 月创办《活教育》杂志，标志着有全国影响的"活教育"理论的形成和"活教育"运动的开始。1942 年年初，幼师附设婴儿园。1943 年春，幼师改为国立幼稚师范学校，并增设专科部。"活教育"实验已形成包括专科部、幼师部、小学部、幼稚园、婴儿园五个部门的幼儿教育体系，并在教育目标、教学原则与方法、德育原则、课程与教学大纲等方面进行了改革，造就了一所有崭新气象的新型学校。

1945 年秋，陈鹤琴被任命为上海市教育局督导处主任督学，他获准将幼师专科部改为国立幼稚师范专科学校迁来上海。年底，又创办上海市立幼稚师范学校，后改为上海市立女子师范学校并附设附小、附幼。他兼任幼专、幼师两校校长，继续他的"活教育"实验。

1950 年 10 月，《人民教育》发表署名文章《杜威批判引论》，吹响了在中国教育领域全面清算以杜威为代表的"资产阶级反动思想"的号角。1951 年春天，在批判《武训传》中，陶行知教育思想受到批判，陈鹤琴及其"活教育"被错误批判。1958 年 5 月，在南师开展的"批判资产阶级个人主义"的"拔白旗"运动中受到批判，年底黯然离开校长岗位。直到十一届三中全会后，才有机会"顾问"中国儿童教育，仅"顾问"三年便跨鹤而去。

二、成书背景

1920 年 12 月 26 日凌晨，二十九岁的年轻教授陈鹤琴初为人父，望着自己的"杰作"，初为人父的陈鹤琴来不及兴奋，他拿着照相机，镜头对着褓褓中已经熟睡的婴儿连连拍照，然后用钢笔在本子上记录下婴儿从出生时起的每一个反应……陈鹤琴对自己儿子成长发育过程作了长达 808 天的连续观察，并用文字和拍照详细记录下来。他天天给儿子洗澡。他的实验室就是他的家；他的妻子和母亲是他的两位最得力助手；他的儿子则是他的工作"对象""成果"与实验中心。

他将观察、实验结果分类记载，文字和照片积累了十余本。他将自己的观察、记录与研究心得编成讲义，在课堂上开设儿童心理学课程。有时，他还会将儿子抱来课堂做示范。经过三年的观察和实验，在积累了大量材料的基础上，陈鹤琴以自己的大儿子陈一鸣为例阐释孩子的身体、动作、心理性格和语言等方面的发展规律，写成了《家庭教育》和《儿童心理学之研究》。正如陶行知为此书所做的宣传所说，"一鸣就是这本书之中心人物，你们把这本书从头到尾读一遍，就觉得他是无可怀疑的。100 多条举例当中在一鸣那儿来的就占了 73 条之多，其余的是实质可算作陪客。陈先生得了这个实验的中心，于是可以把别人的学说在一鸣身上印证，自己的学说在一鸣身上归纳"。

三、原著概要

《家庭教育》出版于 1925 年，是中国现代家庭教育的奠基之作，也是迄今为止的巅峰之作。《家庭教育》分 13 章，立家庭教育原则 101 条。从儿童的心理；学习的性质和原则；普通教导法；卫生习惯；游戏与玩物；游戏就是工作，工作就是游戏；小孩子为什么怕和哭；做父母的要以身作则；小孩子怎样学习待人接物的；怎样责罚小孩子；怎样使小孩子的经验格外充分些和为儿童创造良好的环境十三个方面探讨了生命成长的历程；父母的职责及儿童的养育。陈老先生还在这本书中附录了他五次论述"怎样做父母"这个问题，应该说书中包含了很多的精辟见解和陈老先生育子的实践经验。该书出版的时候，陶行之为他作了"近今最有价值的专著""愿天下父母共读之"的序。

在这本书里，小孩子从醒到睡，从笑到哭，从吃到撒，从健康到生病，从待人到接物的种种问题，都得了很充分的讨论。书中的核心观点，是在家庭教育中父母要认识和尊重儿童生理和心理发展的规律，倡导"游戏式教育法"。作者认为，"小孩子是生来好动、以游戏为生命的"，因此，做父母的应遵循这一规律，"游戏就是学习，学习就是游戏"。

四、教育思想解读

陈鹤琴的家庭教育思想是建立在儿童心理学基础上，把了解儿童和研究儿童作为实施儿童教育的前提和基础，包括对儿童的喜怒哀乐、儿童的知识与思想、儿童的环境及由出生到成熟整个成长过程中所产生的一切变化和现象。他在《家庭教育》中，将儿童心理归纳为七个方面：好奇、好动、好游戏、好模仿、喜欢成功、喜欢野（户）外生活、喜欢合群和喜欢称赞等。

（一）教育目的

他继承了中国传统的"以品学为目的"的家庭教育观，注重从小教会孩子学会做人、做好人、做一个服务于社会的人，这是传统教育的精华。同时，他也针对当时中国现实中存在外国化和宗教化等教育倾向，提倡办一种中国化、平民化的教育，即"活教育"中要求"学会做人、做中国人、做现代中国人"的教育目的观在家庭教育中的具体表现，将之与传统教育中退让、保守和明哲保身等区别开来，结合中国现代社会发展对人的要求，提出"做父母的应当教训小孩子爱人"，从最初接触的人际环境——家庭入手，培养幼儿的同情心和利他精神，"一个人最不好的脾气就是'利己心'太重。无论做什么事，往往以我为中心。凡有利于我者，没有不高兴去干的；无利于我者，都不愿意去做，那么到了后来，'上下交争利，而国危矣'"。从正反两方面说明，同情行为在家庭里和社会上都是非常重要的美德，而且"小孩子今日能爱人，他年就能爱国了"，符合幼儿心理发展由近及远、由具体到抽象的特点。同时，要求幼儿合作、勇敢和服务社会的精神仍是今天的教育任务。

（二）教育内容

陈鹤琴继承了中国传统教育中培养幼儿良好行为习惯和礼貌举止等精华，增加了体育这一内容，符合幼儿身心发展规律。要求在家庭日常生活中渗透美育，作为人格陶冶的重要内容，符合现代家庭教育的发展趋势，以培养体、智、德、美和谐发展的现代中国人。

1. 体育

陈鹤琴强调体育对良好生活卫生习惯养成的促进作用。认为"强健的身体是小孩子幸福的根源，若身体不健全，小孩子固然终身受其累，而做父母的也要受无穷的痛苦"。而强健的身体是与良好的生活习惯分不开的，这就要求从吃、喝、拉、撒、睡及相应的设备等方面入手，通过日常生活的各个方面进行良好习惯的培养。例如，要求小孩子应当天天刷牙；未穿衣、洗脸刷牙前，不宜吃东西；吃东西前后必须洗手；便溺有固定的场所，形成排便的规律等。这些卫生习惯在幼儿期形成动作定型之后，将直接影响个体终身的健康。尤其是强调应从小训练小孩子独立睡觉等习惯，有利于幼儿独立性的发展和身心健康。提出在幼儿初学吃饭时应有适宜的盘和匙，在我们今天的家庭生活中常被忽略，看似烦琐，但它符合幼儿动作发展的特点。幼儿的精细动作未发展起来，动作不准确，用宽大的盘可以避免乱撒饭菜；同时，也可以使幼儿养成爱卫生和爱惜粮食等良好习惯。强调饭前不给幼儿乱吃零食，这不仅有利于幼儿专心进餐，而且有利于幼儿逐渐学会节制和有纪律观念；但在今天的家庭教育中，家长常无意识地满足幼儿这些不合理的要求，导致幼儿进食难和正常的饮食规律被扰乱，不利于幼儿身体健康。要求母亲或保姆不可终日将婴儿抱在怀里，认为这违反儿童好动的天性，而且睡眠质量不高，不利于动作发展和身体健康。但今天由于过分强调母子间的亲情和对婴幼儿的爱抚，而忽略了婴儿具有自己运动的能力这一客观事实。这些都已引起 20 世纪 90 年代的家庭教育理论从极端的实例中进行反思。

2. 德育

注重儿童的情绪发展和学会初步的待人接物。要求成人为小孩创设活泼、轻松、愉快、有秩序的家庭氛围。从婴幼儿最初的情绪——"哭"入手，对之进行观察并推断其原因（饥饿、疲倦、生病等），使之得到相应的照顾；但到了幼儿期，则必须对幼儿的"哭"进行控制，尤其是以其来要挟父母时，父母必须绝对拒绝其不合理欲求，以防幼儿养成不良习惯，渐向积极的情感方向引导。对最常见的小孩偷吃食物之事，陈鹤琴反对父母因此乱藏食物，要求父母探究幼儿行为的根源，并将食物放在小孩知道的食柜，讲明食物是大家的，培养其自尊自爱和对成人的信赖感，以免造成幼儿的逆反心理，最终导致严厉的训斥与羞耻心成了负效应的不良后果。另外，他要求父母责罚小孩对事不对人，不能伤害儿童的自尊，讲明责罚的理由，尤其反对父母将个人的不良情绪迁移到儿童身上和凭成人的喜怒去责罚小孩，这都值得今天的家庭教育借鉴。

幼儿的初步待人接物是从家庭开始的，教育小孩要考虑别人的安宁，对长者有礼貌，给予幼儿对病人表示同情的机会，并帮助幼儿用具体的行为传递对他人的关爱。要求从最初用个人感情刺激小孩做事的动机，到逐渐能顾及公共祸福，培养其牺牲精神和救世济民的意愿，符合幼儿道德发展的规律。另外，他告诫父母应减少孩子的惊慌和哭泣，不要用雷电、黑暗、大声训斥等恐吓孩子，要及时缓解和解除孩子的痛苦和精神上的压抑；反对父母对孩子的溺爱和放任，认为赏罚分明和严格要求正是克服任性和依赖的有效良方。

3. 智育

注重丰富幼儿的经验。要求父母应多带孩子到外面去看看，并认为家庭应是艺术的、游戏的和阅读的环境，在家中饲养小动物和给予幼儿浇花、玩沙和玩水的机会，通过幼儿与物、与自然界相互作用，满足幼儿的探究心和好奇心，获得对自然和事物的感性经验，对动物具同情心，了解动物的生理特征和植物的初步特性。而这些最初的经验对幼儿的一生具有重要的作用，能影响其智力的发展；在剪纸、填图、绘画、音乐中培养幼儿的动手能力，发展其想象力和创造性，潜移默化地对幼儿进行美的陶冶，使其自己能够想和做，具有独创精神。

总之，其家庭教育内容非常注重培养幼儿的良好生活卫生习惯及良好的情感，给予幼儿充分活动的机会，培养其具有独立性、合作性、同情心和责任感较强的现代人格特征。同时，其家庭教育任务与幼稚园教育目标是一致的，即引导儿童在做人、身体、智力、情绪等方面都得到良好的发展。做人方面——培养儿童具有合作服务的精神和同情心及诚实、礼貌等品质。身体方面——主要是训练儿童养成各种达到强健体格的习惯。在智力方面——主要应以丰富幼儿的直接经验为主，应有让儿童充分接触自然界和社会的机会，并利用幼儿的好问引导其对日常事物的探究。在情绪方面尤应克服儿童发脾气、惧怕等不良性格，应注意养成幼儿乐于欣赏、快乐等积极情绪。这反映了陈鹤琴的教育思想始终贯穿让幼儿"学会做人、做中国人和做现代中国人"这一教育目的观。

（三）家庭教育原则

首先，应重视家庭教育的科学依据。20世纪70年代末，陈鹤琴建议"要重视幼儿家庭教育的科学实验，对幼儿的家庭教育应作为一门科学来研究和推广。"并认为家长更应懂得教育的基本规律和了解、掌握幼儿的身心特点，这是进行家庭教育的前提条件。他说："栽花的人，先要懂得栽花的方法，花才能栽得好；养蜂的人，先要懂得养蜂的方法，蜂才能养得好；育蚕的人，先要懂得育蚕的方法，蚕才能育得好……难道养小孩，不懂得方法，可以养得好吗？"这反映了陈鹤琴坚持科学育儿的家庭教育总则。

他认为是否了解儿童心理特点，关系到家庭教育的效果。针对幼儿"撒谎"这件事，他提出了符合科学的观点。这是由于幼儿本身害怕受到讥笑、怕被剥夺心爱的东西和希望获得称赞和表扬所致。另外，则由于儿童思维的局限性，常将现实与幻想、梦境和醒境相互交织，以及儿童语言表达和对词汇的理解欠准确所致，被成人误认为撒谎，这就要求家长必须探究儿童行为的动因。

其次，他非常强调积极的暗示和诱导。根据幼儿好模仿和易受暗示的心理特点，要求父母创设一个积极向上的环境氛围，对幼儿进行正确的诱导。而且，父母的言行举止对幼儿具有重要的暗示作用，反对消极的压制和惩罚。比如对于以上所举"撒谎"一例，要求父母针对不同的内因，进行分析，并通过正确暗示和自身为榜样，使其逐步改正。并对儿童多进行肯定和奖励，这是儿童向良性发展的内部动力。又如一位母亲看到年幼的儿子因看到人的头发剪后可以长出来，于是将洋娃娃头上的头发剪得光秃秃，母亲看见后问明其理由，非但不训他，而且让他观察结果，这种积极的诱导对于培养儿童的科学实验精神和求知欲具有重要的意义。

最后，注意环境和游戏的原则。他非常注意环境给儿童带来的潜在影响，要求为儿童创设良好的环境。"环境是指凡是可以给小孩刺激的都是他的环境，一切物质是他的环境，人也是他的环境；而且人的环境，比较物的环境还要重要"。父母的人格，即父母的认知、情感、行为等因素及家庭的环境布置无不渗透着教育者的价值取向，对子女具有强烈的感染力，儿童的价值观念和行为模式可以说是父母的价值观的一种折射。"我们成人的一举一动，一言一语，都能影响小孩子的，他看了听了之后，或立刻就要去做做看，说说看，或到了后来才做出来说出来；他所说做的与我们成人所做的所说的不同，但却有几分是相像的。"由此可知，父母应以身作则，尤其是教育子女时，应持同一态度，以免造成儿童无所适从，难以形成稳定的价值观。

游戏是儿童的特殊生活，是儿童的工作，儿童的工作就是游戏，游戏是儿童的第二生命。陈鹤琴认为"小孩子只喜欢两桩事，一桩是吃，一桩是玩，玩比吃还重要。从游戏中，小孩子可以获得许多经验，兴趣就很浓厚了"。由此可知，游戏是儿童学习的最佳途径，是幼儿期获得经验的源泉。

下编

外国篇

第一章 柏拉图与《理想国》

一、作者简介

柏拉图（Plato，约前 427 年—前 347 年），著名的古希腊哲学家，雅典人，他的著作大多以对话录形式记录，并创办了著名的学院。柏拉图是苏格拉底的学生，是亚里士多德的老师，他们三人被广泛认为是西方哲学的奠基者，史称"西方三圣贤"。

柏拉图出身于一个富裕的贵族家庭，他的父亲是苏丹（Sultan）、母亲是兑里提俄涅（Perictione），他在家中排行第四。他的家庭据传是古雅典国王的后裔，他也是当时雅典知名的政治家柯里西亚斯（Critias）的侄子。依据后来第欧根尼·拉尔修的说法，柏拉图的原名为亚里斯多克勒斯（Aristokles），后来因为他强壮的身躯而被称为柏拉图（在希腊语中，Platus 一词是"平坦、宽阔等意思）。但第欧根尼也提起了其他的说法，柏拉图这个名字也可能是来自他流畅宽广（platut ê s）的口才或因为他拥有宽广的前额。由于柏拉图出色的学习能力和其他才华，古希腊人还称赞他为阿波罗之子，并称在柏拉图还是婴儿的时候曾有蜜蜂停留在他的嘴唇上，才会使他的口才如此甜蜜流畅。

他出生于雅典，父母为名门望族之后，从小受到了完备的教育。他早年喜爱文学，写过诗歌和悲剧，并且对政治感兴趣，二十岁左右同苏格拉底交往后，醉心于哲学研究。前 399 年，苏格拉底受审并被判死刑，使他对现存的政体完全失望，老师的死给柏拉图以沉重的打击，他由于老师的不公正遭遇，反对民主政治，认为一个人应该做和他身份相符的事，农民只管种田，手工业者只管做工，商人只管做生意，平民不能参与国家大事。苏格拉底的死更加深了他对平民政体的成见。他说，我们做一双鞋子还要找一个手艺好的人，生了病还要请一位良医，而治理国家这样一件大事竟交给随便什么人，这岂不是荒唐？

老师死后，柏拉图不想在雅典待下去了。28～40岁，他都在海外漫游，先后到过埃及、意大利、西西里等地，他边考察、边宣传他的政治主张。前388年，他到了西西里岛的叙拉古城，想说服统治者建立一个由哲学家管理的理想国，但目的没有达到。返回途中他不幸被卖为奴隶，他的朋友花了许多钱才把他赎回来。

前387年，柏拉图回到雅典，在城外西北角一座为纪念希腊英雄阿卡得摩斯而设的花园和运动场附近创立了自己的学校：学园（或称"阿卡得米"，Academy）。学园的名字与学园的地址有关，学园的校址所在地与希腊的传奇英雄阿卡得摩斯（Academus）有关，因而以此命名。这是西方最早的高等学府，后世的高等学术机构（Academy）也因此而得名，它是中世纪在西方发展起来的大学的前身。学园存在了900多年，直到529年被查士丁尼大帝关闭为止。学园受到毕达哥拉斯的影响较大，课程设置类似于毕达哥拉斯学派的传统课题，包括了算术、几何学、天文学以及声学。

前367年，柏拉图再度出游，此时学园已经创立二十多年了。他两次赴西西里岛企图实现政治抱负，并将自己的理念付诸实施，但是却遭到强行放逐，于前360年回到雅典，继续在学园讲学、写作。直到前347年，柏拉图以八十高龄去世。

柏拉图才思敏捷，研究广泛，著述颇丰。以他的名义流传下来的著作有40多篇，另有13封书信。柏拉图的主要哲学思想都是通过对话的形式记载下来的。

柏拉图的著作大多是用对话体裁写成的，人物性格鲜明，场景生动有趣，语言优美华丽，论证严密细致，内容丰富深刻，达到了哲学与文学、逻辑与修辞的高度统一，不仅在哲学上而且在文学上亦具有极其重要的意义和价值。

二、成书背景

前5—前4世纪在希腊历史上具有重要意义，在这个时期希腊的奴隶制经济得到重大发展，在一些经济发达的城邦，奴隶主民主政治制度得以最终确立，也正是在这一时期，希腊文化和教育的发展达到了全面繁荣的阶段。

伯罗奔尼撒战争是雅典奴隶主民主政治由盛而衰的主要原因，这场战争极大地动摇了雅典民主的物质基础，战争使瘟疫流行、城市毁坏、奴隶大规模逃亡、人口锐减，雅典的经济受到空前的破坏。另外，战争不仅使雅典与其他希腊城邦之间冲突公开化，而且进一步激化了雅典内部的阶级矛盾和党派斗争。柏拉图生活于古希腊雅典城邦由鼎盛走向衰落的大变革时期，在柏拉图的青少年时期，派别斗争极其尖锐，社会剧烈动荡，每一次的政局变动都伴随着各类无序的逮捕、审判、处死、放逐、没收财产等活动，雅典人的自信心自豪感随之消失殆尽。前399年，雅典又发生了对柏拉图的老师、无辜的苏格拉底的不义之审，柏拉图亲自旁听了这次审判的全过程，并参与了对老师的营救活动，但最终老师还是被所谓的民主政府判了死刑。此事对柏拉图的思想，影响甚大。到柏拉图的中晚年，雅典已经彻底衰落了，雅典民主制的光荣已经成为对遥远过去的回忆，柏拉图亲身经历了雅典社会的混乱、多变、无序、争斗与罪恶，使他萌生了探求一个稳定、和谐、正义、不变、完善的理想社会的宏愿，也就是他的理念世界。《理想国》一书是柏拉图哲学理念在社会生活中的具体体现。

三、原著概要

《理想国》是柏拉图一生最具代表性和影响最为深远的著作。这是一部典型的综合著作，其中将哲学、政治、伦理、教育、心理、社会、家庭、宗教、艺术等诸多问题结合在一起，错综复杂。该书共有十卷，各卷概要如下。

第一卷的对话主要围绕着色拉叙马霍斯与苏格拉底关于正义的探讨展开，色描述的是历史的实然，他认为"正义不是别的，就是强者的利益"。而苏格拉底揭示的是历史的应然问题，正义应该由道德原则来审定，法律是要整合社会各阶级的利益，将正义最大化。这实际上是一个义利之争，色追求实然层面的物质利益，但又试图用道德上的正义予以解释，在辩论的过程中用超验、普遍的正义与经验的事实相结合必然会产生矛盾。

第二卷苏格拉底开始用想象建造理想的城邦，以考察正义的生长。苏老把城邦的护卫者看作最重要的角色，对他们的教育培训是重中之重。先教音乐陶冶心灵，然后用体操强健体魄。音乐教育——就是文化教育——中讲故事非常重要。第二卷的最后部分论述了要让幼小的护卫者崇拜完美的神。因而关于神话中对神的负面描写——比如背信弃义、争风吃醋等——要予以禁止。

第三卷开篇谈到死亡与地狱，苏格拉底认为，只有删除史诗中对于死亡恐惧的描述，才能让卫士无畏死亡，勇于报国。接着，苏格拉底探讨了音乐、诗歌等艺术的教化作用。苏格拉底认为，人的天性中有"激情"的部分，有"爱智"的部分，激情过头会导致野蛮，仅仅爱智会导致软弱。作为护卫者需要二者兼备。而体育和音乐，就分别服务于天性中的这两个部分，需要比例适当的配合才能培养出全面的人。最后提出了一个"noble lie"，金银铜铁的品质是天生就有的，但只有在后天实践中才能显现出来，柏拉图提出了一个阶级可流转不僵化的理论，这是直至今日社会和谐的一个必要条件。

第四卷开篇柏拉图就强调了全体公民的幸福才是整个国家的幸福，因而城邦的护卫者是最幸福的。有这么多的责任，要维护这样一个完美的城邦，他能做到吗？苏格拉底认为很容易，只要当政者做到一件大事就行——柏拉图称为"能解决问题的事"——这就是教育和培养。因为一切在人，如果人民都通情达理，事情就很容易处理。最后，柏拉图提到了城邦正义的四种美德：智慧、勇敢、节制、正义。也顺此引出了灵魂三分，理性需要控制非理性部分的欲望与激情；最后一点即正义，即是"各安其分、各尽其能、各司其职"。

第五卷主要有三个方面：妇女儿童的教育、公共婚姻和哲学。首先柏拉图主张给予儿童以同等的教育，无论男女；在婚姻问题上，柏拉图提出，卫国者妻儿公有，计划生育同时还要优生，对最好的后代予以培养，最坏的不予以培养，拿到现在来看，这是对于个体权利的侵略；最后，柏拉图提出只有哲学家能认识到事物本身，一切纷繁的事物现象背后的绝对永恒的存在。他们是爱智者。能认识事物本身的才是真正的知识，对具体的东西的认知，只是"意见"。所以，哲学家是城邦统治者的最佳候选了。

第六卷讨论如何培养出这样完美的哲学家统治者。作为城邦立法的救助者，他们必须既聪明好学，有进取心，又要有稳定性。他们是天纵之才，肩负伟大使命，因此他们必须进行苏格拉底说的"最大的学习"。探讨的问题如下：永恒与实在、真理与正义、教育环境、日光喻与线喻。

第七卷提出了他最著名的比喻：洞穴人譬喻，以更清楚地说明受过教育和没有受过教育的人的本质区别。教育并不能把知识灌输到灵魂里去，"知识是每个人灵魂里就有的一种能力"。这种能力就像眼睛的视力。灵魂有视力，但是需要被引导去看正确的方向。教育的目的就是将灵魂导向善。接着，讨论了通过具体课程，即算术、几何学、天文学的学习是达要善的必由之路。最后谈到的是辩证法，辩证法被苏格拉底当作哲学家最重要的一门功课，因为辩证法"通过推理而不管感官的知觉，以求达到每一事物的本质，并且一直坚持到靠思想本身理解到善者的本质，他就到达了可理知事物的顶峰了"。

第八卷谈到的是五种政体：贵族政体、荣誉政体、平民政体、寡头政体、僭主政体。

第九卷接着提到僭主政体的问题，全书至这里对于五种政体的阐述已全部完成，贵族政体对应理智美德，荣誉政体对应激情，寡头政体对应必要的欲望，民主政体对应必要与不必要的欲望，僭主政体对应无序的不必要的欲望。随后柏拉图又对灵魂三分做了进一步解释：理性追求真理，激情勇敢求誉，欲望追求利益的快乐，受到理性引导的哲学家、爱智者们得到了最真的快乐，这种快乐是自足的，不外求的，最善的。

至最后一卷，柏拉图的观点基本已表达完毕，未经考察的生活是不值得过的，未经考察的命题是不值得拥有的。至善有一个巨大的报酬：那就是"我们的灵魂是不朽不灭的"。苏格拉底愿大家相信他的忠言："灵魂是不死的，它能忍受一切恶和善，让我们永远坚持走向上的路，追求正义和智慧。这样我们才可以得到我们自己的和神的爱，无论是今世活在这里还是在我们死后得到报酬的时候。我们也才可以诸事顺遂，无论在今世在这里还是将来在我们刚才所描述的一千年的旅程中"。

四、教育思想解读

（一）认识论

柏拉图提出了哲学认识论中的基本问题，如何看待个别和一般。柏拉图把世界分为现象世界和理念世界。现象世界就是现实世界中可感知的事物，即自然界；理念世界是精神世界。他认为，现象世界是不可靠的、不真实的，只有理念世界才是真实的、永恒的。现象世界是理念世界的映像；理念世界中存在着普遍的、一般的、值得认识的东西，是真理的化身。他希望通过认识现象背后的本质来把握对世界的认识。

（二）人性假设

人是神所创造的万物中最优者；人由肉体和灵魂构成，人的灵魂先于肉体存在于理念世界中。当灵魂和肉体相结合"投胎"为人时，就暂时失去了对最高理念的认识和记忆；然而在现象世界万物的刺激下，又可以把忘掉的记忆捡回来。柏拉图由他的哲学观推理出来，认识不是对万物存在的现象世界的感知，而是对理念世界的回忆。具体到教育上，他认为学习就是回忆。柏拉图认为人死后，灵魂离开肉体又回到理念世界中，即灵魂不死。

人的灵魂由理性、意志、情欲三部分组成，分为三个等级：哲学家、军人和劳动者。其中，哲学家是奴隶主国家的最高统治者，是神用金子做成的，拥有智慧和理性。军人是奴隶主国家的保卫者、社会秩序的维持者，是神用银子做成的，拥有勇敢和意志的品质。劳动者包括手工业者和农民，是神用铜铁做成的，具有节制的品质。处于社会最下层的奴隶不属于以上三个等级，只是一种会说话的工具。三个等级的人应各司其职，各尽其才，国家才能维护正常的运转。

（三）教育目的

《理想国》的推理过程是一种逆向思维，即国家的大治取决于少数精英人物的主导作用，他们的主导作用又取决于理性在他们心灵里的主导作用；理性的主导作用又取决于它对善理念的把握；而善理念的把握又取决于辩证法的学习，归根到底国家的大治取决于正确的教育，政治需求决定了教育目的。

教育就是促使灵魂的转向，教育要培养人从感性世界、现象世界转向本质、理念，认识最高的理念：善。认识理念和善的这种"能力"是早已存在于灵魂中的，教育只是把这种能力引导到正当的方向。柏拉图把培养哲学家放在首位。因为，国家的好坏取决于他们。这就是说，如果他们的理性发达、道德淳美，就能使国家达于理想境地，日益兴旺发达。培养勇敢的城邦护卫者，无疑也是教育的目的，但其地位绝不能与前者相提并论。至于农、工、商劳动者的培养，在《理想国》中，柏拉图根本未列入教育目标之内，因为他们最缺乏理性，无法进行教育。后来在《法律》篇中，虽然有所涉及，但那只是实用知识技能的训练，不是发展理性，不能算是教育。由此可见，柏拉图把发展理性，培养执政的哲学家作为教育的最高目的，武士的培养次之，而农、工、商的训练则放在最轻微的地位。在教育目的上明显地反映出柏拉图教育思想中精英治国的理念。

（四）国家与教育

教育既然关系到国家的兴衰存亡，因而，柏拉图吸取了斯巴达的经验，强调教育必须掌握在国家手中，由国家严格控制。他提出，应当由德高望重、理性发达的人担任教育首长，领导一切教育事宜，其他任何人不得干预，只有这样，才能保持教育的一致性和不变性。柏拉图对当时雅典由私人开办学校，随意处理教育问题的现象极为不满，认为那会导致祸乱，给国家带来不幸，因而必须予以纠正。国家领导教育，学校必有定制。在西方教育史上，柏拉图第一个提出了从学龄前教育以至高等教育无所不包的教育制度体系。

（五）学前教育

柏拉图强调教育应从小抓起，甚至提出了胎教问题。依据他的规划，国家应厉行优生优育政策。执政者为人民选择婚配，最好的男子配最良的女子，以保证所生的后代属于优秀的种子。至于不良男女的婚配，越少越好，以免生育不好的后代。婴儿出生后，那些不好的放在人们不知道的地方，而优秀的种子则送至国家教养机关，施以公共教育。三岁以前在育儿所，三至六岁的幼儿则集中到附设于神庙的公共游戏场中接受教育。游戏场以游戏为主，因为游戏是儿童天性所需要的。但游戏的内容、方法必须慎重选择，不应轻易变化，以免形成儿童"厌旧喜新"的心理。游戏场还应进行音乐、唱歌、听故事等活动。柏拉图重视歌曲对儿童的教育影响，强调儿歌的曲调应是欢快、奋发、高昂的，以便培养儿童坚毅、快乐、勇敢的性格。对儿童讲述的故事应慎重选择。柏拉图要求政府对创作故事的人及其作品进行严格审查。审查的标准"以不慢神为第一义"，凡描写天神之间钩心斗角、相互倾轧、妒忌、说谎等的故事，一律删去，而那些描述智慧、勇敢、友善的故事，则应列在目录上，劝导母亲和保姆们讲给孩子们听，以之陶冶他们的心灵，培养良好的道德品质。

（六）初等教育

经过学前教育，从七岁开始男女分别入国家举办的文法学校、弦琴学校和体操学校接受初等教育，主要进行音乐和体育。音乐教育含义较广，包含智育和美育。这就是说，既要学习读、写、算的初步文化知识，也要学习唱歌、演奏弦琴、诗歌。体育以体操、角力、骑马、射箭等训练项目为主，借以强壮身体。此外，还注重舞蹈，以训练优美的举止。音乐与体育必须配合，使身心相互促进，和谐发展。

柏拉图主张女子应与男子一样接受平等教育。因为在能力上女子并不低于男子，凡是男子能做的事情，女子都可以做，不论是执政者还是卫国者，女子和男子一样都应成为候选人。因此，女子不仅应受到音乐的陶冶，也该接受军事体育的训练，和男子一样赤身于体育场。女子与男子所不同的，只是女子体质较弱，在战争中担任较轻的工作。

十八至二十岁的青年，在高一级的学校——国立青年军事训练团中，接受军事体育训练，并结合军事需要学习算术、几何、天文、音乐"四种自由艺术"，简称"四艺"。这些科目的学习主要是为了军事目的。年满二十岁的青年，才智上平凡无奇者即离开学校，编入军队，终生服役。少数理性优异者继续深造，接受更高一级的教育，直到三十岁。

（七）高等教育

二十至三十岁这个阶级教育的主要任务，以学习辩证法为主，以便担任政府的高级官吏。学习的科目除"四艺"外，主要是哲学。这时"四艺"的学习，其目的在于发展思维而不是为了实用。比如，学习数学不是为了军事上布置攻势，而是借助于对数目的冥想，领悟存在于理念世界的永恒真理。学习天文学不是为了行军作战、观测天象，而是为了观察浩大无穷的苍穹理解宇宙创造者神明。柏拉图反复强调，数学和几何是学者必须知道的，必须深入钻研逐步达于精湛，只有这样，才有可能探寻理念的奥秘，并为学习哲学打下坚实基础。

柏拉图认为，哲学所研究的是最深刻的、最简要的绝对真理，它是最高的学科。它能融会贯通其他科目，找出事物间的关系，它能使人的智慧的发展日益完善，以至"最后能用纯理性来掌握'善'的本性"，成为哲学家。三十岁时再加选拔，极少数理性特优的人继续用5年专门学习哲学，直至三十五岁，然后担任政治军事方面的重要职务。其中只有个别人再经过十五年的锻炼，五十岁时理性和道德都臻于纯全，能用理智洞察宇宙的规律性，掌握治国的本领，即可任国家的最高领导——哲学王。

（八）学习观与教学观

（1）柏拉图依据其理念论，认为认识的对象并不是我们感官所接触的现实世界。因为这个世界是变幻不定、生灭无常、不完全真实的，以它为对象所获得的知识常有矛盾和错误、模糊不清，是不可靠的和不真实的。它们不能称之为知识，只能叫作"意见"。

由现实世界所获得的感性知觉既然不是知识，那么，什么是知识呢？柏拉图断定，知识是对理念世界的认识。因为理念世界是永恒不变的、绝对真实的、完美无缺的，所以只有认识理念世界，才能获得可靠的、真实的知识。

如何认识理念呢？柏拉图认为必须学习。什么叫学习？柏拉图说，学习就是回忆。在柏拉图看来，作为人的组成因素之一的灵魂，是先于肉体而存在于理念世界之中的，对理念世界的一切早已有了认识。但灵魂投生到人体之后，由于肉体的玷污、情感的干扰，灵魂将知识全都忘记了。为了重新获得那些原有的知识，就需要学习。而所谓学习，就是把已经忘记了的知识回忆起来。

（2）就教学方法而言，柏拉图师承苏格拉底的问答法，把回忆已有知识的过程视为一种教学和启发的过程。他反对用强制性手段灌输知识，提倡通过问答形式，提出问题，揭露矛盾，然后进行分析、归纳、综合、判断，最后得出结论。

理性训练是柏拉图教学思想的主要特色。在教学过程中，柏拉图始终是以发展学生的思维能力为最终目标的。感觉的作用只限于对现象的理解，并不能成为获得理念的工具。因此，教师必须引导学生心思凝聚，学思结合，从一个理念到达另一个理念，并最终归结为理念。教师要善于点悟、启发、诱导学生进入这种境界，使他们在"苦思冥想"后"顿开茅塞"，喜获"理性之乐"。这与苏格拉底的助产术有异曲同工之妙。

柏拉图的教学思想几乎涉及教学领域中的所有重要方法。他第一个确定了心理学的基本划分，并使之与教学密切联系起来。他继承并发展了斯巴达依据年龄特征划分教学阶段的教学理论，在教学的具体内容、形式、方法和手段上则更多地总结与采用了雅典的经验，提出了全面、和谐发展的课程体系。他十分注重在教学中发展学生的思维能力，强调探讨事物的本质，这些都给了后世教育家们以巨大的影响和启迪。

第二章　昆体良与《雄辩术原理》

一、作者简介

昆体良（MarcusFabiusQuintilianus，约公元35—约公元95年），1世纪罗马最有成就的教育家。他出生在西班牙，其父在罗马教授雄辩术，颇有声名。昆体良少年时随父亲到罗马求学，受过雄辩术教育。他当过10年律师。70年被任命为一所国立拉丁语修辞学校的主持人。由于在雄辩术方面的造诣以及在办学上的卓越成就，当罗马帝国在78年设立由国家支付薪金的雄辩术讲座时，他成了该讲座的第一位教师。

在担任教师的同时，昆体良还兼任律师，这使他有可能以当律师的丰富实践经验充实教学内容，把理论与实践紧密地结合起来。他前后经历弗拉维王朝的三代皇帝，他还担任过图密善皇帝两个外孙的家庭教师。由于深得君王及其子弟的赞赏，昆体良获得了图密善皇帝封赠的执政官称号。虽备受尊荣恩宠，但他并不是一个阿谀奉承的人，他谨小慎行，严于律己，忠于职守，埋头业务，深得学生们的喜爱。

昆体良在拉丁语修辞学校工作了二十年左右，大约在90年退休。昆体良退休后，专门从事著述。经过两年多的努力，写成了《雄辩术原理》（共十二卷，约合中文六十五万字）。这部著作既是他约二十年教育教学工作经验的总结，又是古代希腊、罗马教育经验的集大成者。昆体良的教育理论和实践都以培养雄辩家为宗旨。

二、成书背景

古罗马的历史，可分为三个时期：前8—前6世纪是王政时期；前6—

前 1 世纪是共和时期；前 1—5 世纪是帝国时期。王政时期是原始社会向奴隶社会的过渡时期，这个时期的教育没有可靠的史料，在王朝末期，由于平民对贵族进行长期阶级斗争的结果，罗马在前 6 世纪形成了共和政体。这种政体下就是贵族与平民间的阶级界限逐渐消亡，平民和贵族都是罗马公民，具有同样的政治权力。在经济上这个时期与王政时期相似，居民主要从事农业、畜牧业、手工业，商业上不发达，主要的生产形式是小农经济。

昆体良生活的年代，罗马已经进入帝国时期。这个时候，雄辩术在社会上所起的作用不同于希腊时期。在古代希腊，雄辩术是最辉煌的时代，当时，雄辩术主要涉及三个方面：一是致颂词，颂扬某人的功德和业绩；二是在政治生活中，就重大政治问题发表演说，进行辩论，争取民众；三是法庭上对诉讼案件的控告与辩护。在罗马共和国时期，它在政治生活中还是有很大作用，它是争取民众，击败政敌的重要工具。

但是，到了帝国时期，前两个功能都消失了，皇帝独裁，不允许臣民到处自由演说以干预政治。不过，它却被作为有教养的罗马人的标志。修辞学校也因此成为罗马高等教育机构的重要组成部分。帝国把它改造成培养国家官吏的一种教育机构，雄辩家成为一种职业。这种职业是上层社会的青年进入政界的跳板，也是下层社会人民的谋生手段。所以，雄辩术学校受到了普遍欢迎。与它相对的，则是哲学家和哲学学校的凋落。因为当时有些哲学家到罗马以后，充分发挥雄辩优势，对问题进行正反两方面的诡辩，让务实的罗马人感到厌烦。二是因为罗马人讲究实际，注重行动，不喜欢哲学家的空谈空想。三是因为罗马帝国实行帝位世袭制度，而有些哲学家是反对这种制度的，使得统治者很排斥他们。

在这种环境下昆体良以他数十年的从教经验以及担任过律师的实践经验，在雄辩术的理论研究上做了具体的研究和探索，写出了这部《雄辩术原理》。

三、原著概要

《雄辩术原理》全书共十二卷，主要探讨有关雄辩术的各种理论问题。其中第 1、2、3、12 等卷，系统论述了雄辩家的培养和教育，集中反映了昆体良教育思想的基本内容和特色。第 1 卷包括前言和正文 12 章，主要分析雄辩家教育的目的、形式、过程、内容和方法。第 2 卷 21 章，系统探讨了雄辩术的性质和目的，着重论述雄辩术教学的基本方法。第 3 卷讨论雄辩术的起源、组成部分和规则。第 12 卷包括前言和正文 11 章，主要阐述理想的雄辩家所应具备的各方面素质，特别是道德品质，以及道德教育的方法。

四、教育思想解读

昆体良是古罗马时期最为重要的教育家，是第一位教学理论家和教学法专家。他的教育思想在西欧文艺复兴时期产生了广泛的影响，成为人文主义教育的重要思想来源。宗教改革时期马丁·路德的教育思想和 17 世纪夸美纽斯的教育学说，同样受到来自昆体良的有益启示。直到 19 世纪，昆体良的思想仍受到广泛的赞誉。

（一）人性假设

昆休良对儿童的天赋才能有很高评价，这是他教育理论体系中的精华。他肯定儿童发展的可能性。指出儿童一般都生而具有智力活动与理解能力，愚钝和低能只是一种反常现象，是稀有的。他继承了柏拉图以及亚里士多德人的天性差异的观点，并做了进一步发挥，他认为，人人都可通过教育培养成人，但人的天赋各不相同，因此要研究了解儿童的天性。了解儿童的天性是为了在教学中寻找合适的雄辩术教学方法，帮助他们选择最适合他们天分的学科。

另外，他对教育在人的成长中的作用做了乐观的估计。评价儿童的才能倾向，是为了更好地发挥教育的作用。昆体良对天赋与教育的关系有着充分的认识，天赋是原材料，而教育则是技艺。没有原材料，技艺无所用；即使没有技艺，原材料仍有其自然的价值，但技艺的成就大于原材料自然的成就。

（二）教育目的

《雄辩术原理》把培养善良而精于雄辩术的人（雄辩家）作为教育所要达到的基本目的。认为一个雄辩家既要擅长雄辩，通晓各种有价值的知识，具有较高的才能，同时也应具有崇高的思想、高尚的情操，成为一个善良的人。对于雄辩家来说，才能与德行是相互联系、缺一不可的。在一定意义上，德行比才能更为重要。

昆体良对"雄辩家"的含义，是有其独特的理解的。它既不同于古希腊智者所培养的能言善辩之士，也不同于罗马思想家西塞罗所说的理想的雄辩家，它的意义更为广泛，并不以擅长辩论或演说为限。正如本书作者所说："我所要培养的人是具有天赋才能、在全部自由学科上都受过良好教育的人，是天神派遣下凡来为世界争光的人，是前无古人的人，是各方面都超群出众、完美无缺的人，是思想和言论都崇高圣洁的人。"

（三）教学观

1. 昆体良提出了教学应当适度的原则，学习与休息交替

他认为一个优秀的教师要在深入观察、了解学生的个性及能力的基础上，节制自己的力量，发展学生的能力。既要避免要求学生做力不能及的事，又不可让学生放弃力所能及的课业。教师所传授的知识内容的分量应当与学生的接受能力相适应，以防止学生的负担过重。这个原则可视为近代教学量力性原则的萌芽。

为防止学生因学习负担过重而造成疲劳，昆体良主张学习与休息相间，使学生的精力得以恢复，更愉快地进行学习。为此，他主张在学习间隙，可让学生进行有节制的游戏活动。防止学生疲劳的另一方法是更换课业，使不同课程的学习交替进行。

2. 主张教学应当明白易懂

他认为，在教学过程中，教师绝不能故弄玄虚，绝不能装腔作势以抬高自己，而应当简洁、明了地讲授知识。只有这样，学生才易于接受，并牢记不忘。

3. 启发和提问解答的教学方法

昆体良强调在教学过程中，教师应当经常向学生提出问题，促使学生积极思考，从而提高教学的效果。另外，他主张在必要的时候，应当让学生自己动脑筋、想办法，解决学习中遇到的一些问题，培养学生的独立性，以防止事事依赖别人的坏习惯。只有这样，才能逐步培养学生思想的创造性。因此，教学的任务，不仅在于传授各种知识，而且还在于养成独立的判断力、创造性以及其他各种能力。

4. 反对体罚

在古代国家的教育中，体罚是非常普遍的方法。昆体良主张废除体罚，认为体罚是对儿童的凌辱，会使儿童心情压抑、沮丧和消沉，对儿童的成长产生非常消极的后果。与此相联系，他强调运用奖励的方法，认为对儿童（尤其是那些脆弱或缺乏自信心的儿童）加以赞扬、给予荣誉，能够起到激励的作用，促进儿童的发展。

5. 分班教学

在世界古代教育史上，普遍采用的教学组织形式是个别教学。与此不同，昆体良提出了分班教学的设想。他主张把学生分成班组，在同一时间，由教师对全班组而不是对个别学生进行教学。认为实行这种教学组织形式，不但教师一次可以教许多学生、节省时间与精力，而且学生也可以在与其他同学的共同学习和交往中，接受良好榜样的影响，从教师对别人的批评和表扬中，受到警惕和鼓励。这些优越性是个别教学所无法比拟的。

（四）教师观

昆体良高度重视教师的作用，认为要做好教育、教学工作，要培养完美的人，教师是至关重要的。正因为如此，教师应当具有全面的素质。在他的教育思想中也对教师提出了一些要求。

第一，教师应当是才德俱优、即言即行的人。昆体良认为，教师的道德面貌对学生的影响很大，教师自身所具有的高尚品德能防止学生的行为流于放荡；相反，教师的行为失检，就会对学生产生有害的影响。因此，一个优秀的教师，首先必须是道德高尚、行为端庄的人。

第二，教师应当具有广博的知识，应当是公认有学识的人。只有这样的教师，才能真正履行教师的职责，培养出完美的雄辩家。

第三，教师应当热爱学生，能够以父母般的感情对待学生。昆体良认为，教师对待学生的态度，应当是和蔼的，又是严峻的。但和蔼不等于放纵，严峻并不意味着冷酷。教师应耐心工作，既不对学生发脾气，也不纵容学生。

第四，教师既应熟悉所教学科的内容，又要能熟练地运用教学方法。只有深刻理解所教学科的内容，教师才可能有效地教学。也只有运用良好的教学方法，教师才能够使教学内容更好地为学生所接受。

第五，教师应当深入了解学生的心理特征、个性、才能和倾向，更有针对性地组织教学。为此，教师应当经常、深入地观察学生的言语、行为和活动。

（五）学制及课程

为了实现培养完美的雄辩家的教育目的，昆体良提出了一个从学前教育到高等教育的完整的教育过程，主要包括四个阶段：家庭教育、初级学校、文法学校和雄辩术学校。

1. 重视德育

昆体良把良好道德的培养放在教学任务的首要位置，他认为真正的雄辩家应当是高尚的，在德行上是无可指责的。既然德行对雄辩家是如此重要，那么通过什么样的课程学习才能获得呢？他说，"美德虽然也从自然获得一定的动力，他仍需要教育使之成为现实"。因此，道德原理应该成为学校的主要课程，学生可从这门课程中学到有关正义、善良、节制、刚毅、明智等品质的认识，这样他才有可能成为一个有德行的人。

2. 家庭教育

昆体良高度重视早期教育，极力主张从婴幼儿时期就开始对儿童进行道德教育和知识教育，进行语言能力的培养。并认为早期教育对人一生的教育都具有深刻的影响。

早期教育的主要形式是家庭教育，主要的教育者是父母、家庭教师和保姆。由于儿童年幼无知，容易接受周围各种人的影响，因此，不仅儿童的父母和教师应当博学多识、品行端庄，而且保姆也必须是品质好、言谈合礼、受过教育、谈吐清楚的人。为此，应当谨慎地选择教师和保姆。

家庭教育的主要内容是道德教育和知识教育。对婴幼儿的道德教育，主要不是依靠道德规范的讲授，而是通过父母、教师和保姆的积极影响来进行的。昆体良反对当时流行的认为七岁以前儿童不宜学习知识的观点，认为儿童学习讲话的时间，就是知识教育开始的时间。围绕着雄辩家培养这一中心目的，早期知识教育的内容主要包括希腊文、拉丁文、书写、阅读等。昆体良尤为强调儿童语言能力的培养。

昆体良虽然高度重视早期教育，但他同样强调应充分考虑儿童的年龄特点和接受能力，反对揠苗助长。主张早期教育应当使儿童感到快乐，养成对知识的热爱和兴趣，从而使早期教育真正成为学校教育的良好基础。

3. 初级学校

在昆体良所处的时代，罗马贵族阶层流行的习惯是聘请家庭教师教育自己的子弟，而不是把孩子送到学校学习。针对这种情况，昆体良坚决主张儿童成长到一定的年龄，必须进入公立学校。他详尽论证了学校教育的优越性。认为学校不会出现对学生的溺爱、娇惯，受过学校教育的学生能够避免孤傲、离群索居的习性，学校教育有助于激励学生的学习和思考，有助于培养和发展儿童之间的友谊，有助于养成儿童参加社会生活的习惯和能力。

初级学校的教育属于启蒙性教育，它的主要教学内容是阅读、书写，同时进行道德教育，以培养学生无私、自治等品德。

4. 文法学校

学生在初级学校学习一定的时间、获得必要的知识和技能之后，就进入文法学校。文法学校的主要任务是为雄辩术教育做直接的准备。因此，文法学校开设的课程大多与雄辩术直接相关，如文法、音乐、几何、天文、哲学以及希腊语、拉丁语，等等。其中文法是最主要的课程，它包括两个部分，即正确说话的艺术和正确书写的艺术，这二者又以广泛的阅读为基础。阅读的内容包括古希腊、罗马的文学、道德和哲学著作。昆体良尤其强调让学生阅读英雄史诗，以便用英雄的崇高精神激励学生。他同样重视音乐教学的重要性，认为音乐既可以陶冶情操、养成高尚的品质，又可以使雄辩家更好、更有效地表达思想，影响听众。

5. 雄辩术学校

雄辩术学校是直接培养雄辩家的机构。因此，雄辩术理所当然地成为雄辩术学校的核心课程。但是，为了更好地掌握雄辩术，学生还应当学习与雄辩术相关的广泛知识，其中主要包括辩证法（逻辑）、伦理学、物理学（自然哲学）。学习辩证法，是为了掌握词语的确切含义，懂得如何下定义、如何进行推理，这些对于雄辩家都是不可或缺的，学习伦理学，有助于明辨是非、分清善恶，从而使雄辩家真正能够主持公道、匡扶正义；学习物理学，是为了了解自然变化的客观规律，以洞察万事万物的本性和必然性。

第三章　夸美纽斯与《大教学论》

一、作者简介

扬·阿姆斯·夸美纽斯（1592—1670 年），一位以捷克语为母语的摩拉维亚族人，捷克伟大的民主主义教育家，西方近代教育理论的奠基者，出身于一磨坊主家庭。

1604 年，十二岁的夸美纽斯失去了父母；1608 年，受"兄弟会"资助，夸美纽斯入普列罗夫市的拉丁文法学校学习。在校三年期间，他刻苦自励，发愤学习，成绩优秀，表现出卓越的才能。1611 年毕业后，夸美纽斯于同年 3 月 30 日被"兄弟会"选送到德国的赫尔伯恩大学学习哲学和神学。兄弟会选中该校，是因为这所大学盛行加尔文派思潮，它和"兄弟会"的宗教观点大同小异之故。大学期间，他在阿尔斯泰德等进步教授的影响下，系统地学习了古代思想家的著作，研究了人文主义者的思想，接触了新兴的自然科学知识，了解了宗教改革以来各国的教育发展动向，探讨了当时德国著名教育家拉特克和安德累雅等人的教育革新主张，为他后来从事文化教育活动打下了良好的根基。

1614 年，夸美纽斯从海得堡徒步回国，被"兄弟会"委任为他的母校——普列罗夫拉丁文法学校的校长。他以极大的热诚献身于教育事业，开始研究教育改革问题。同年被选为"兄弟会"牧师，在奥尔光兹担任圣职。

夸美纽斯的教育及研究事业刚刚起步，三十年（1618—1648 年）战争爆发了，整个欧洲卷入了战火，遭受了难以想象的蹂躏。白山一战，"天主同盟军"打败了捷克军队，捷克完全丧失了独立，新教徒惨遭驱逐、流放，财产被没收，人民遭屠杀；"兄弟会"备受迫害。夸美纽斯的家产、藏书和所有的论文手稿化为灰烬，他本人幸免于难，只带着几件仅存的衣服逃出了富尔涅克。1622 年年初，他的妻子和两个孩子染疫丧生，他再次遭到了沉重的打击。战争夺去了祖国的尊严和妻儿的生命。因不愿听从德国皇帝颁布皈依天主教的命令，1628 年 2 月，夸美纽斯同三万多户"兄弟会"家庭告别祖国，迁往波兰的黎撒城避难。

17 世纪 30 年代开始，他从事"泛智"的研究，也就是如何培养百科全书式的人。其间，受瑞典政府的聘请，从事编制教科书和教学法参考书。1650 年，受聘至匈牙利担任沙罗斯 - 帕托克学校校长，并实验他的泛智教育思想。1656 年，在黎撒城居住了两年的夸美纽斯因波兰与瑞典两国战争的影响，散失了大部分书稿、书籍和所有财产。此后，他定居在荷兰，1670 年 11 月，夸美纽斯与世长辞。

他潜心研究教育理论，取得了丰硕的成果，先后写成了《语言学入门》（1631 年）、《语言学初听》（1633 年）、教育学巨著《大教学论》（1632 年）、第一本系统论述学前教育的专著《母育学校》（1632 年）、物理教材《物理学概论》（1633 年）和《世界图解》（1658 年）等。其中《大教学论》是他的代表作。

二、成书背景

中世纪后期，由于航海贸易以及手工业的发展，根植于农业的封建制度渐趋没落，封建贵族的影响力江河日下；封建军事制度的核心骑士制度也由于火枪的运用和雇佣军队制度的建立而慢慢成为历史陈迹。

受益于海上贸易，环地中海地区的很多城市变得富裕，出现了新兴的市民阶层，促成了资产阶级的产生，改变了以往那种以自给自足为特征的小农经济而代之以交换为主的商品经济。新的时代呼唤着用新的生活方式来代替旧的生活方式。新兴资产阶级通过弘扬古代希腊、罗马文化的方式，反对教会宣扬的陈腐说教，发起了一场崭新的、促使人们思想解放的文艺复兴运动。文艺复兴掀起了思想启蒙的序幕，人文主义和宗教改革为一个新的世界的出现摇旗呐喊。

文艺复兴时期的人文主义是资产阶级的人道主义，它冲破了中世纪教会统治下以神为中心的思想束缚，主张人是自然的一部分并支配自然，认为追求快乐是人的天然权利和社会发展的动因。现世的世俗生活受到歌颂，神职人员则总是被作为嘲笑的对象而出现，背离了中世纪的禁欲主义和来世说。这种对世间欢乐的追求，为资本主义商品经济中的消费观打下了思想基础。可以想象，如果一个社会中以禁欲为主的话，那么，商品就只能成为一种摆设，资本主义就谈不上生存与发展了。

夸美纽斯置身于欧洲政治动荡、战争频繁的时期，新旧思想对他都有强烈的影响。文艺复兴运动、宗教改革运动和崇尚科学的唯实主义思潮等新思想不断产生，天文学、气象学、航海学、物理学和生物学等自然科学知识迅速传播，实证主义的思维方式日益被人们接受。这些先进的思想对封建制度、神学世界观提出了严峻的挑战。然而，封建制度在欧洲仍占统治地位，宗教神学的世界观和经院主义习气仍然束缚着人们的头脑。以上新旧思想的冲突，也反映在夸美纽斯的世界观中，一方面他具有强烈的民族主义思想，要求各民族和大小国家一律平等；受人文思想的深刻影响，不相信天主教会散布的原罪说，认为"人是造物中最崇高、最完善、最美好的"，他重视人的现实生活，关注人的健康。另一方面由于他是基督新教教派的领袖，基督教的世界观根深蒂固；他既强调感觉是认识的起点和基础，又认为《圣经》是认识的源泉。

1632 年，在经过约五年的酝酿及写作之后，完成了其教育思想的代表作《大教学论》，此后又用了五年修改、补充。该书是他最重要的著作，也成就了他在西方教育史中的地位。

三、原著概要

《大教学论》全面地论述了改革中世纪的旧教育、建立资本主义新教育的主张，提出了一套完整的教育理论体系，第一次把教育学从哲学中独立出来，完成了教育理论上有史以来的重大变革。它开创了近代教育理论的先河，成为划时代的巨著。

《大教学论》这本书总共有 33 章，共分为 7 部分。

第一部分（1～5 章）主要讨论了人生的目的、人的价值。作者以《圣经》的《创世纪》为根据，加上传统的神学观念，认为人不仅要认识自己，而且还要认识上帝，因为上帝是永生、智慧和幸福的根源，人是上帝的造物、爱物和形象。人的终极目标是死后、来生，与上帝相结合。他主张热爱生命，充分利用现世的人生，所以教育的任务就是知识、德行和虔信。要认识万物，使万物为人所用。

第二部分（6～9章）讨论了教育的可能性、必要性，早期教育、学校教育的优越性和普及教育的重要性。夸美纽斯深信人接受教育的可能性。他认为，人是自然能获得一种关于万物的知识的。另外，教育又为人人所必需，不仅有钱有势的人的子女应该进学校，而且一切城镇乡村的男女儿童，不分富贵贫贱，都应该进学校。他坚信人受教育而能获得发展的可能性，驳斥"智力迟钝"儿童不宜学习的论调。

第三部分（10～14章）论证了改革旧教育的必要性与可能性，设立新学校的基本原理。作者认为，人人应该受到一种周全的教育，应该借助学校做到通过科学与艺术的研究来培植我们的才能。夸美纽斯指出，当时没有一所完善的学校，设立了学校的地方，学校不是为整个社会设立的，而只是为富人设立的；学校教导青年的方法是非常严酷的，学校变成了令儿童恐怖的场所，变成了他们的才智的屠宰场，大部分学生对学习与书本都感到厌恶；改革旧学校势在必行。在第14章，夸美纽斯提出，一切教育教学活动的指导原则就是模仿自然，以自然为导向。

第四部分（15～19章）重点讨论了教学理论，详细论证了提出的教学原则。为了使儿童茁壮成长，作者对教与学提出了一系列要求和建议，如人类的教育要从儿童时期开始；早晨最宜读书；一切学科都应加以排列，使其适合学生的年龄；书籍与教学所需的材料必须事先准备好。教师要引导儿童遵守饮食有节制、身体有运动、注意休息三个原则，尽可能长久地保持生命与健康。

第五部分（20～24章）主要讨论了科学、艺术、语文、道德和宗教等各科具体教学法，本部分内容富有宗教哲学的世界观。其中最重要的是第20章，在这一章中，作者以感觉论的认识论为基础，论证了直观教学的理论依据和实施细则。

第六部分（25-31章）主要讨论了教材问题、论学校的纪律、统一的学校制度以及各级学校的基本方案。第25章主要讨论了教材问题，他认为

《圣经》是知识的唯一真实来源，学生应以全部时间去寻求它们的真实意义。第 26 章"论学校的纪律"。夸美纽斯认为，纪律是学校的发动力和推动力，但纪律教育不是强制和鞭挞，应该用良好的榜样、温和的言辞，并且不断诚恳地、直率地关心学生，突发的愤怒只能用在例外的情境上，应当存心使学生能恢复良好的感情。第 27 ~ 31 章讨论了统一的学校制度以及从初等学校、中等学校到大学的概况，涉及管理、课程、教学等诸方面内容。

第七部分（32 ~ 33 章）表达了作者对于改良旧学校、设立新学校、教育理想应具备的条件的认识。

四、教育思想解读

（一）教育目的

夸美纽斯关于教育目的的学说，首先反映了他的世界观中的宗教观和世俗观之间的矛盾。他承袭《圣经》的观点，对人生的看法带有浓厚的宗教色彩，认为人的现实生活并非最终的目的，人生的最终目的，是趋向一个更高阶段，即永生。同时，他认为，人既是上帝"最崇高、最完善、最美好"的创造物，就应该成为理性的动物，要主宰万物，并利用万物来过好现世生活。教育的培养目标应该把人类培养成具有广博知识以及终身为祖国服务的人；教育的目的就是给人以知识、德行和虔信，使人能理解万物和利用万物。

（二）论教育的作用

夸美纽斯对教育的作用做了高度的估价。首先他认为教育对人的发展具有重大作用。夸美纽斯接受了文艺复兴时代人文主义思想的影响，把人看作最优美、最完善的创造物，因而教育能对人施展重大的作用。他指出人之所以成为人，只是由于在最适当的年龄，即在儿童时期受到了所应当获得的那种教育。他确信，"每一个人都是可以成为一个人的"。

夸美纽斯在高度评价教育作用的同时，对于儿童天然素质或品质的差异也很重视。对于这些不同素质和性格的儿童，教师应该"用合适的训练，使他们变为有德行"，他认为这是我们力所能及的。夸美纽斯还认为"一切人类生来都是渴于求知的"，但实际上却有人缺乏爱好学习的倾向，这是由于

"父母的溺爱，社会环境的引诱以及教师没有尽到责任所致"。他郑重提出："一个做教师的人在传授学生知识以前，必须使学生渴于求得知识，能够接受教导，因而准备接受多方面的教育。"

其次，他认为教育对社会发展具有促进作用。夸美纽斯说"教育是人类得救"的主要手段，"有教养的民族能利用的宝藏"，"它能使社会减少黑暗、困恼和倾轧"等。

（三）论普及教育

夸美纽斯在 17 世纪 30 年代，继莫尔之后，又一次响亮地提出了普及教育的主张。他论述了普及教育的必要性，认为人应该成为理性的动物。他认为一切人，"生来都有一个同一的目标：他们要成为人，要成为理性的动物……他们都应该达到一个境地，在合适地吸取了智慧、德行和虔信之后，能够有益地利用现世的人生，并且适当地预备未来的人生"。

他论述了普及教育的可能性，认为一切人都能接受共同的教育。要求让一切儿童，不分贫富、贵贱、男女，不管住在城市或乡村，都能在国语学校里，接受共同的初等教育。他驳斥了天性鲁钝笨拙的人不能接受教育的意见，说："世上找不出一个人的智力衰弱到不能用教化去改进的田地。"他也斥责了女性完全不能追求知识的谬论，指出"她们具有同等敏锐的心理和求知能力（常常比男性还要强）"，夸美纽斯还设想使有才能的儿童在"兄弟会"的帮助下受到更高深的教育。

他论述了普及教育的主要场所，应该设在公立的初等学校里，这是因为处理共同的事务，需要适当的制度；父母没有充分的能力和时间教导他们的儿童；儿童在大的班级里，可以起互相激励的作用；因此适应社会分工和人们职务专门化的，必须有学校这样的专门教育机关和教师这样专门的教育人员进行工作。

（四）论学校制度

夸美纽斯从人的天然素质出发，把新生一代的生活分为幼年期（0～6岁），少年期（6～12岁），青年期（12～18岁）和成年期（18～24岁）四个年龄阶段。每个年龄阶段都有他们身心发展的特征，为每个年龄阶段应设立相应的学校。

夸美纽斯拟定了人类教育史上第一部完整的单轨学制。这是对中世纪分散、孤立、不连贯、不统一的封建等级教育的有力冲击，使学校系统相互衔接，首尾一贯。且把有目的的系统地对学龄前儿童进行教育的特殊形式——学前教育（母育教育）纳入统一学制，更是伟大创见。

（五）论班级授课制

夸美纽斯对近代教育学最大的贡献之一，就是他所确立的班级教学制度及其理论。直到 17 世纪，西欧各国仍普遍沿用历来采用的个别施教的教学制度，这种个别施教的教学制度，已不能适应当时社会生产日益发展，社会经济生活的日益扩大，以及文化科学迅速进步的形势，因而亟须提高教学的效率。夸美纽斯适应了社会形势这样的迫切要求，并参照欧洲一些国家和教会（主要是耶稣会）已有的实行班级教学的实际经验，从理论上加以阐明，于是确立了班级教学制度。

夸美纽斯从理论上阐述了班级教学制度的优越性。在论述班级授课制优越性的基础上，夸美纽斯提出了班级教学制度的要求。夸美纽斯所确立的班级教学制度和他所提出的关于班级教学制度的要求，确实在近代教育学发展史上具有划时代的意义，并给教学法开辟了一条新的途径。

（六）论教学过程

在夸美纽斯的时代，经院主义的教学原理和方法，在学校中还占统治地位。经院主义教学的特征是脱离实际生活的教学内容和呆读死记的教学方法，学生在教学过程中的主要活动是死记硬背，任务只是记住教师的语言和背诵书中的教条。在教学中不允许学生有独立思考，加之盛行体罚，致使整个教学过程缺乏生气。

夸美纽斯适应当时资本主义发展而提出培养人的多方面才智的要求，针对经院主义教学过程死气沉沉的情景，提出从当时来说是崭新、富有生气的教学过程的理论。其教学过程的基本程序是：由对事物的直观到对事物的理解；再由对事物的理解到关于所理解事物的知识的记忆；最后是用语言或书面表达的练习把所记忆的知识表达出来。

（七）论教学原则

夸美纽斯详尽地论述了各个重要的教学原则，其中包括自然适应性原则、直观性原则、自觉性和积极性原则、系统性与循序渐进性原则、巩固性原则、量力性和因材施教原则。

1. 自然适应性原则

这一原则贯穿于夸美纽斯的整个教学思想之中，尤其是教学方法之中。《大教学论》第14章就讲道："教学的恰切秩序应该从自然去借来，不能受到任何的障碍。"夸美纽斯依据其自然适应性原则，类比和论证了教育上的其他原则。他的论证顺序是：①自然法则；②自然界中遵循自然法则的实例；③现实教育中违背自然的错误做法；④如何依照自然法则来改进教育工作。这种类比的论证方法可以使人触类旁通，获取新的认识。但运用不好，则有牵强附会之弊。

2. 直观性原则

在夸美纽斯的教学理论中，直观性原则居于首要的地位。他认为直观性的教学可以保证教学来得容易，迅速而彻底。他为教师们定下了一条教学上的"金科玉律"，即"在可能的范围以内，一切事物都应该尽量地放到感觉的跟前。一切看得见的东西都应该放到视觉的跟前，一切听得见的东西都应该放到听觉的跟前。气味应该放到嗅官的跟前，尝得出和触得着的东西应当分别放到味官和触官的跟前。假如一件东西能够同时在几种感官上面留下印象，它便应当和几种感官接触。"

夸美纽斯直观性原则的理论基础是感觉论。他提出以下的理由："第一，知识的开端永远是从感官得来的。第二，科学的真实性与准确性，其所赖于感官证明的证明者较之其他一切事项都要多。第三，感官是记忆的最可信托的仆役。所以假如这种感官的知觉方法能被普遍采用，它就可以使得知识一经获得之后，永远可以保住。"

夸美纽斯最早给直观性原则赋予理论的性质，并且大大地充实和具体化它的内容。但是由于他所处的时代和当时哲学发展水平的限制，使他对于直观性原则做出了一些错误的论断，如过高地估计直观性原则在教学中的作用；对抽象思维和语言文字在教学中的作用和意义缺乏正确的认识。

3. 自觉性和积极性原则

夸美纽斯认为学习的首要条件是自觉的学习，是对于学习的热情和喜爱，是学习的不可抑制的欲望。因此他主张在教学过程中应首先把学生的学习热情和欲望激发起来。夸美纽斯针对经院主义强制性教学的错误做法而提出教学中的自觉性、积极性原则，有着很重大的意义。但他没有也不可能提供激发学生学习自觉性与积极性的真正途径。

4. 系统性与循序渐进性原则

夸美纽斯提出了教学的系统性和循序渐进性原则。他主张学生在学校中应该学习周全而有系统的知识，为了实现这个目的，应先从教学要有系统性的计划做起，他指出，"一门功课的排列，应组成一个百科全书式的整体，其中一切部分全该来自一个共同的来源，各在各自正当的地位"。要有系统地组合教材，他提出了"关于事物的知识应该放在关于它们的组合的知识之前，例证应比规则先出现"之类的基本原理。

夸美纽斯还提出了一些关于教学循序渐进的规则如由易到难，由近及远，后教的以先教的为基础等的规则。他指出，"假如能让新的语文的学习逐渐进行（因为这是最容易的），然后再学写作（因为这里还有思索的时间），最后才学说话（这一点最困难，因为说话的步骤是很迅速的）"。他指出，"假如教材的排列能使学生先知道最靠近他们的心眼的事物，然后去知道不大靠近的；再后去知道相隔较远的，最后才去知道隔得很远的"。

5. 巩固性原则

夸美纽斯提出了巩固性教学原则，就是要求学生牢固地掌握所学习的教材。他也为实行这个原则拟定了一些规则：首先，把学习的基础打好；其次，记住已领悟的教材；最后，他认为练习是巩固性教学所必不可缺的因素。

6. 量力性和因材施教原则

夸美纽斯正确地提出教学应根据学生的年龄及其能力来进行。教学的科目及其内容的排列应根据学生的年龄及其理解。他指出："一切应学的科目都应加以排列，使其适合学生的年龄，凡是超过了他们理解的东西，就不要给他们去学习。"其次，在教学中应该考虑到学生的接受能力而不使他们负担过重。他建议：①"班级授课尽量加以缩减，即是减到四小时……自修的时间也相等"；②尽量少要学生去记忆，这就是说，只记最重要的事项，对于其余的，他们只需领会大意就够了；③一切事情的安排全都适合学生的能力，这种能力自然会和学习与年龄同时增长。

夸美纽斯要求教学应根据学生的年龄和能力的同时，还要求教学要适应各个学生的心理、学习的品质和能力。他指出："知识若是不合于这个或那个学生的心理，它就是不合适的。因为人们的心理的分别和各种植物、树木或动物的分别是一样巨大的；这个须得这样去对付，那个又必得那样去对付，同一个方法是不能够同样地施用于一切人们的。"这种"因材施教"的教学基本原理是应该肯定的。

（八）论道德教育

夸美纽斯认为完全尽职的学校应该是"一个真正锻炼人的地方"，为了这个目的，学校的任务不单是去教导科学，还应该是教导道德。但是当时学校对于道德品质的培养并不重视，"所以在大多数情形之下，学校培养出来的，不是顺从的羔羊，而是凶狠的野驴和倔强的骡子，学校里培养不出合乎德行的品性，培养出的只是一种虚伪的道德装潢，一种令人生厌的、外来的文化表面和一些专务世俗虚荣的手脚与眼光。那些在语文与艺术上已受到这种陶冶的人，他们又有几个知道自己应该成为世上其余的人们实行节制、仁爱、谦逊、慈悲、严肃、忍耐与克制的榜样呢！"

他认为学校里面除了科学和艺术的教导外，还有更为重要的工作，就是道德教育，他认为这是学校里的一种"真正的工作"。夸美纽斯主张"主要的德行应当首先培植；这种德行是持重、节制、坚忍与正直"。他扼要地叙述了这四种主要德行的内容及其意义：①持重。就是"对于事实和问题的健全的判断"，他认为这"是一切德行的真正基础"。他又说："健全的判断应该在幼年去练习，这样，它到成年时代就可以发展起来了。一个孩子应当追求正当的事情，避免无价值的事情，因为这样一来，正确判断的习惯就可以变成他的第二天性。"②节制。这是一种在各种生活行为方面不过度的品质，即在饮食、睡眠、工作、游戏、谈话等方面，"在整个受教的期间以内，实行节制"。他认为在这些行为上面应遵守一条"金科玉律"，就是一切不可过度。③坚忍。是要求孩子们习于用自己的理智去做一切事情，"因为人类是一种理性的动物，所以应当听从理智的领导，在动作之先应当仔细想想每种作为应该怎样去做，使他自己真能成为自己行为的主宰"。④正直。是对于别人抱着公正无私的态度，是不伤害别人，它是和自私自利、虚伪与欺骗相对立的。他指出，"我们应当用心把人生的真正目标灌输给青年，要使他们受到教导，知道我们生来不是单为我们自己的，而是为了……我们的邻人，是为了人类"。

夸美纽斯提出的道德教育的方法，主要有实行、榜样、教训与规则、避免不良社交和惩罚。他关于这些方法做了以下简括的阐述：①实行。他认为"德行是由常做正当的事情学来的"。因为"我们是从学习知道我们应当学习什么，从行动知道我们应当怎样去行动的。孩子们容易从行走学会行走，从谈话学会谈话，从书写学会书写；同样，他们可以从服从学会服从，从节制学会节制，从说真话学会真实，从有恒学会有恒"。②榜样。他主张"父母、褓姆、导师和同学的整饬的生活的榜样应当不断地放到儿童的跟前"。因为孩子们善于模仿，所以易于接受榜样的影响。他所谓的榜样包括书本上取来的榜样和事实上活的榜样两种，他则认为"事实上活的榜样更为重要，因为它们所产生的印象更加强烈"。③训条与规则。他认为训条与规则是模仿的"补充与强化"，在培养孩子们的道德行为时，应当有道德训条与规则的教导，使他们从道德理论上了解道德行为的意义。为此有必要向他们解释一些道德训条与规则如："我们为什么要反对嫉妒？我们应当怎样节制快乐？愤怒应当怎样控制？非法的爱恋应当怎样驱除？"等等。④避免不良社交。他认为"青年人应当小心地防备一切腐败的根源，如不良的社交，不良的谈话，没有价值的书籍之类"。⑤惩罚。惩罚的适当运用。这在道德教育中也是不可或缺的方法。惩罚之所以需要，就是使"犯了过错的人应当受到惩罚。但是他们之所以应受惩罚，并非因为他们犯了过错，而是为了要使他们日后不去再犯"。在施行惩罚的时候，教育者应该确知惩罚的目的和方法，不应盲目施用。他说："教育青年的人最好能够使其知道它的目标，它的题材和它的可以采用的各种方式，然后就可以知道有系统的严酷是为什么要施用、什么时候应当施用和怎样一个用法了。"在施用惩罚时，应当免去一切感情用事，应使受罚者感到你是公正的。他指出，"纪律应当免除人身的因素，如同愤怒或憎恶之类，应当以坦白的态度，持以诚恳的目的，使学生也能知道为的是他们的好处"。

夸美纽斯在道德教育上没有脱离宗教道德的规范，他还保留着宗教的道德观。在道德教育的内容和方法上，他所做的研究远不如他在教学理论上的深邃而丰富，但他也提出了一些较有价值的见解，如在培养主要德行方面注意到培养节制、坚忍的德行，在方法方面重视实行和榜样，这些思想都是比较具有积极意义的。

（九）论教师的地位和作用

夸美纽斯非常重视教师的地位和作用，他认为教师的职位是"太阳底下再没有比它更优越的"、光荣的职位。在当时来说，这是一种对于教师的新的进步的观点。因为在此以前，教师的职业，特别是小学教师的职业，没有受到尊重。夸美纽斯要求一方面居民要尊重教师，另一方面教师自己应当明白他在社会中起着重要的作用，应该充满自尊感。

夸美纽斯向教师提出较高而正确的要求。他认为教师应该是一切善行的公正、积极、坚决的活的模范。他要求教师要以整饬的生活的榜样不断地放到儿童的跟前，他们"是用了最大可能的小心选来的，具有优异的德行"。他应爱护自己的事业，以慈父的态度对待学生，考虑和鼓励儿童的学习兴趣。他要求教师要做到能激发"孩子们求学的欲望"，他们必须"是温和的，是循循善诱的，不用粗鲁的办法去使学生疏远他们……"他还要求教师要把教育事业奠定在科学基础之上，就是要"把训练心智的艺术奠定在一个坚固的基础上面，使我们能够得到可靠的与准确的进步"。

第四章　洛克与《教育漫话》

一、作者简介

约翰·洛克（1632—1704 年），17 世纪英国著名的哲学家、政治思想家和教育思想家，英国著名的实科教育和绅士教育的倡导者。洛克的双亲都是清教徒。1647 年，在父亲的友人，也是国会议员 Alexander Popham 的资助下，洛克被送至伦敦就读威斯敏特公学（Westminster School）。从威斯敏特公学毕业后，洛克接着前往就读牛津大学基督教堂学院（Christ Church）。虽然洛克的成绩相当杰出，他却对大学安排的课程感到相当乏味和不满，他发现一些当时的哲学家例如笛卡儿等的著作都要比大学里教授的古典教材还要有趣。通过在西敏中学认识的同学理查·洛尔的介绍下，洛克开始将兴趣转向一些实验哲学和医学的研究。1656 年洛克获得学士学位，接着在 1658 年获得硕士学位。由于在牛津期间广泛学习医学并且曾与许多知名的科学家如罗伯特·波义耳、罗伯特·胡克共事，洛克后来还在 1674 年获得了医学学士学位。

1666 年，洛克结识了当时著名的政治家舍夫茨别利伯爵，并担任他的家庭医生和教师。1683 年，洛克因政治牵连而逃至荷兰避难，1688 年洛克跟随奥兰治亲王的妻子一同返回英格兰。在抵达英国后不久洛克开始将大量的草稿出版成书，包括《人类理解论》《政府论》以及《论宽容》都在这段时期接连出版。1693 年出版了著名的教育著作《教育漫话》。

从 1691 年开始洛克一直住在玛莎姆女士的家中，洛克在 1704 年 10 月 28 日去世，并被埋在艾赛克斯郡东部 High Laver 小镇的一个教堂墓区。洛克终身未婚，也没有留下任何子女。

虽然洛克一生中经历了王政复辟、伦敦大火、伦敦大瘟疫等许多历史事件，他仍没来得及在有生之年看到他的理念被实践。君主立宪制和议会民主制的发展在洛克的时代还处于早期阶段。

二、成书背景

文艺复兴和宗教改革运动以后，欧洲的生产力进一步提高，人文思想获得广泛传播；自然科学中一系列重大发明和发现，使欧洲人的思想观念进一步贴近现实、注重世俗，并引发对传统权威观念的进一步挑战和新思想的流行。17世纪英国"光荣革命"之后，资产阶级开始踏上历史舞台，但是17、18世纪英国教育的发展是十分缓慢的，主要阻力来自教育自由的气息。革命后新生力量软弱，又逢内战起伏，难以顾及教育事业的发展，学校教育主要还是沿袭了文艺复兴和宗教改革形成的传统。

国家政权不关心教育，初等教育初等学校的教学条件很差，教学内容极为简单，重宗教阅读而轻视计算。受宗教"原罪观"的影响，儿童被视为有罪的人，学校盛行体罚。教师不是专门职业，多由手工业者、教堂人员、伤残军人、老年人充任，地位很低。学校的教育对象主要是贫民儿童，富人则聘用教师对子女进行启蒙教育和中学预备教育。

中等教育主要是富家子弟的升学预备教育，与贫困青少年无缘。文法中学和公学都是私立寄宿的，也接受来自教会等社会团体的资助。受封建主义和古典主义等思想的影响，教学内容脱离实际的社会生活，教学方法也存在很大问题。这样的教育难以适应资本主义发展的需要，改造传统教育迫在眉睫。

洛克在《教育漫话》一书中，所阐述的绅士教育为当时英国改造旧教育创办新教育指明了方向。此书是洛克在1683年至1689年流亡荷兰期间，由为友人爱德华·葛拉克教育儿子的问题所写的信整理而成，1693年正式出版。洛克的教育思想还散见于《人类理解论》和《工作学校草案》。

三、原著概要

《教育漫话》先后译为法、荷、瑞典、德、意等国文字，在这部著作中，他详细审定了绅士教育的性质、目的、内容和方法。这部著作，反映了新兴的资产阶级的要求，批判了当时英国的传统教育，提倡较广泛的、切合实用的教学内容和方法，并在体育、德育和智育方面，提出了一系列有价值的建议。

全书不分篇章，共 217 节，主要分为三部分：第 1 ~ 30 节，论述身体和饮食方面的健康教育；第 31 ~ 146 节论述道德教育；第 147 ~ 216 节论述智育（包括学问、知识和技能等）；第 217 节为结论。

四、教育思想解读

（一）人性假设

洛克在对于人的观点上，既反对奥古斯丁的人性原罪概念，也反对笛卡儿的人类天生了解基本逻辑命题的天赋观念。洛克在《人类理解论》中，假定人的意识是"空白"的，如同一块"白板"，等待用经验来"填充"。洛克利用柏拉图《泰阿泰德篇》中使用的术语来描述意识，认为意识类似于一块"蜡板"。虽然洛克大力提倡"白板"意识理论，不过他也相信天生的才能和兴趣。例如，他忠告父母们要小心照管子女，以便发现他们的"性向"，培育孩子们自身的兴趣，而不是强迫他们参加他们不喜欢的活动。

（二）教育目的和作用

洛克认为教育的目的是为了培养绅士。绅士教育是指已取得政权的英国资产阶阶和新贵族子弟的教育，洛克主张把他们培养成为身体强健、举止优雅、有德行、有智慧和才干的事业家。

洛克高度评价教育在人的成长中的巨大作用，认为人之好坏，或有用或无用十之八九都是他们的教育所决定的。教育的社会意义则在于它关系到国家的幸福与繁荣，不过洛克更注重的是，教育对个人幸福、事业前途的影响，显示出明显的功利主义和个人主义色彩。在教育的具体形式中，洛克认为，学校是集合了一群满身毛病学童的机构，只有家庭聘用优良的教师，才能有利于儿童发展个性，避免被恶习熏染。

（三）教育的内容

1. 体育与健康

洛克在书中首先论述了精神与健康的关系问题，既身体与精神相互联系缺一不可，他认为，只有身体健康，才能服从并且执行精神的命令。在此基础上他提出了关于儿童保健的十条建议。洛克关于体育的具体意见，更多的是针对当时贵族家庭对子女娇生惯养的风气，强调生活各方面的忍耐、劳苦，如饮食简单、衣履单薄、睡硬板床、少用药物等。洛克关于体育的讲解内容十分丰富，其内容的新颖与系统在西方教育史上没有先例。

2. 德 育

洛克把听从理性的指导，克制自己的欲望看成一切道德与价值的重要标准及其基础，儿童虽然因为幼小而无理性可言，但是教育者应当依据理性去约束儿童，不可放纵溺爱。洛克具体论述了诚实智慧、勇敢、仁爱的美德，但他特别重视礼仪，讲究礼仪就是整个外表和举止要优雅有礼，并视社交对象与环境灵活自如地表现自己，从而博得朋友的好评，受到欢迎和重视。洛克强调德育中的早期教育行为习惯和良好榜样，主张尽可能不使用体罚的手段。

3. 知识与技能

洛克强调，德行重于学问，学问的内容必须是实际有效有用的广泛知识。学习的科目有阅读（《伊索寓言》、祷词、教义、十戒、《圣经》）、写字、作文、修辞学、逻辑学、图画、速记、法语、拉丁语、地理、算术、天文、几何、历史、伦理学、法律和自然哲学等。但是，绅士需要的是"事业家"的实用知识，不要求他们成为学者。

除了文化知识，洛克还倡导技能教育，在众多技艺中，绅士子弟学习一两种即可，以调剂生活、增进健康。

第五章 卢梭与《爱弥儿》

一、作者简介

让·雅克·卢梭（1712—1778年），18世纪法国启蒙运动中激进的思想家。在文学、教育学、社会学、政治学上都是近代历史开创性的人物，共和制度的提出者，"自由、平等、博爱"的首创者，法国革命的先驱与思想导师。他出生时的命运很不幸，在不到十岁的时候，父母就先后离他而去，他就成了一名流浪儿童。但是他唯一的幸运就是在六七岁的时候就被嗜好阅读的当钟表匠的父亲教会了阅读。他们常常在一起阅读到天亮，直至清晨的鸟叫声把他们父子俩惊醒。

十岁被送到朗莫西埃牧师那里，两年内学会了拉丁文。13～15岁时他在一个暴虐的镂刻师的店铺当学徒，遭受很多磨难。两年后他终于弃职离乡，来到法国，开始了长期颠沛流离的生活。在所有的思想家中，卢梭可能是最奇特的一个。他基本上可以说没有受到过什么正规的教育，只是在流浪过程中，也常常不忘记带上一本书。只要能够糊弄饱肚子，他就不忘记率性地、随意地胡乱地读一些著作。但是他的知识面相比当时百科全书派的思想家们来说，实在是狭窄浅薄得可以。所受的教育与素养方面更是少得可怜。但是卢梭不同于那个时代的重要特点就是，他不是完全依靠前人的文化滋养成长起来的思想家，而是依靠女人、天赋及大自然而触发灵感的思想家。

1742年，卢梭来到巴黎，结识了启蒙思想家的先锋人物伏尔泰以及狄德罗等人。当时以编辑百科全书为手段，掀起传播新知识、宣扬新思想、揭露社会黑暗的启蒙运动。

1750年，卢梭在三十岁时一举成名。第戎科学院开展了一次有奖征文活动，题目是《论科学与艺术是否败坏或增进道德》。卢梭的论文论证了科学和艺术进展的最后结果并未提高人类的品德，该文以深刻的思想、感情的充沛和优美的文笔而获得头奖，法兰西为之瞩目。随后他又写出了许多其他著作，其中包括《论人类不平等的起源和基础》（1755年）、《新爱洛伊斯》（1761年）、《爱弥儿》（1762年）、《社会契约论》（1762年），所有这些著作都提高了他的声望。此外卢梭对音乐有浓厚的兴趣，写了两部歌剧：《爱情之歌》和《村里的预言家》。

他的思想无论在文学、教育还是在政治领域都是超前他生存的那个旧时代的。当时的百科全书派的著名思想家们全是因为他的思想过于超前而妒忌得疯狂地攻击他。他们从不厌倦地批判当时的旧社会专制体制，而卢梭却是悄悄地背着他们在构建新共和制度。他惊人地提出了"自由、平等、博爱"的思想。他崇尚自然，性情浪漫，毫无拘束，率性而为，无所顾忌。他一个人与当时的法国贵族王权政府为敌，与启蒙学派的百科全书派的众多思想家为敌。

1762年教育论著《爱弥儿》出版，此书探讨人性发展，培养理想的社会新人，揭露了教会学校泯灭人性、腐朽愚昧的教育状况。《爱弥儿》引发了社会的轰动，巴黎大主教亲自出面焚书，卢梭遭到通缉，于1762年至1769年颠沛流离于各国，四处遭逐，最后秘密回国隐居乡村。

1770年，卢梭得到赦免重返巴黎，同年完成了伟大的自传体著作《忏悔录》。卢梭的晚年贫困交迫，但仍充满战斗气息，从不向封建政权妥协，1778年7月2日，六十六岁的卢梭在巴黎近郊与世长辞。一百年以后，他被法国政府宣称为革命的先驱与伟大的思想导师，号称共和国的国父，被众多的革命者抬进了法国的先圣祠。

二、成书背景

继16、17世纪荷兰和英国相继发生资产阶级革命之后，18世纪的西欧正处于资本主义经济日益发展壮大，封建社会行将崩溃，更为深刻的资产阶级革命即将到来的时期。这种情况在法国表现得尤为明显。当时，法国是一个落后的封建专制国家，路易十四的"朕即国家"这句骄横的名言，就反映了这种专权状况。封建贵族和僧侣们凭借封建王权和神权对第三等级施加沉重的压迫，使整个第三等级其中包括资产阶级完全处于政治上无权的地位。经济上，封建贵族和僧侣们拥有大量的土地，控制着财政税收大权，残酷剥削和掠夺第三等级，特别是广大工农劳苦大众。但是，随着资本主义生产的发展，资产阶级的经济实力日益扩大，使它再也不能容忍那种无权状况。反对封建压迫，推翻君主专制制度，扫除资本主义发展的障碍，成了第三等级的共同要求。

政治、经济、文化、教育各个领域危机重重，预示着法国大革命的到来，启蒙运动的兴起成为必然。启蒙思想家尖锐抨击封建专制制度和教会，提倡理性、启发民智，同时非常重视教育，要求培养资产阶级新人，改革不合理的社会制度。卢梭和其他资产阶级启蒙思想家的著作正是反映了这一要求。《爱弥儿》一书正是卢梭通过对他所假设的教育对象爱弥儿的教育，来反对封建教育制度，阐述他的资产阶级教育思想。

三、原著概要

《爱弥儿》是卢梭的教育哲理小说。卢梭在《爱弥儿》中提出了通过家庭教育或自然教育来培养"自然人"的设想，其教育目的论充满了反封建的民主主义精神，他反对封建等级教育制度，反对培养封建贵族及依附于封建权贵的各种专业人才。"自然人"是自食其力的，他能迎接命运的挑战，适应各种客观形势变化发展的需要，其实质是资产阶级新人的形象。正如卢梭的传记作家所言，他是在用后半生写自己的前半生。卢梭也曾说过，这部书构思花了二十年，写作花了三年。

这部书包括了五卷内容，分别为婴儿期（0～2岁）、儿童期（2～12岁）、少年期（12～15岁）、青年期（15～20岁）和婚姻。各卷又分别具体阐述了该阶段的教育内容及侧重点，主要内容如下：

第一阶段是婴儿期（0～2岁）的教育。以身体的养育和锻炼为主，进行体育教育，"健康之精神寓于健康之身体"，顺应自然，通过合理的饮食、衣着、睡眠、游戏实施正确的体育。应把儿童送到适宜于他们发育的乡村环境中，而且妇女也应该到乡村中分娩，要自己哺育孩子，尽到做母亲的责任。家庭教师的选择很关键，一定要选受过良好的教育、不重金钱名利、尽可能年轻的人，指导孩子如何做人，而不是随便拿什么东西去教育孩子。

第二阶段是儿童期（2～12岁）的教育。这一时期被称为"理智睡眠期"，因此主要进行感官教育。他强烈批评向学生灌输理性教育的做法，他认为，向儿童的头脑中过早地灌输一次教育，就是在他们的心灵深处种下了一个"罪恶的根"。这一时期儿童对一些道德观念不能理解，不能进行道德说教，应该让儿童遵循自然法则，结合具体事例使他们从自己的直接经验中受教育。当儿童犯错误后，不必直接控制他，而是让他在同自然的接触中，体会到自己所犯错误和过失带来的自然后果，即采用"自然后果法"教育儿童。

卢梭重视这一时期的感官训练和身体发育，提出了较为详细的训练原则和方法。如培养儿童身体对痛苦的适应能力，进行触觉训练、视觉与触觉的配合训练、听觉的音乐训练，以及注意饮食清淡戒贪等。经过这种自然教育，获得了相应的理智，也获得了他的体质许可他享有的快乐和自由，就可以说是"成熟的儿童了"。

第三阶段是少年期（12～15岁）的教育。根据自然法则的顺序，"现在是到了工作、教育和学习的时期了"，主要对少年进行智育和劳动教育。

智育的任务首先是培养少年的学习兴趣和掌握学习研究的方法，在学习内容方面，只学习有用的、增进聪明才智的知识，只有真正有益于幸福的知识，才值得一个聪明的人去寻求。这一阶段只提到自然科学，不主张学习历史、哲学等社会学科。这一阶段的学习方法是要求学生在实际活动中学习，以经验为基础，独立研究和观察大自然中的各种事物。

从培养"自然人"的独立性出发，少年期的孩子要学会劳动，学会使用各种工具，懂得各种技术的机械原理，这个过程能够陶冶思想，锻炼思维能力，以手来帮助心灵的发展。

第四阶段是青年期（15～20岁）的教育。主要对青年人进行道德教育。十五岁以后的阶段是男孩脱离儿童状态的"第二次诞生"，生理和心理上发生了狂风骤雨般的巨变，"一种暗暗无声骚动预告危险期即将到来"。这时的少年已经长大，能够意识到道德观念和社会关系，爱弥儿可以返回城市，做城市社会中的自然人了。

进行道德教育时，否定先天道德观念，但又认为人生而具有"公平的道德原则"，这就是良心。服从良心的指导就可以只凭感觉迅速做出道德判断。道德的价值主要是心灵的内在满足，为了道德而道德。道德教育应该从发展人的自爱自利开始，进而扩大到爱别人，把自爱变成美德，进而得到别人的爱。要培养善良的情感、公正的道德判断力以及坚强的道德意志。

宗教教育也是这一时期道德教育的重要内容。一个人依从天性发展到一定程度时却又能自然而然地理解宗教，信奉上帝，这是在他的良心和成熟的理性指导下观察和研究自然的必然结果。

关于性教育，卢梭认为，应当顺从，自然发展，既不盲目一致，也不妄加鼓励，应使青少年远离不正当诱惑，避免刺激早熟。

在《爱弥儿》第5卷中，卢梭论述了女子教育和爱情教育。他认为只有纯净的灵魂才能使爱情更加美满，并借此摒弃一切不良的生活。女人的天性，应该是成为贤妻良母。女子教育主要是锻炼身体，培养温顺的性格，学习治理家事，风度优雅并具有思考的习惯，卢梭不赞成女孩学习更深奥的科学知识。这主要是针对当时贵族妇女不事家务，奢侈放荡的风气而言。

四、教育思想解读

（一）人性假设与自然主义教育观

卢梭关于人性本善的观点是他整个社会发展观的一部分，这种人性观直接导致了卢梭的自然主义教育理论。卢梭认为，人类的原始时代，每个人都没有社会性和私有财产，因此纯洁、善良，没有相互的欺压，一切顺从天性。在人的天性中，包括两种先天存在的自然感，即自爱心和怜悯。人类之所以变得充满欺诈、贪婪、倾轧、罪恶，是由于人们学会了利用自然界，相互帮助而组成了社会，继而产生了私有制和国家。

自然在教育上指人性中的原始倾向和天生的能力，善良的人性存在于纯洁的自然状态之中。因此，只有归于自然的教育，才有利于人保持善良的天性。这就要求教育遵循自然天性，也就是要求儿童在自身的教育和成长中取得主动地位，无须成人的灌输、压制、强迫，教师只需创造学习的环境，防范不良的影响，它的作用不是积极的而是消极的，所以卢梭也常提及"消极教育"。

（二）教育目的

自然教育的培养目标是"自然人"，这与"公民"的概念相对。公民依赖于专制社会，没有自由，是一批依靠他人劳动为生的人。相对于专制国家的公民来说，在自然的顺序中，人是独立自主、平等自由、道德高尚，能力和智力极高的人，是像鲁滨孙那样经受命运打击仍能愉快生活的人。"自然人"并非与"社会人"完全不容，他既能做到为社会成员的职责，又能保持纯真的天性自由发展，不受腐朽思想侵蚀。

（三）教学方法

1. 正确看待儿童

卢梭的性善论针对于宗教中的原罪说，并在此基础上提出了新的儿童观，自然教育的一个必要前提就是要改变对儿童的看法。他提出在万物的秩序中，人类有他的地位；在人生的秩序中，儿童有他的地位；应当把成人看作成人，把孩子看作孩子。之前的许多教育论著及教育实践者都是将儿童作为被动的受教育者来看待，而教师、成人始终是教育的中心，忽视儿童的价值与人格，忽视儿童的天性、生理心理特征、生活能力，主观地设想儿童的未来，把儿童引向追求遥远的利益，千篇一律的灌输方式造就了年纪轻轻的博士和老态龙钟的儿童，使他们丧失了活生生的力量。

2. 给儿童以充分的自由

成人的不干预、不灌输、不压制和让儿童遵循自然率性发展，就是所谓的"消极教育"。

消极教育要做到两件事：一是观察自由活动中的儿童，了解他的自然倾向和特点；一是防范来自外界的不良影响。

由此我们可以看到，所谓"消极教育"实际上就是与传统的教育相反，使成人、教师在教育中的中心位置让位于儿童的自主发展。它带来了儿童观、教育观翻天覆地的变化。卢梭自然主义教育理论的伟大之处就在于第一次把儿童提升至教育的中心地位，实现了教育对象和过程的主体转换；就在于他重视儿童的天性，详细论述了儿童生理、心理因素在教育中的极端重要性，从根本上改变了教育方法、措施和目的，从而揭开了教育历史发展的新篇章。

3. 重视感官训练

卢梭像其他启蒙学者一样，承认感觉是知识的来源。他说，所有一切都是通过人的感官而进入人的头脑的。正是有了这种感性的理解做基础，理智的理解才得以形成，感觉是人的知识的原料。孩子们不成熟、不完善的感官需要通过训练来逐步提高。卢梭设想了种种训练感官的方法，其系统性是前所未有的。而这正是为了解决当时的教育只重书本的不良现象，而有针对性地提出的解决方案。

第六章　裴斯泰洛齐与《葛笃德怎样教育她的子女》

一、作者简介

约翰·亨利赫·裴斯泰洛齐（Johann Heimrich Pestalozzi，1746—1827年），瑞士著名的民主主义教育实践家和教育理论家。他同情劳动人民，热爱穷苦儿童，希望通过教育使他们摆脱贫困，过上幸福生活。为此，他把毕生的精力献给了人民教育事业。

裴斯泰洛齐出身于苏黎世一位外科医生家庭，五岁丧父，受到慈母和善良女仆的爱抚与教育，培养了他善良的性格。他的祖父为农村牧师，童年时期的裴斯泰洛齐常到祖父处游玩，亲眼看到处在封建主义和资本主义双重压榨下农民的悲惨生活和人间的不平，激起了他深刻的同情，决心为解除劳动人民的痛苦而贡献自己的一切力量。中学毕业后，裴斯泰洛齐进入当时极具人文主义倾向的苏黎世大学求学。在大学学习期间，他广泛阅读了一些启蒙思想家的著作，深受启蒙思想家博爱思想的影响，卢梭的自然主义教育思想对其的影响更是深远。1762 年，卢梭的名著《社会契约论》和《爱弥儿》相继问世，裴斯泰洛齐读后深受感动。在卢梭强烈的民主主义思想影响下，他弃习神学，改学法律，以保护人民权利为己任。1765 年，裴斯泰洛齐因撰文批判政府而被短期监禁，获释后，他尽毁文稿，弃学法律，致力于农业改革活动。

1768 年，裴斯泰洛齐在苏黎世附近购置一块园地，办起一所示范农场，取名涅伊霍夫（Neuhof），意为新农庄。翌年，他同新婚妻子安娜搬进了新农庄，他们试图通过农业改革实验，示范农民，提高他们的耕作技术和管理水平，从而提高产量，改善生活。但是，这个试验很快就失败了。

1774 年，裴斯泰洛齐召集了 20 个又穷又脏的孤儿和流浪儿童，利用自己的住宅办起了一所贫儿学校，学校发展很快，1776 年增至 50 名儿童。贫儿学校的办学方针与一般的孤儿教养院有所不同，它重视教育。裴斯泰洛齐要在贫困之中教育穷人，使之认识贫困的原因，从而培养克服穷困的能力。他曾说，教育的目的就在于训练儿童的能力，使他们能够有把握地对付日后生活，能够冷静地对付贫困。因此，贫儿学校的儿童一面从事农业和纺织劳动，一面学习读、写、算的初步知识，并接受道德教育。裴斯泰洛齐坚信，通过这种合理的教育，定可使这些具备人的一切才能和力量的贫苦儿童，具有知识，热爱劳动，心地善良，能够自食其力，享受人的尊严和快乐。他说，"我长年地生活在 50 个贫苦儿童中间，我们与他们同甘共苦，我自己生活得像个乞丐，为的是让乞丐们生活得像个人"。经过裴斯泰洛齐的精心栽培，孩子们的身体、智慧和道德都得到了明显的进步。但是，建立在儿童自给劳动基础上的贫儿学校，是无法维持下去的，1780 年，这个实验又失败了。

裴斯泰洛齐的新教育实验虽又失败，但他通过教育改革社会的信心并未动摇。此后 18 年间，他集中精力，专心著作，总结经验。1780 年，他以《隐士的黄昏》为题，在杂志上陆续发表教育格言 180 条，在这里，他尖锐地批判了当时形式主义的、专制主义的学校教育，主张教育应发展儿童的天赋内在能力，教育方法应是自然的，家庭是最理想的教育场所。这些思想后来都成为他的教育信条。1781—1787 年，裴斯泰洛齐发表了他的教育小说《林哈德与葛笃德》1～4 卷。这部书描写了贤惠的妇女葛笃德在"善良的"县长支持下依靠改良生产，改革教育，改造社会的故事。它反映了裴斯泰洛齐的社会政治理想。这部教育文艺名著给裴斯泰洛齐带来了极大的荣誉，1792 年，法国革命政府授予他"法兰西共和国公民"的荣誉称号。

1798 年，瑞士在法国的影响下发生资产阶级革命，成立了共和国。裴斯泰洛齐接受新政府的委托，主持斯坦兹孤儿院。孤儿院收容了 80 个因战乱而无家可归的 5～10 岁孤儿，这些流浪街头已达四个多月的孩子，初来孤儿院时大多数身心都有严重创伤，很多人有慢性皮肤病，步履不便，头上痒痛；衣衫褴褛，满身虱子；还有些孩子骨瘦如柴，形容枯槁，目光无力；有些不知羞耻，习惯于乞求、伪善和欺骗；有些为不幸所折磨，变成猜疑、胆怯的人，完全缺乏感情；还有的娇宠成性，显得自命不凡，不与别人来往。他们有着一个共同的地方就是懒散怠惰和缺乏知识。然而，这些丝毫没有降低裴斯泰洛齐从事这项工作的热情。他把全部心血倾注在孩子们身上，用慈父般的爱去滋润孩子们的心田，他既是孩子们的良师，又是他们的益友。他一切为了孩子。从早到晚，一个人和孩子们在一起，是他的双手供给了孩子们身体和心灵的一切需要。他用形象、直观的教学方法启发孩子们的天赋智慧，形成他们的判断，激发他们的才能。他让孩子们过着共同的新生活，努力唤醒他们的同情心，建立兄弟般的情谊，使他们成为热情的、公正的和亲切的人。经过裴斯泰洛齐呕心沥血的辛勤抚育，孩子们的身心状况大不相同了，他们身体健康，爱好学习，聪明活泼，友善待人。可是，裴斯泰洛齐的成功实践并没有持续多久，就因孤儿院改作伤兵病院而中止。斯坦兹孤儿院虽然只存在短短的五个月，但对裴斯泰洛齐来说却具有极大意义，是他一生活动的转折点。不仅增强了他对教育工作的信心，而且探索了初等学校的教育教学工作方法。斯坦兹的经验给裴斯泰洛齐指出了一条宽阔的道路，也使他更加明确了自己的方向。

1799 年 7 月，裴斯泰洛齐到布格多夫城，先是在一个皮鞋匠开办的贫儿学校里做助理教师，不久，又到一所收容 5～8 岁的市立幼儿学校任教。在这里，裴斯泰洛齐继续热情地从事教育教学方法改革实验，并取得优异成绩。1800 年他创设了一所学校，邀请志同道合者共同进行教学法的实验。在这里，他确立了"教育心理学化"的思想，强调一切教学必须依照儿童心理的发展而进行，从对事物的直接观察开始，在教授语言、算术、地理、历史、图画、唱歌、体操等课程时，均采用直观教学法，形成了教学法体系，学校的成绩卓著，声望日高，各地教育工作者纷纷前来参观学习。1801 年，裴斯泰洛齐把布格多夫学校扩大，设立师范部，这是外国教育史上第一所用现代方法训练师资的学校。在这期间，裴斯泰洛齐不断总结自己的教育实践经验，陆续发表了《葛笃德怎样教育她的子女》《母亲读物》《观察初阶》《数的直观教学》等著作，较为全面地阐述了小学教育、教学方法的意见。

正当布格多夫学校日益发展的时候，瑞士政府于 1803 年要收回校舍改作他用，裴斯泰洛齐迫不得已于 1804 年迁校至他地。1804 年 10 月，裴斯泰洛齐又到伊佛东建立学校，继续实验他的教育理想。伊佛东学校的最初十年，是裴斯泰洛齐教育生涯的黄金时期。全校教职员同心协力，兢兢业业，为办好学校而奋发努力，学校的学生不仅来自全国各地，而且德、法、英、意、俄、美等国政府，也纷纷派遣青年前来学习，伊佛东学校成了蜚声欧美的"国际学园"，达官贵人、名流学者前来参观、学习者络绎不绝。

1808 年，二十六岁的福禄培尔前来师从裴斯泰洛齐，在这里学习达三年之久，对裴斯泰洛齐的事业极为钦佩，曾说："裴斯泰洛齐将成为我一生的座右铭"。同年，普鲁士政府选派 17 名教师，用三年研究裴斯泰洛齐的教育方法，回到普鲁士后进行广泛传播，扩展到整个德国。后来，裴斯泰洛齐的教学方法更传至英国，并经英国传入美国，及至 1860 年左右，欧美甚至出现了宣传、推广裴斯泰洛齐教育方法的运动，对欧美一些国家初等教育改革产生了巨大影响。

伊佛东学校的后期，情况发生了变化，学生中劳动人民子弟日渐减少，而富家儿女却不断增多。这完全违背了裴斯泰洛齐办学的初衷。同时，教师队伍中的矛盾也日益加剧，致使学校逐渐衰落。1825 年，裴斯泰洛齐怀着痛苦的心情离开了伊佛东，又回到了青年时代从事教育活动的地方——涅伊霍夫。他回忆了自己整个的生活历程，写下了《天鹅之歌》这部最后的著作。1827 年，这位致力于通过教育改变贫苦儿童而奋斗终生的老人，在八十二岁时与世长辞。

二、成书背景

裴斯泰洛齐生活的时代，资本主义已在瑞士发展起来，同时封建关系依然存在，人民受到了双重压迫，困苦不堪。当时瑞士的教育状况很差，国家局势动荡不安，政府也无力对处于底层的民众教育给予更多的关注。农村的儿童更是为了生计，从小做工，基本上没有受教育的机会，即便能有幸上学，受教育水平也十分低下。政府对于从事初中学校教育工作的教师也不给予工作上的支持，教师大多数由手工业者兼任，只为维持生活。

裴斯泰洛齐对农民的悲惨状况深表同情，对学校的落后局面极为不满，立志献身教育，并通过教育改造社会，解除人民的痛苦。他同情资产阶级革命，并加入了当时进步的青年学生组织"爱国者小组"，从事进步活动。1767 年"爱国者小组"被政府取缔，裴斯泰洛齐和其他成员被短期拘留，不久被释放。获释后，他便放弃学业，决心到农村去帮助农民并想方设法减轻农民的苦难遭遇，自此，他开始了整整六十年艰难的教育生涯。

三、原著概要

《葛笃德如何教育她的子女》一书，是裴斯泰洛齐借助葛笃德的形象，系统阐述他的教育教学思想和重要理论著作。从 1800 年元旦开始，裴斯泰洛齐采取给当时苏黎世的一位出版商亨利希·盖茨纳（Heinrich Gessner）通信的形式来表达他的教育理论见解。一共写了 14 封信。1801 年公开出版时，其中的第 7 封信被他的教育思想研究者、也是这组信件的出版者塞法兹（Seyffarth）分为两封，因此成为由 15 封信组成的定名为《葛笃德如何教育她的子女》专著。这 15 封信中所提出的理论、建议，对当时欧洲资本主义民主教育的发展有重要的促进作用，被看成裴斯泰洛齐教育理论中最具代表性的著作。

在 1898 年的英译本中，15 封信之后附录了《方法综述》一文。这是裴斯泰洛齐在布格多夫向"教育之友协会"所作的一次报告。这个报告是对他的教育活动的最初的系统性总结和理论阐释。其中，他首次提出了直观原则。他的"我试图使人类的教学心理化"的著名论点，也是在这里第一次提出。后来在《葛笃德怎样教育她的子女》中，在许多阐述和结论中，他都引用了这个报告。

《葛笃德怎样教育她的子女》中的 15 封信包含的内容很丰富，可以说基本上反映了裴斯泰洛齐教育理论的全部重要观点。

在前几封信中，他首次阐释了自己从事教育活动的思想基础和对彻底进行教育改革的认识。他提出，要想使劳动民众从知识不足、道德沉沦中解救出来，获得较好的生活，唯一的出路就在于让他们自幼年起进学校受教育，使个性与能力得到充分发展，能自己起来挽救自己。他给自己定下终生为教育改革而奋斗的目标："我将成为学校的教导者"。他还指出，教育改革绝不应只是在原有制度上的简单修补，其"最根本的人物，不是仅仅减轻那导致欧洲最广大人民衰弱的学校弊病，而是要从根本上进行救治"，即必须从教育的观念上、从制度上进行根本的变革。

在第 2、3 封信中，他记述了他的几名助手克吕希、托布勒和布思在他的教育实验中，在"教学心理化""简化教学机制"和"要素教育"等重大问题的探索方面所做的贡献，指出正是他们的写作和合作，挽救了他，使他的事业免遭夭折。

在第 4～12 封信中，他全面论述了智育或教学问题，论述了教学原则应与自然规律和儿童心理发展规律相统一，指出教学理论研究的全部任务在于"寻觅人类智力发展就其真正本性而言必须服从的那些规律"。这是这本书的重点与核心。他详细论述了对智育要素和要素教学艺术的探索过程，提出数、形、词是知识、认识能力和教学艺术的基本要素，并分别具体论述了数、形、词这些要素的教学，内容涉及初等学校语言、测量、算术各学科的教学内容和方法。对于贯穿教学论思想的主要教学原则——直观原则，他充分论述了其理论基础，反复讨论了关于教学应使学生由混乱模糊的感觉印象逐渐上升到清晰概念、从而获得知识和发展能力的问题。

第 13 封信主要论述实际活动能力的培养问题。他批判旧式学校不重视实际能力的培养，儿童只有文字知识而无行动能力，不能克服困难。从儿童个性、能力的协调发展出发，他提出必须重视培养儿童体力活动能力，并指出体力活动蕴涵着人的一切复杂实践能力，包括各种职业能力的基础。他认为，必须把培养行动能力作为一个相对独立的教育过程，而且要注意它与道德教育、智力发展过程的内在联系。

最后两封信主要论述了道德精神与宗教情感的培养。道德教育的基础是母爱，道德精神的核心是热爱他人，直至对上帝的挚爱，要使道德力量与宗教感情融汇起来。

该书始终贯穿着两条主线：教育心理化和要素教育理论。特别是教育心理化是他在教育理论上的一个重要贡献。

四、教育思想解读

（一）人性假设

受莱布尼兹的"单子"和"预成和谐"思想的影响，裴斯泰洛齐认为宇宙万物都是由上帝创造的，由无数的精神实体"单子"构成，因为上帝的安排，他们和谐相处，单子本身能够自动和谐的发展，由低级到高级，由模糊到明显。这些使得裴斯泰洛齐认为，人生来就蕴藏着各种能力和力量的萌芽，他们渴望得到发展，人有"心、脑、手"三种天赋和基本能力。"心"，不仅指伴随我们全部知觉和思想而来的感情，也包括基本的道德情感；"脑"指人认识世界、理智判断一切事物的所有内在精神的官能，包括感觉、记忆力、想象力、思想和语言。"手"指的是人身体的各种活动能力。这三种能力都具有从不活动状态到充分发展的内在倾向。

（二）认识论

受康德认识论的影响，裴斯泰洛齐将认识历程分为"感性""知性""理性"三个阶段。他承认人的一切知识都来源于经验，感觉只能作为诱因，人只能通过"空间"和"时间"这两种"感性直观的先验形式"去感知事物；只有感官才能把"以不明显状态存在的"观念引申出来，使之清晰，他所谓的认识，即从模糊的感觉印象上升到清晰的观念的过程。这些使得裴斯泰洛齐认为一切教育过程都要从最简单的要素开始。

（三）教育目的

裴斯泰洛齐认为教育目的应是"促进人的一切天赋能力和力量的全面、和谐发展"。他认为，人的本性包括智力、精神和身体三个方面，而且这三个方面是相互联系的，所以，他的教育目的就是通过教育使人成为有道德、有智慧、有劳动能力与身体健康的人。照裴斯泰洛齐的说法，这就是所谓的"完人"或"真正的人性"。在《林哈德与葛笃德》一书中，他借毕立夫斯基伯爵之口说："为人在世，可贵者在于发展，在于发展各人天赋的内在力量，使其经过锻炼，使人能尽其才，能在社会上达到他应有的地位"。这就是教育的最终目的。根据上述思想，他提出教育要适应自然，适应儿童的天性，使教育心理学化。

（四）教育心理学化

在西方教育史上，裴斯泰洛齐第一个提出"教育心理学化"，并在教育实践中探索以心理学为基础来发展人的能力的方法。在《葛笃德怎样教育她的子女》一书中，他曾写道："我长期地寻找一个所有这些教学手段的共同的心理根源，因为我深信，只有这样，才可能发现通过自然法则本身决定人类教养的形式。"

所谓"教育心理学化"一是就教育目的或结果的意义而言，要求教育教学应使人固有的、内在的能力得到培养和发展。他认为儿童的心理能力是先天固有的，主要由身体、智力和精神三部分组成，它们和谐一致地存在于内心，教育教学应促使人的固有的内在力量不断发展。同时，裴斯泰洛齐认为，每个儿童心理发展的方式与速度都是不同的，有的偏重智力，有的偏重情感。因而，他要求教育者应像母亲一样，时刻"判断儿童心灵中最微小的变化"，"注意他们间发展的不平衡"，要使儿童各方面的能力都得到均衡和谐的发展。

二是就教育教学的活动或过程的意义而言，要求教育教学应与儿童心理发展的特点和规律协调一致，使儿童在获取知识、发展智力和道德情感等诸方面都处于自然主动的地位。从认识论出发，裴斯泰洛齐认为，人的认识包括从感觉到印象，再从印象到概念三个阶段。因此，他强调直观性是教学的起点，并进一步把感觉上升为概念。

从历史的继承性来看，裴斯泰洛齐的"教育心理学化"显然是从卢梭的自然教育思想中引申发展出来的。裴斯泰洛齐在新的历史条件下，更加全面发展了"自然适应性"原则，使其更为丰富。裴斯泰洛齐的突出贡献是把卢梭的教育适应人的本性的思想发展为教育适应儿童心理的思想，提出了教育心理学化的主张，使卢梭提出的教育适应人的本性的思想有了坚实的基础，开拓了西方教育心理学化运动。

（五）要素教育

要素教育论建立在"教育心理学化"基础上，基本思想是教育过程要从一些最简单的，为儿童所能接受的"要素"开始再逐步转到日益复杂的要素，以促进儿童各种天赋能力和力量的全面、和谐的发展。他认为在关于事物的对象的任何知识中都存在着一些最简单的因素，人如果能掌握它们，就能认识它们所处的周围世界。学生掌握知识也有最简单的要素，教师如果掌握了它，就可以提高教学效果，促使学生全面、和谐的发展，为此，他主张对儿童的教学工作要从最简单的要素开始，逐渐扩大，加深。

裴斯泰洛齐的要素教育论根源于他承认教育的自然适应性。他认为儿童身上生来就潜藏着具有要求发展倾向的天赋能力和力量。儿童能力的发展是由简单到复杂的，教育就应该从最简单的要素开始，逐步转到更为复杂的方面。他指出了各种教育最简单的要素，这些要素是作为儿童天赋能力的表现形式存在于儿童身上的，它们是进行各种教育的依据。

裴斯泰洛齐的要素教育论，体现在他的初等教育的理论和实践方面，它包括体育、德育和智育等。

1. 体育

裴斯泰洛齐认为，体育的任务是通过身体的训练，发展儿童身体的力量和技巧。体育的最简单要素是各种关节的运动。它表现为最简单的体力表现形式，如搬、打、掷、拉、戳、摇、转等基本动作。把这些基本动作结合起来，可以构成各种复杂的动作，甚至人类各种职业所依赖的最复杂的动作。这是自然赋予儿童关节活动的能力，既是儿童体力发展的基础，也是进行体力活动和体育练习的要素。通过这些关节动作由简单到复杂的练习，就可以逐渐发展儿童身体的力量和各种技巧。另外，他还指出，这些动作练习应该与感觉和思维的练习协调起来，以使智力和体力同时得到发展。对于儿童来说，体育应该同时在家庭和学校中进行。

在论述体育的同时，裴斯泰洛齐还提出了劳动教育，他是第一个明确提出教育与生产劳动相结合的思想，并将其与人的发展紧密结合起来。他认为劳动教育应该从属于体育，通过劳动教育，可以使人和谐发展，培养劳动精神、技能和习惯，以便自力更生；培养优良的道德品质；发展智力，获得知识。裴斯泰洛齐认为做工、务农是劳动教育的内容。儿童在学校里要从事纺织、种地和养护动物。对于劳动教育的方法，他提倡边劳动，边读书。裴斯泰洛齐说，他的出发点是把学习和劳动，把教学和工厂相结合，使两者融合起来。并且劳动并不是为了收获一些成果，而是通过体力的练习，学到劳动和收获劳动成果的能力。

2. 德育

裴斯泰洛齐认为，德育的任务是使儿童发展良好的道德情感，培养自制能力，形成正确的道德观念。

德育的要素是儿童对母亲的爱。这种爱的种子是在母亲对婴儿的爱以及满足其身体上的需要的基础上产生的。这种爱在儿童身上反映和表现得最早。

德育的基础是在家庭中奠定的。儿童诞生后，首先要在家庭中培养儿童对母亲的爱，儿童在产生了对母亲的爱之后，再扩大到对家庭里其他成员的爱。随着儿童生活范围的扩大，进而扩大到周围邻居以及学校教师和同学的爱，再扩大到对全人类的爱，并由此意识到自己是整个人类中的一员。至此，一个人的道德力量得到了实现。

在德育的方法上，他提倡示范和练习道德行为，反对说教，应着重引起和发展儿童的道德情感。不过，裴斯泰洛齐德育的内容是和宗教紧密相连的。

3. 智　育

裴斯泰洛齐认为，智育的任务是帮助儿童通过感性经验获得一定的知识，并发展他的智力，尤其是思维能力。智育的简单要素是数目、形状和语言，智育就是借助于这三个要素而实现的。在教学过程中，儿童通过计算来掌握语言。因此，教学的要素可归结为教学中的计算、测量和言语三种能力的培养，即儿童所要接受的智育有三个部分：计算教育、测量教育和言语教育。

当然，裴斯泰洛齐把数目、形状和语言确定为教学的基本要素是不全面的。其他如颜色、动态等属性也很重要，说这些只是在数目、形状和语言之下的附属形式，是很勉强的。

他从要素教育理论出发，大大改变了初等学校的教学科目和教学内容，教学科目中包括了阅读、书法、算术、初步几何、测量、绘画、唱歌、体操以及地理、历史、自然等方面的基本知识。这样，初等学校教学计划被大大补充了。

此外，裴斯泰洛齐还提出了循序渐进的原则，他认为教学必须依严格的顺序进行。不应当使儿童撇弃他们已经充分学会的东西，但是也不能教他所不理解的东西。

（六）农村教育

西方教育史上的教育家，将目光投向农村和农民者，寥寥无几。裴斯泰洛齐首开风气之先，怀着对贫苦农民的深切同情，深入农村，与农民共尝艰辛，立志为农民教育献身。

裴斯泰洛齐用毕生的努力——建立初等学校、改革教育、寻找简易的教学法，研究人心、脑、手的规律，都是为了帮助以农民为主体的广大贫苦民众。

　　裴斯泰洛齐提出将教育、农业科学、产业结合起来，使之一体化，以实现农村的经济繁荣和文化的提高；将学习与手工劳动相结合，他在历史上第一次实践了初等教育和手工劳动相结合的主张，他主张学校与工厂联系、学习与手工劳动合一、做事与读书并进，从而在数千年学校教育与生产劳动脱节的顽石上打开了一个缺口，使初等教育更加接近生活，更加有益于劳动群众。

第七章　赫尔巴特与《普通教育学》

一、作者简介

赫尔巴特（1776—1841 年），德国哲学家、教育家和心理家。生于德国奥登堡。他的幼年教育受益于母亲和家庭教师，以后入拉丁学校，于 1794 年进耶拿大学。在学校内他研究康德、费希特等人的哲学著作；当时刚发表的古希腊哲学家巴门尼德（Parmenides，约前 6 世纪）关于一切存在都是统一的和不变的学说，给他很大的影响。1797 年年初，他在修完大学课程之前，即去瑞士担任一贵族的家庭教师；他对教育的兴趣就是由这个职务引起的。他在 1799 年曾访问过布格多夫，与裴斯泰洛齐相识，这一认识给他的印象很深，但是他并未接受裴氏观点中的民主主义倾向。1799 年以后，他停居在友人家专攻哲学；1802 年在哥丁根大学取得博士学位，随后即在该校任教。1809 年他应哥尼斯堡大学的聘请，继康德之后，讲授哲学与教育学，并创立教育研究所，目的在于训练教师，应用他的教育原理。1833 年，他重回哥丁根大学任教，于 1841 年逝世。

他的主要著作是在两个大学任教期间发表的。教育方面的著作有：①《论世界的美的启示为教育的主要工作》（1804 年），这是用严格的演绎方式，从教育目的开始，讨论到它的假设，由假设达到完成目的的手段，侧重于伦理学方面的发挥。②《普通教育学》（1806 年），分管理、教学、训练三部分，表现他的主要教育思想，侧重于心理学方面的阐述。③《教育学讲义纲要》（1835 年），这是《普通教育学》的补充，对于前书中的心理学基本思想，有进一步的发挥，其他与教育有关的著作，尚有《裴斯泰洛齐的直观初步的观念》（1802 年）、《公众协作之下的教育》（1810 年）、《学校与生活的关系》（1818 年）、《关于心理学应用于教育学的几封信》（1831 年）、《理想主义对于教育的关系》（1831 年）等。

二、成书背景

赫尔巴特生活的年代，是法国资产阶级革命蔓延到欧洲的时期，这个时期是西欧资本主义的上升时期。经济上比较落后，封建地主阶级仍然掌握着政权，由于德国的资本主义经济发展缓慢，资产阶级的政治力量相当软弱。

18—19 世纪的德国处于四分五裂的封建割据状态，各邦之中，普鲁士成为各邦的表率和欧美各国的榜样。在初等教育中，从 16 世纪中期起就先后颁布了有关国家办学和普及义务教育的法令，使得初等教育的入学率不断增加，极大地提高了德国的国民素质。为了提高初等教育的质量，师范教育也有了长足进步，改变了以往教师多由手工业者和退伍军人担任的情况。在教学上，这些师范学校大多按裴斯泰洛齐的方法训练新来的教师。在办学形式上，实科教育随之兴起，自然科学课程进入课堂。

随着自然科学理论的蓬勃发展，教育研究的科学化成为众多教育家追求的目标。赫尔巴特明确提出把教育学建成一门独立学科的设想，并对教育理论的来源进行了探讨，在此基础上，提出了建立在儿童心理上的课程与教学理论。

三、原著概要

《普通教育学》一书的全称为《从教育目的引出的普通教育学》。全书共分三编，三编之前加有一个"绪论"。第一编的标题是"教育的一般目的"，共分两章，第一章为"儿童的管理"，第二章为"真正的教育"。本编主要论述了管理和教育的一般目的问题。第二编的标题是"兴趣的多方面性"，共分六章，各章依次为："多方面性的概念""兴趣的概念""多方面兴趣的对象""教学""教学的过程""教学的效果"。本编主要论述了兴趣的多方面性问题，并以此为基本原理来解释学校的教学计划和学科设置，阐述了教学的过程、环节等一系列教学论问题。第三编的标题是"性格的道德力量"，共分六章，各章依次为："究竟什么叫作性格""论道德的概念""道德性格的表现形式""性格形成的自然过程""训育""训育特殊性的考察"。本编主要论述了训育和道德性格的形成问题。

四、教育思想解读

（一）教育目的

赫尔巴特的教育目的论是以他的五种道德观念为基础的，它们分别是内心自由、完善、仁、正义和公平。他说，"教育的全部工作都可以总结在道德这一概念中，道德普遍地被认为是人类的最高目的，因此，也是教育的最高目的"。

为了更好地实现这一目的，赫尔巴特认为教育的目的可以分为两部分，即可能的目的和必要的目的。可能的目的是与一个人将来从事什么职业相关的，它是一个人根据自由选择给自己提出的目的，它可以通过教育提供职业训练，获得一定的技能来实现；必要的目的是与人的一生发展有决定性作用的道德目的相关的，它是一个人在任何活动中都必须追求的目的，它关系到做人的责任和道德品质的养成。赫尔巴特指出，整个教育过程就是以实现必要的目的为主要任务的，必要的目的才是教育的根本目的。

（二）教育理论的基础

赫尔巴特认为，教育学只有建立在科学理论基础之上才能成为一门科学。在他看来，实践哲学即伦理学和心理学应是教育学的基础，他说，"教育作为一种科学，是以实践哲学与心理学为基础的，前者指明目的，后者指明途径、手段以及对教育成就的阻碍"。

1. 心理学

赫尔巴特认为，心理学是教育学最重要的理论基础，是建立科学教育学的首要科学。英国联想主义心理学、莱布尼兹、康德、洛克等都对他的心理学理论的形成有一定的影响。他既赞成经验对于产生认识的重要性，又认为心灵具有表象作用，能主动地与环境发生联系，从而使教育和教学成为可能。

"统觉"是赫尔巴特心理学的核心概念，他认为，"统觉"在心理学上，是指由当前的事物引起的心理活动同已有的知识、经验的联系与融合，从而更明显地显示事物意义的现象。认为统觉的作用就是利用已有的观念吸收新的观念并构成统觉团（观念统系）。统觉团越丰富、越系统化，就越能吸收新知识。某种新知识引起学生的兴趣，并和学生旧有的观念相结合，就可以进入学生的意识领域。因此，这种新旧知识互相融合的统觉过程在教学过程中可以得到利用，让学生在旧观念的基础上获得新观念。赫尔巴特研究哲学、心理学的目的从一开始就与教育，特别是教学问题直接联系在一起，他的心理学是一种教育化了的心理学。

2. 伦理学

赫尔巴特把他的哲学思想应用到社会实际中去，提出了自己的伦理学体系。他重视人类的道德规范，强调培养道德观念，认为人们之所以趋善避恶，主要是由于确立了道德观念。赫尔巴特把如何处理人与人之间的关系，确定为五种道德观念，以此作为他的伦理学的基本原理。这五种道德观念为：

（1）"内心自由"的观念。要求个人的意见和行为摆脱外在的干扰，服从内心理性的判断，真正认识到个人行为的意义，使意见与行为协调一致，确定人的行为方向。

（2）"完善"的观念。当意见和行为之间发生矛盾且无法调和时，则依靠"完善"的观念加以解决，即用多方面理智能力加以协调，使行为完善起来。

（3）"仁慈"的观念。当"完善"的观念还不能解决意见与行为的矛盾，两者仍然无法协调时，就要用"仁慈"的观念，即"绝对的善"的观念去解决。这就是要求个人的意志与他人意志协调，能为别人谋利益，保持与人为善的态度，而不与任何人发生"恶意的冲突"，从而维护安定的社会秩序。

（4）"正义"的观念。现实生活中，人与人之间的冲突是经常发生的，这就要求用"正义"的观念予以调节，即要求安分守己，互不侵犯，遵守法律，从而巩固社会秩序。

（5）"公平"的观念。假如上述各种观念仍然不能约束一个人的行为，他还发生破坏社会生活秩序的错误行为时，则用"公平"的观念对损害社会生活的恶行，给以应受的惩罚，对好的行为予以褒赏，做到赏罚分明。

在伦理学和心理学的基础上，赫尔巴特提出了完整的教育理论，把儿童受教育的过程划分为儿童的管理、教育和训育（道德教育）三个部分。教育过程就是通过管理和教学，向学生传授知识，并形成学生一定道德品质的过程。为了更好地实现教育目的，赫尔巴特提出并论述了教育过程的思想。在他看来，教育目的的实现涉及三个方面，一是教育对象——学生；二是知识的传授——教学；三是形成学生一定的观念——德育。

（三）论教育过程

以道德为基础的教育目的是赫尔巴特教育思想的核心，对于如何实现这一目的，赫尔巴特认为教育过程应当有一定的顺序，应当通过管理、教学和训育三个阶段来完成。

1. 管理

赫尔巴特把管理放在教育过程的第一阶段，主要认为，管理的目的在于建立和维持现有的教育的外部秩序，"造成一种守秩序的精神"，为实现教学和训练创造条件。赫尔巴特认为，儿童生来有一种"盲目冲动的种子"，"处处驱使他的不驯服的烈性"，以致经常"扰乱成人的计划，也把儿童未来人格置于许多危险之中"，这种"烈性"如果从小不加以约束，将来就有可能发展成为"反社会的方向"。因此，在进行知识和道德教育之前，应先对儿童的外部行为进行严格的管理，去掉其先天的"烈性"。

在管理方法上，赫尔巴特主张第一利用惩罚性的威胁，以强制性的手段管理儿童。第二运用监督的办法，监视儿童的行为，不让其撒野。第三是命令和禁止，使儿童绝对服从。第四是包括体罚在内的惩罚，主要办法有批评、警告、"站墙角""剥夺自由""禁止吃食物""关禁闭"、使用惩罚簿等。此外，赫尔巴特还提出了要把教师的爱作为管理儿童的辅助手段。

2. 教学

（1）教育性原则。赫尔巴特首先认为，教学活动是人类特有的有计划、有步骤地按照一定程序进行智能建设的过程。赫尔巴特指出，人的生长与动、植物生长不同，一粒种子总是向着预定的目标生长，一只动物的一系列活动也始终是受本能驱使的。而支配人类行动的不是本能而是智能。智能不是天赋的，它是以各种表象和观念为材料"建筑"起来的。因此，人的成长需要一种能够把心灵筑成正确形式的艺术，这就是教学。赫尔巴特反对卢梭自然主义的教学思想，认为这种教学思想主张把人交给"自然"，甚至把人引向"自然",并在"自然"中进行锻炼,这是愚蠢的。他强调,教学不是一种自然和被动的过程,它要求教师应采取符合儿童心理规律的程序,有计划、有步骤地把作为未来成人所应具有的知识、品德传授给儿童。在教学过程中,教师是艺术师和工程师,要对学生的智能发展现状和将来负责。赫尔巴特的教学思想反映了裴斯泰洛齐思想对他的影响,在近代教育心理化运动中占有重要的地位。

赫尔巴特不仅强调教学的智能建设作用,更认为教学是实现教育目的的主要途径,强调"教育性教学"是教学的基本原则。赫尔巴特认为,与儿童获取个体经验和与别人进行交往相比,教学是儿童获取系统知识进行道德教育的主要途径。在他看来,教育的主要目的是形成儿童的道德品质和道德观念,使之成为完善的人。对于如何通过教学实现教育目的,他提出了"教育性教学"的原则。他指出,任何教学过程都必须具有教育作用,甚至认为,没有教学也就没有教育。他说,"我想不到有任何'无教学的教育',正如在相反方面,我不承认有任何'无教育的教学'"。又说:"教学如果没有进行道德教育。只是一种没有目的的手段,道德教育如果没有教学,就是失去了一种手段的目的。"赫尔巴特的这一思想是与他的心理学思想和政治观相联系的。在他看来,如果某些观念能够经常地系统地进入人的大脑,那么它对个体心理活动的操纵能力就越强;如果使社会的价值观念和五种道德观念通过教学能够占据学生的大脑,那么这些思想和价值观念就会成为支配学生行动的主要思想。因为,学生的头脑不被一种思想占有,就被另一种思想占有,在教学中,传授什么样的价值观念是十分重要的。因此,赫尔巴特主张,教师应当寓教育于教学,控制教学过程的进行,成为教育过程中的主导人物。

(2)课程论。赫尔巴特在论述了教学的教育性目的后,又提出了教学应激发学生兴趣、广泛学习知识的课程论思想,主张应根据多方面兴趣设置多方面课程。他认为,兴趣是实现教育目的的内在动力。教育目的虽然要求培养具有五种道德观念的人,但不能造就一个随时都按教师命令行事的机器,学生应当按照自己所认同的善的原则行动。因此,教学应发展学生多方面的兴趣,使学生形成广泛的经验,最终导向善。他说:"兴趣意味着自我活动。兴趣是多方面的,因此,要求多方面活动。"赫尔巴特认为,兴趣有两大类,六个方面。

一类是与自然知识相联系的兴趣，它是基于对物质世界的了解而产生的兴趣。一类是与社会交往相联系的兴趣，它是基于与同伴的交往产生的兴趣。正是在这样的基础上，赫尔巴特提出了根据兴趣设置课程的主张。

关于自然知识方面的兴趣有三个方面：①经验的兴趣，即了解事物是什么的兴趣，应当设置自然、物理、化学、地理等学科；②思辨的兴趣，即回答为什么是这样，从而引起进一步思考的兴趣，应当设置数学、逻辑、文法等学科；③审美的兴趣，即对美好事物进行评价的兴趣，应当设置文学、图画、唱歌等学科。关于社会交往方面的兴趣也有三个方面：①同情的兴趣，即个人对同伴或他人的兴趣，可以设置本国语、外国语和文艺作品等课程；②社会的兴趣，即广泛与人交往，并对社会生活的兴趣，可以设置历史、政治、法律等课程；③宗教的兴趣，即人对上帝的兴趣，应当设置神学。

赫尔巴特关于依据多方面兴趣设置课程的思想，不同于文艺复兴以来以古典语言为主的课程论思想，标志着西方近代课程论的研究进入一个新的阶段。赫尔巴特的研究在一定程度上揭示了知识、兴趣与个体学习的关系，反映了他从对事物的逻辑认识出发，注重兴趣的分类，设置课程的思想，为课程论的建设奠定了初步的心理学基础。

（3）教学过程。赫尔巴特不满足于通过对兴趣的分类建立他的课程论体系，他还注重研究个体兴趣的变化来说明教学过程，提出了教学的"形式阶段说"。他认为，任何个体在获取知识时，其兴趣都要发生四个阶段的变化，即注意、期待、探究和行动。在教学过程中，由于个体掌握知识的环节、观念的活动状态、兴趣等都要发生变化，因此，教学阶段、教学方法也要发生相应的变化，教学过程应采用变动的制度。为此，赫尔巴特确定了教学过程的四个阶段：

① 明了阶段。这时，学生的观念活动状态处于静态的钻研，需要集中注意了解新知识。教师的任务是把新知识分成许多部分，并与学生已有的知识进行比较，教学主要采用讲述法，清楚明白讲清教材。

② 联想阶段。这时，学生的观念活动状态处于动态的钻研，需要集中精力进行思考，把上一阶段所获得的知识与已有的知识联系起来，形成新知识。教师的任务是采用无拘束的谈话方法，帮助学生分析问题，激发学生的

思维，让学生进行尝试，建立与新知识的联系。

③ 系统阶段。学生的观念活动处于静态的理解阶段，要使新旧观念进行联系，形成新的知识系统。教师要采用综合的方法和抽出要点的方法，帮助学生分析所学的材料，最后做出概括和得出结论。

④ 方法阶段。学生的观念活动处于动态的理解阶段，要把形成的概念或结论独立地运用到个别情况中去。教师应要求学生自己做作业，并检查学生对概念或结论理解得是否正确，能否应用这些概念。

以后，赫尔巴特的弟子莱恩又把四段教学改为"预备、提示、联合、概括、应用"五段教学，称为传统的"五段教学法"，对许多国家教育教学的发展发生了重要的影响。赫尔巴特的"形式阶段说"在一定程度上揭示了知识教学的客观规律，阐明了教师和学生双方在教学过程中的重要地位，为教育心理学化和教育科学化的发展奠定了基础。后来，赫尔巴特学派以及一些国家在推广和运用赫尔巴特教学思想的过程中，由于过分地强调教师的地位和知识的作用，把依据学生心理变化而变动的教学过程变成刻板的、机械的公式，使学生的发展处于被动、消极的状态中，赫尔巴特的教学论以及以他的教学论为核心的教育思想被称作传统教育思想受到了人们的批判。

3. 训育

训育是指性格训练，主要是关于道德教育方法的主张。它与管理不同，在赫尔巴特看来，管理是从外部对儿童进行强制，而训育是从内部对儿童的思想、意志和性格进行控制，防止儿童情绪冲动和爆发，以形成社会所需要的五种道德品质。在训练方法上，赫尔巴特强调要通过"约束""限定""抑制""制裁""谴责""训诫""劝告""惩罚"以及"警告"等手段抑制儿童的不良倾向和行为，使儿童不怀疑现实，成为守法、服法的人。

第八章　斯宾塞与《教育论》

一、作者简介

斯宾塞（1820—1903 年），生于英国德比（Derby）郡一个乡村教师家庭，是 19 世纪英国哲学家、教育思想家。由于幼年身体病弱，主要在家中养育。十三岁后在叔父家中学习古典语言、数学、机械学、土木建筑学等知识，他十分喜爱观察自然界，厌恶学习希腊文和拉丁文。十七岁时，斯宾塞曾担任过三个月的学校辅导老师，此后在铁路局做土木工程技术人员。1848年以后，专门从事学术研究。1848—1853 年担任英国《经济学家》杂志的编辑，这是当时英国金融资产阶级的重要刊物。他的哲学与社会学思想从此开始逐步形成，并且开始著述。1851 年出版了《社会静力学》（*Social Statics*），1852 年出版了《演进假说》等社会学著作。1861 年出版了《教育论》，此书原名是《智育、德育和体育》（*Education：Intellectual，Moral and Physical*），这本书由斯宾塞在 1854 年、1858 年、1859 年陆续发表的四篇教育论文集合而成。

斯宾塞最重要的著作是他的包含五大组成部分、长达十卷本的巨著《综合哲学体系》（*System of Synthetic Philosophy*）。他用这部著作来解释一切自然现象和社会现象，力图概括人类所有的知识，集中反映了他的哲学、社会学、伦理学、生物学以及心理学的思想体系。他的教育理论实际上也是以这些思想为基础的。这本巨著从 1862 年到 1896 年陆续出版，前后共经三十五年之久。他在 1873 年还出版过一本《社会学研究》（*Study of Sociology*），由我国清末学者严复翻译出版，书名《群学肄言》。斯宾塞积极参加了 19 世纪中期在英国进行的科学教育与博雅教育之间的论战，在杂志上发表文章，抨击传统的古典主义教育，对科学知识和科学教育提出了真知灼见。

二、成书背景

斯宾塞生活在"维多利亚"时代（1819—1901 年）。经过资产阶级革命和工业革命，英国在不到 100 年的时间里，就从一个二等农业国家变成最大的资本主义殖民帝国。工业革命完成以后，英国成了名副其实的"世界工场"。1850 年，其工业产值占世界工业总产值的 39%，贸易额占世界贸易总额的 21%。"日不落帝国"踌躇满志，斯宾塞也"骄傲"地以为自己生活在人类的"黄金时代"。同时，工业和经济的发展，极大地推动了科学、技术的进步。能量守恒和转化定律、细胞学说和进化论三大发现已经深入人心，人们的观念正在发生巨大的变化。生活在这个时代的斯宾塞，一面讴歌着资本主义的制度和生活，一面也在进行思考。其一，具有强烈时代感的斯宾塞意识到，社会形态和社会生活发生了深刻变化，教育观念和制度应当与之相适应，进行变革。其二，对科学"事实"的思考，导致了斯宾塞哲学思维上的实证主义或科学主义倾向，这对他的教育思维具有根本性的影响。在斯宾塞的教育理论中，具体、实在的分析多，抽象、晦涩的论述少。跟过去许多教育家直接从哲学、宗教、伦理等范畴演绎出教育观念的思路相比较，实证主义之于斯宾塞具有明显的工具意义。这在斯宾塞的教育目的论中有充分的体现。

实证主义哲学体系强调经验是认识来源，是适应科学技术发展而出现的一种新的哲学。它于 19 世纪 30 年代由法国哲学家、社会学家孔德（Auguste Comte，1798—1857 年）首次提出，斯宾塞也是这一哲学理论的主要代表人物。这种哲学认为，哲学的任务不在于揭露世界的本质，而只在于描写记录自然过程与社会过程的表面现象和关系，并宣称它仅仅以不超出人的感觉经验的"实证的"即"确实的"事实为认识的依据。这种哲学是对当时柏拉图的"形而上学"式的认识论的反动。柏拉图认为只有观念才是真实的，感官都是虚幻的。在"科学万能"思想的冲击下，人们对形而上学产生怀疑，逐渐以注重经验的科学方法观察、研究事物，探求事实的本原和变化的现象。

斯宾塞除了把他的教育理论与实证主义哲学密切相连之外，也把他的教育理论与他的社会学思想密切相连。他的社会学思想是以庸俗进化论为基础的。19世纪英国生物学家达尔文（Charles Robert Darwnin，1809—1882年）提出的进化论学说引起整个生物学科学的发展，但后来，生物学的进化论被资产阶级引用于人类社会现象，用以论证资本主义制度的合理性，这就形成了庸俗进化论的社会学理论。斯宾塞就从这一理论出发，认为人类的社会现象与自然现象一样，无不受进化法则所支配。他以"生存竞争，适者生存"的原则为资产阶级的殖民主义与大民族主义做辩护。同时又提出"社会有机论"，强调社会的有机性与均衡性，认为社会发展也如生物有机体一样，只能缓慢进化而无质的飞跃；社会的职能也像生物有机体，通过适当的分工表现出来。例如在生物体身上具有提供、分配与调节营养的各种器官及其机能，在社会有机体中，也必须有担负各种职能的阶级：工农劳动者如人体的双手，担负社会营养的职能；工商业者担任社会的物资、财富分配、调节与交换的职能；而作为社会头脑的资产阶级统治者则相当于人体的神经系统，对整个社会有机体起支配作用。正像身体的各个器官统一于一体，各个社会之间也应有一种合作的关系，以维持社会的统一与社会力量的均衡，任何革命斗争都将会对这种"均衡"有所破坏。他以此反对当时英国社会中无产阶级反对资本剥削制度的斗争。

斯宾塞以其哲学观与社会观为理论依据，围绕资本主义的发展，并从资产者个人生活的幸福与赚取利润出发，论述了一系列教育、教学问题，形成了他的《教育论》一书的基本内容。《教育论》于1860年在美国首先出版，以后被翻译成多种文字。美国教育家孟禄指出："在斯宾塞的《教育论》中，被培根强调过的教育目的、基础、方法重新被清楚地呈现出来"。

尽管如此，由于以实证主义和进化论为哲学的认识论基础，书中的主张也存在片面性和功利主义，如过分地强调科学知识的价值，忽视了文学和诗歌等的人文价值。

三、原著概要

《教育论》一书是由斯宾塞从1854年起连续在杂志上发表的四篇论文汇集而成的。《教育论》一书，包含了四篇教育论文：《什么知识最有价值》《智育》《德育》和《体育》。该书出版后在英国以及世界上许多国家产生了巨大的影响，极大地推动了近代科学知识和科学教育的发展。

第一部分 什么知识最有价值

开篇批判了传统古典主义教育，斯宾塞批评了以往的教育只重虚饰而不重实用，在儿童身体、道德和智慧的训练上弊病太多。针对当时社会生产力的发展水平，斯宾塞明确提出了"科学知识最有价值"这个观点。他将人类活动分为五类，通过活动的不同设置了不同的科学课程，提出了一个以自然科学为基础，门类齐全的学校教育课程，包括心理学、解剖学、教育学、历史物理化学等科目。提出"教育的目的是为完美生活做准备，并怎样去过完美生活。这个既是我们需要学的大事，当然也就是教育中应当教的大事，为我们的完美生活做准备，是教育应尽的责任"。而评价一门教学科目唯一合理的方法就是看他对这个职责尽到什么程度。他把"完满生活"分为直接保全自己、间接保全自己、抚养子女、参加社会政治生活和进行休闲娱乐五种活动。他认为，学习科学是为完美生活做的最好的准备。

第二部分 论智育

主要论述了两个问题，一是教育必须适合儿童心智演化的自然过程。斯宾塞从进化论的角度出发，提出儿童所受的教育，必须在方式和安排上，同历史上人类的教育相一致。也就是说，个人知识的起源应当遵循种族中知识起源的同一途径。由于儿童的心智演化有个自然过程，教师就必须学习心理学知识，研究儿童心智演化的自然过程，进行符合儿童心智演化的教学。二是提出了智育的原则和方法，主要包括从简单到复杂、从不准确到准确、从具体到抽象、从实验到推理、引导儿童自己去发现、愉快教学及实物教学等。

第三部分 论德育

论述了德育的目的和方法。斯宾塞认为，德育的目的是培养能够自治的人。然后，提出自然后果的几点优势，如获得理性知识、亲子关系更融洽等。提出了在自然后果基础上的具体做法，如耐心对待儿童的缺点、少发命令、减少对儿童的管理等。

第四部分 论体育

批评了当时社会重视圈养动物而忽视对儿童身体的养育，指出体育的重要性以及如何进行体育教育。主要内容包括以下四个方面：一是儿童的饮食，包括儿童的饮食习惯、质量、多样化等。二是衣着方面，反对儿童衣着单薄，认为衣着要有效地保护身体，不能过少。三是运动方面，提出儿童应当进行体育锻炼，尤其是女孩子在这方面应该和男孩一样。四是学习方面，严厉批判了当时学校教育中用脑过度的现象，并举例说明用脑过度造成的多种疾病。

四、教育思想解读

（一）教育目的

每个人发展自己的能力，实现其潜能，解放其创造力，并要防止逐渐失去人性的危险。斯宾塞认为，生活应当是教育价值的核心，教育目的应当围绕"完满生活"展开。他指出："怎样去完满地生活？这既是我们需要学的大事，当然也就是教育中应当教的大事。为我们的完满生活做准备是教育应尽的职责。"这里的"完满生活"在内涵上是指"在各方面，各种情况下正确地指导行为使合乎准则"，外延则包括"怎样对待身体、怎样培养心智、怎样处理我们的事务、怎样带好儿女、怎样做一个公民、怎样利用自然界所供给的资源增进人类幸福"，等等。进而，斯宾塞按照人类生活的重要程度把"完满生活"具体化为五个方面："①直接保全自己的活动；②从获得生活必需品而间接保全自己的活动；③抚养教育子女的活动；④与维持正常社会政治关系有关的活动；⑤在生活中的闲暇时间满足爱好和感情的各种活动。"

斯宾塞的教育目的理论令人耳目一新。首先，受其实证主义哲学观的影响，斯宾塞在对教育目的的设定和描述上，抛弃了过去教育家们抽象的、形而上的思维框架。他把"生活"理解为具体、实在的活动，而以五个分项指标来表征"完满"。比起过去教育目的的厘定思路，斯宾塞实现了重大突破。教育目的理论的发展，就是从哲学的玄妙走向生活的具体。在这一过程中，斯宾塞占有重要的位置。其次，从斯宾塞的理论中，我们看到一种新的方法论：把目的细化。他的教育目的体系既有总的纲领："完满生活"，也有具体目的：五种活动。这五个方面也就构成斯宾塞教育目的的细化目标。目的和目标形成一个层次分明的体系，这在教育史上是第一次。应当指出，斯宾塞教育目的理论的方法论意义主要体现在目标细化上。只有明确、具体的目标才能为教育提供切实可行的操作依据和评价标准。这也是现代教育目的论扬弃"美妙"理想的原因。当然，我们并不以为斯宾塞穷尽了所有的细化目标，这只是理论发展史的一个片段。最后，在社会与个人的关系上，斯宾塞显然站在个人一边。他对幸福的描述以及对生活要素的甄选都表明了这一点。教育目的的设定究竟是以个人为基点，折射出社会的要求，还是原原本本地再现社会意志，本身也还没有"公允"的答案。

斯宾塞对美国教育的影响尤为深刻。1918年，美国教育协会"中等教育改造委员会"发表了著名的报告《中等教育基本原则》，对中等教育的方针、目标、制度、课程等进行了全面详尽的论述。确立教育目标是该报告的核心内容。在这里，斯宾塞的教育目的理论既是指导思想，也是蓝本。首先，报告认为"中等教育必须以使青少年能够完满和有价值地生活为目的"。斯宾塞的"完满生活"论几乎得到了完整的再现。其次，该委员会在充分参考斯宾塞"完满生活"五分法的基础上，确立了中等教育的七项目标：①促进身体健康；②掌握读、写、算等基本技能；③成为合格的家庭成员；④职业适应性；⑤公民素养；⑥有价值地使用闲暇；⑦道德品质。《中等教育基本原则》"指出了整个美国教育未来发展的方向"，不仅对中等教育，而且对其他各级教育也产生了巨大影响。总之，斯宾塞的精神在《中等教育基本原则》中得到了全面的继承和发展。

（二）课程内容

斯宾塞指出，以往推崇古典主义教育的英国教育制度的根本缺陷就在于，学生在学校里所学的内容除读、写、算外，大部分都同生产活动没有关系，而同生产活动直接关系的大量知识完全被忽略了。为了受到所谓的"绅士教育"，以及获得某种能受人尊敬的社会地位，学生必须死记硬背拉丁文和希腊文。

在《教育论》中，斯宾塞阐明了一种崭新的观点，那就是，什么知识最有价值？一致的答案就是科学。就科学知识与人类活动的关系来说，世界上的一切活动都离不开科学知识，如果缺乏科学知识，在近代社会的许多行业中，人们就会有这样或那样的损失，而且有时损失会非常大。因为科学知识使我们能够熟悉事物的构成，征服自然，使自然顺从人们的需要。就科学知识与艺术的关系来说，艺术活动也离不开科学知识。美学一般必须以科学原理为根基，只有熟悉这些原理，美学的工作才能够完全成功。科学知识与教育的关系来说，教育同样离不开科学知识。科学知识作为学校的课程内容，对于学生来说，具有最大的价值。

由于学生的学习时间是有限的，因此就需要通过对知识的比较来确定学习的内容。只有知道了什么知识最有价值，才能把有限的学习时间花在最有价值的知识学习上。由此出发，知识的比较价值可以确定为下列次序：关于直接保全自己的知识；关于生活必需品养活自己的知识；关于家庭幸福所需要的知识；关于社会福利的知识；关于培养各种艺术爱好的知识。这个次序应该是安排学校课程内容的基础和出发点。

（三）智　育

与之相应，斯宾塞提出了一个以自然科学为基础，门类齐全的学校教育的课程体系，并对所设诸科目的功能和作用，做了不厌其烦的说明。对应于第一类活动，应设置生理学和解剖学诸科。因此二科是为了维持生命和健康，精神充沛地从事各项活动以及养儿育女所必备，故被作为"合理教育的最重要部分"而被列入学校教育的课程之首。对应于第二类活动，应设置读写算、逻辑学、数学、力学、物理学、化学、天文学、地质学、生物学和社会学等，意在帮助生产和经营，保持国家强盛。对应于第三类活动，应设置心理学（包括一部分生理学原理）和教育学，意在使人能够更好地履行当父母的职责，教养好自己的子女，使之成为身体道德和智慧诸方面全面发展的人。对应于第四类活动，应设置历史，意在使学生通过学习历史了解"自然的社会史"，弄清国家进步的原因，了解和研究宗教、国家、社会习俗、生产制度和生产工艺、国家各级文化情况、人民的日常生活、各阶级的道德理论和实践，找出社会现象所遵循的根本规律。对应于第五类活动，应设置绘画、雕塑、音乐、诗歌等，意在满足人们欣赏自然、文学，艺术等方面知识的需要，以便使人能够完满地度过闲暇时间。

（四）德　育

1. 德育的目的和原则

斯宾塞指出，道德教育的目的应该是养成一个能够自治的人，而不是一个要让别人来管理的人。由此"自然后果"的教育应该作为道德教育的根本原则。因为真正有教育意义和真正有益健康的后果并不是家长们自封为代理人所给予的，而是自然本身所给予的。作为家长来讲，其职责在于使儿童一贯体验到他们行为的真实后果。例如，一个儿童把东西乱扔乱放，家长或保姆不应该把他丢散的东西收拾好，而应该使他下次找不到自己所丢散的东西。这时候他就会认识到不能乱扔乱放东西。对于这个儿童来说，这显然是个自然后果，既没有扩大也没有减少。这种惩罚的特点在于它只是儿童的那个行动不可避免的后果，只是儿童的那个行动所引起的必然反应。但是，对于自然的后果，既不要避开它，也不要加重它，更不要用人的后果去代替它。

"自然后果"教育的优点是：第一，儿童由于个人经验了好坏后果，他们就能够获得关于正确和错误行为的理性知识。第二，儿童因为只受到了自己错误行动的痛苦后果，他们必然多少明白地认识到惩罚的公正。第三，儿童既认识到惩罚的公正，同时又是从事物的规律中而不是从哪一个人手中受到惩罚，儿童的情绪波动就会较少些，家长也能够比较保持平静。第四，在家长和儿童之间防止了彼此的激怒，从而形成一种较愉快和较有力量的亲子关系。

但是，斯宾塞并不赞成法国教育家卢梭提出的不分儿童年龄采用"自然后果"教育的做法，指出"自然后果"教育的原则不适合幼小儿童的教育。例如，三岁儿童拿着刀玩，就不能让他从自然后果中去学习，因为那后果可能非常严重。

此外，斯宾塞还提出了功利主义道德观。他指出，一种行为，如果它当时的和日后的整个结果是有益的，就是良好的行为；而一种当时的和日后的整个结果是有害的行为，那就是坏的行为。归根结底，人们是从结果的愉快或痛苦来判断行为的好坏。例如，酗酒是坏事，因为它既伤害身体又给醉汉和家属带来道德上的坏处。

2. 德育的方法

从培养一个能够自治的人和"自然后果"教育的原则出发，斯宾塞在道德教育上提出了一些具体的方法。

① 要耐心地对待儿童经常表现出来的缺点。当儿童有缺点时，不要首先想到发泄怒气，而要和善地对待他们。因为野蛮产生野蛮，仁爱产生仁爱，这就是真理。对待儿童没有同情，他们就变得没有同情；对待儿童粗暴，他们就变得粗暴。

② 不要给儿童提出一个善良行为的高标准，也不要急于促成儿童的良好行为。因为和高度的智慧一样，高尚的道德也要经过缓慢的成长过程才能达到。希望儿童有任何大量的美德，显然是不妥当的。

③ 要让儿童从经验中去受教育：这样就能够保证儿童的行动得到自然的反应，有助于道德的培养。儿童既不因为性情温顺而由过分的约束成为温室里的好人，也不因为性情任性而由过分的约束引起有伤和气的对抗。

④ 要少给儿童发命令。只有在其他方式不适用或失败的时候才用命令。但是，一旦真发命令时就要决断和前后一致，而且发布命令后决不动摇。然而，要尽可能避免对儿童采用高压措施，但在需要专制时就要认真的专制。

⑤ 要记住正确地进行道德教育并不是一件简单容易的事情，而是一个复杂和困难的、艰巨的任务。因此，在道德教育中，要点钻研，要点机智，要点忍耐，要点自制；既要分析儿童行为的动机，也要分析自己的动机，不断改进教育方法。

（五）体　育

斯宾塞在健康和体育问题上主要论及了三个方面。

1. 注意儿童的饮食营养与衣着

为了使儿童有健全的心智也有强壮的身体，必须纠正不重视儿童健康和合理养育的情况。在饮食营养上，应该养成儿童良好的饮食习惯，不要吃得过多或过少，食物的质量和营养应高于成人，又易于消化；饮食也要多样化，定期更换食物，注意每餐食品的搭配。在衣着上，要求儿童所穿的衣服在任何时候都能有效地保护身体，不至于有任何轻微的寒冷感觉；绝对不要因在衣着上追随不合理的时髦而使儿童的体格受到严重的损害。

2. 加强体育运动

对于所有儿童来说，体育运动是十分重要的。学校应该有大小合适的运动场，并规定户外运动的时间。通过体育运动，可以使儿童加快血液循环，增进身体健康。就儿童体育运动的内容来讲，包括体操和游戏等。但是，两者相比，游戏比体操有本质上的优越性。因为游戏是一种自然的自发运动，儿童不仅感到很有兴趣，而且又能使自己的身体匀称发育。

3. 防止学习负担过重

由于心智上用心过度，许多儿童的身体受到了损害。因为当用脑过度的时候，其结果就更为严重，不仅影响身体的健全，甚至会影响到脑本身的健全。许多学校在规定时间内要学完的课程繁多，加上教师为了儿童考出好成绩又拼命施加压力，以及儿童每天用 12 ～ 13 小时从事智力劳动，必然会给儿童的身体带来很大的伤害。因此，斯宾塞指出，身体是心智的基础，发展心智就不能使身体吃亏。当人们在教育中采取一种必然会使受教育者健康受损的办法，这如果不证明是居心残忍，就证明是无知的可怜。

（六）教学原则

在探讨教学原则与方法的问题时，斯宾塞主要论及了两个方面。

1. 教育必须适应心智演化的自然过程

适当的课程内容固然非常重要，但是，儿童并不一定能够必然地学习和掌握好知识。在传授知识的进程中，儿童的心智并不能自发地得到充分的发展，还必须遵循儿童的心智发展规律，选择正确而恰当的教学方法。只有这样，良好的教学效果才能产生。人的心智发展过程，是一个自然的演进、发展过程，"干扰它就会发生损害；我们不能把人为的形式硬加在一个正在发展的心智上；心理学也给我们提出了一个'供求规律'，而我们要不出毛病就必须遵守它"。

为了使儿童更好地学到科学知识，而不对学习产生厌恶之感，教师必须学习和掌握心理学知识，研究儿童心智演化的自然过程，根据儿童能力自然发展的次序进行符合自然的教学，斯宾塞认为，这也是教育的一个秘密：知道怎样聪明地花费时间。

2. 适合儿童心智演化的自然过程的教学法原理

① 从简单到复杂。在课程和教材的安排上，无论在整体上还是细节上都应该从简单到复杂。在教学过程中，开始应该少教几门课程，然后逐步增加，最后才可以所有课程齐头并进。因为掌握每门课程必须通过一条从简单观念逐渐到复杂观念的道路。

② 从不正确到正确。由于把确切的观念教给未发展的心灵是做不到的。即使做到也没有好处。因此，教学必须从粗糙的概念开始，然后逐渐得到确切的完整概念，真正理解高深知识的正确定义。

③ 从具体到抽象。在教学过程中，教师应该从具体的事例开始，通过具体的事例来讲授原理。就实物教学来讲，它不应该限于学校内和教室内的东

西，而应该扩大到更大范围的事物。包括田野、树丛、山边、海洋的事物；它也不应该在儿童早期一结束就停止，而应该继续到青年期。总之，教学应该从具体开始而以抽象结束。

④ 儿童的教育在方式和安排上必须同历史上人类的教育相一致。如果人类在掌握各种知识中有个次序的话，每个儿童就会倾向于按照同一次序去获得这些知识。因此，按照人类心智发展的步骤来引导每个个别儿童的心智发展是十分重要的。只有研究人类文化中的方法，才能指导教育者决定正确的教学方法。

⑤ 从实验到推理。每种学习都应该从纯粹的实验入门，然后在充分观察和积累大量经验之后才开始推理。因此，在教学过程中，要求学生先进行实验和观察，再进行推理。

⑥ 引导儿童自己去进行探讨和推论。儿童只有通过他的自我主动性，通过他的第一手经验和发现，才能令人满意地掌握科学知识。因此，教学中应该尽量鼓励个人发展，给儿童尽量少讲些，而尽量多地引导他们去发现。因为儿童自己得来的任何一种知识，自己解决的任何一个问题，由于是他们自己获得的，就会比通过其他途径得来的更彻底地属于他们所有。

⑦ 在学习中造成一种愉快的兴趣。在教学中，必须注意引起儿童的兴趣，必须努力运用引人入胜的方式来介绍知识，使获得知识成为一件愉快的而不是苦恼的事情。因为儿童爱好某种知识，就意味着在发展的心智已经能够吸收它；反过来，他们讨厌某种知识，就表明那种知识提出得过早或者按照那个形式是不能消化的。如果给儿童硬塞一些他们不感兴趣和不能消化的知识，就会使他们的能力发生病态，而对一切知识产生厌恶。为了使儿童更加主动地获得知识，一切教学都应该带有乐趣。

斯宾塞还强调了两个最重要而最被忽视的一般原则：一是整个教学过程应该是一个自然教育的过程。这不仅保证儿童所获得的事实与知识的鲜明性和巩固性；而且使他们把获得的知识不断地加以组织；还有助于他们培养日后生活所需要的品格。二是整个教学过程也应该是一个愉快的教育过程。这不仅能够引起儿童内在快乐和带来满足；而且使儿童的教育不至于在离开学校时就停止。

第九章 布鲁纳与《教育过程》

一、作者简介

布鲁纳（J.S.Bruner，1915—），美国心理学家和教育家，结构主义教育流派的代表人物之一。1915 年 10 月 1 日，他出身于美国纽约一个中产阶级家庭。布鲁纳 1937 年毕业于都克大学。1941 年获得哈佛大学心理学博士学位，曾长期主持哈佛大学心理研究所工作，并曾任美国心理学会主席。第二次世界大战爆发后，布鲁纳在美国情报部队进行心理战术研究和宣传以及公共舆论的分析工作。1945 年战争结束后，布鲁纳回到哈佛大学任教，并从事人的感知觉研究。此后，在瑞士心理学家皮亚杰的认知心理学影响下，他开始研究思维过程以及概念形成过程。1952 年起任哈佛大学教授。1956 年，布鲁纳访问欧洲时拜访了瑞士日内瓦发生认识论研究中心主任皮亚杰。1960 年，他与心理学家米勒（G.Miller）一起创办了"哈佛大学认知研究中心"，并担任该中心主任（1961—1972 年），形成了以认知心理学研究为基础的教育思想。布鲁纳于 1959 年担任了美国科学院教育委员会主席。同年年底，美国科学院在伍兹霍尔召开讨论中小学数理学科教育改革会议，布鲁纳担任会议主席。会后，他在题为《教育过程》的小册子中综合了与会者的意见，阐述了结构主义教育思想。1972—1978 年，布鲁纳任英国牛津大学心理学教授。1978 年退休回国。他的主要教育著作有《教育过程》（1960 年）、《论认知》、《教学理论探讨》（1966 年）、《教育的适合性》等。

布鲁纳不仅致力于心理学的研究，而且对教育问题也表现出极大的兴趣和关切。他以其心理学家所具有的对事物观察的敏锐性，较早地看到美国社会的政治、经济及科技的迅猛发展对教育工作提出的种种新的挑战，及时地将他对心理学的研究运用到教育领域。他从结构主义哲学和认知心理学出发，以研究有学习障碍的儿童入手，对促进儿童的智力发展、学习与认知过程、培养优秀人才的有效途径、课程与教材的编制，以及教学方法的改革等问题进行了深入而广泛的研究。

二、成书背景

第二次世界大战以后，美苏进入"冷战"。1957年苏联成功地发射了第一颗人造地球卫星，美国深受震撼，并由此认为自己在科技竞争中已落后于苏联。为此美国于1958年颁布《国防教育法》，决定增加教育拨款，培养科技人才。1959年又召开了伍兹霍尔会议，讨论中小学课程改革问题。这一系列的事件，为结构主义教育思潮的兴起奠定了政治背景。此外，20世纪以来以杜威"儿童中心主义"为指导的美国教育已积结了许多弊端，也导致了教育质量的下降。因此，建立一种高质量的、重智育的教育新体系，已成为当时美国教育改革的必然选择。

1959年，美国科学院在伍兹霍尔召开了有关教改的讨论会，美国科技学术界35位知名学者专家参加了会议，布鲁纳任大会主席。会议着重讨论了如何改进中小学学科，特别是数学和科学教学，以提高教学质量问题。大会结束时，他做了总结性发言，发言稿名为《教育过程》。会议结束后，他以自己的结构论思想为主导，综合了专家们在会上发表的意见，写出了《教育过程》这本名著，于1960年出版。

这本重要的著作自1960年问世以来，已有俄文、日文、德文、法文等23种文字的译本。截至1978年已在美国重版16次之多，几乎每年重印一次。可见，这本著作不仅很快传遍美国，而且也迅速传播到世界各国。它被列为"最重要和最有影响的教育著作之一"，并被誉为"教育理论的一个里程碑"。

布鲁纳在《教育过程》一书中体现的教育思想具有鲜明的时代性和科学性，他以其独具一格的教育主张，对美国20世纪60年代的教育改革乃至世界上许多国家的教育改革产生了巨大的影响。他的《教育过程》于1960年发表后，一个声势浩大的以课程改革为中心的现代化教育改革立刻在美国中小学广泛而深入地开展起来。随后，其他一些国家也轰轰烈烈开展起教育改革运动，像日本、英国、法国、苏联，等等。这种全球性的教育改革运动在教育史上是史无前例的。

然而，这场声势浩大的运动并没有持续很长时间。不久，人们便逐渐发现，自从改革后美国中小学学生的学习成绩不仅没有提高，反而下降了。这不能不引起人们的忧虑和不满。从 20 世纪 60 年代中期开始，一场自发的群众性的"回到基础上去"的运动便逐渐兴起，到 60 年代末 70 年代初达到高潮。人们把美国教育出现的问题归结为教育改革，以至这场改革运动不得不被迫宣布停止。美国的 SMSG（新数学研究小组）在一片谴责声中解散了。尽管布鲁纳所倡导的课程改革遭到了失败，但他对教育理论和实践所起的有益的推动作用是不可磨灭的。

三、原著概要

《教育过程》（*The Process of Education*，1960 年），由坎布里奇的哈佛大学出版社出版（1961 年，纽约的文塔格出版了平装本）。《教育过程》是布鲁纳对伍兹霍尔会议讨论所作的总结报告，然而，它不是单纯会议记录或意见的汇总，而是在他自己的研究基础上对集体讨论结果做了科学概括。因而，它也阐明了美国 20 世纪 60 年代课程改革的指导思想。正如布鲁纳在本书1977 年版新序中所说的那样，"本书显然是一场变革的一部分"。全书共分六部分，其结构如下："1977 年版新序"；"原序"；"伍兹霍尔会议出席人员名单"；正文：一、"引论"；二、"结构的重要性"；三、"学习的准备"；四、"直觉思维和分析思维"；五、"学习的动机"；六、"教学辅助工具"。全书主要是"按照结构主义表达知识观"和"按照直觉主义表达研究认识过程的"。书中所提及的有关教育内容、教育方法的理论都是经过实验假设所验证的结论。

四、教育思想解读

（一）对学科的认识

布鲁纳认为，"每一代人对于如何设计他这一代人的教育，都有一种新的愿望。正在形成作为我们这一代标志的，可能是广泛地重新出现的对教育质量和智育目标的关切……"如何提高教育质量，智育的目标是什么？这是摆在 20 世纪 50 年代美国教育工作者面前的一个重大课题。特别是，随着科学技术的迅猛发展，学生要想在有限的学习期间掌握人类创造的全部文化科学知识更是不可能的情况下，重新设计"这一代人的教育"的重任，便历史地落在了布鲁纳这一代人的身上。

布鲁纳继承和发展了"结构"主义的基本主张，提出了所谓的"结构主义教育"思想。他强调指出："不论我们选教什么学科，务必使学生理解该学科的基本结构"。布鲁纳认为，知识总是有结构的，知识是人们对于客观事物构造的一种主观模式。合理的知识在于主观模式或者说结构能与客观事物相符，能很好地说明事物。既然知识是由人来构造的，那么就应为学校的课程设计最好的知识体系。他所指的"学科的基本结构"也就是该学科的基本概念、基本原理以及它们之间的关联。布鲁纳在解释学科的结构时，举了三个例子来加以说明。例如，数学中的解方程。布鲁纳注意到，代数学就是把已知数同未知数用方程排列起来，从而使未知数成为可知的一种方法。在求解未知数过程中，可以运用三个基本法则：交换律、分配律和结合律。学生一旦掌握了这三个基本法则所体现的思想，就能认识到，所要求解的"新"方程式完全不是新的。它不过是一个熟悉的题目的变形罢了。在布鲁纳看来，学习结构不过就是学习事物是怎样相互关联的罢了。

学科的基本结构到底有什么作用呢？它的作用很多，但归纳起来有两点：①"单纯化"：它可以把错综复杂的教材内容"单纯化"。这种单纯化可以给我们带来经济性的效果。例如，自由落体运动，单纯化后，可以以公式来替代，它可以用来求自由落体的下落距离。这使学习者容易理解和记忆。②"迁移"：它可以使学习者具有一定的"迁移"能力，在今后的学习中易于举一反三，扩大对学习内容的理解。

布鲁纳在《教育过程》中总结出了四点作用：①理解了基本原理就可以使学科更易于理解。②对人类记忆的研究表明，一件件放进构造很好的模式里的东西更容易记忆。③领会基本的原理和观念是迁移的基础。布鲁纳指出："把事物作为更普遍的事情的特例去理解——理解更基本的原理或结构的意义就在于此——就是不但必须学习有特点的事物，还必须学习一个模式，这个模式有助于理解可能遇见的其他类似的事物"。④经常反复检查中小学教材的基本特性，能缩小"高级知识"和"初级知识"之间的差距，以解决由小学至大学进程中碰到的部分困难。

（二）对儿童学习过程的认识

布鲁纳在强调学习学科的基本结构的同时，又提出了大胆的假设："任何学科以一定的知识的正当形式，能有效地教给处于任何发展时期的任何儿童。"从而表明了他对儿童早期教育的鲜明立场。

布鲁纳强烈感到，过去十多年的经验指出这样一个事实，即美国的学校也许因为以过分困难为理由，把许多重要学科的教学推迟了，因而浪费了宝贵的岁月。因此，他提出了上述假设，其目的在于强调在课程设计时常常被忽视的一个重要观点，即"处于一切自然科学和数学的中心的基本观念以及赋予生命和文学以形式的基本课题，它们既是简单的，又是强有力的"。他还认为，要想掌握并有效地运用这些观念，就需要不断地加深对它们的理解，而这种理解是通过在越来越复杂的形式中学习运用它们而获得的。这也就是说一门课程在它的教学过程中，应反复地回到这些基本观念，以这些观念为基础，直至学生掌握了与这些观念相适应的完全形式的体系为止。

布鲁纳的这一思想是与他结构主义思想有着内在的联系的，也与近年来儿童身心发展均有"成熟加速化"的趋势有关。他以其关于儿童认知发展阶段的理论为基础，从三个方面论证了儿童早期学习的可能性。

1. 智力的发展

布鲁纳认为，关于儿童智力发展的研究可得出这个事实，即在发展的每个阶段，儿童都有自己观察世界的独特方式。那么教给任何特定年龄儿童某门学科，其任务就是按照这个年龄儿童观察事物的方式去阐述那门学科的结构。其实，这个"任务"也可以看作一种翻译工作。然而，这个假设能否成立呢？布鲁纳又给出了所谓经过"深思熟虑的判断"作为必要性的前提，即"任何观念都能够用学龄儿童的思想方式正确地和有效地阐述出来；而且这些初次阐述过的观念，由于这种早期学习，在日后学起来会比较容易，也比较有效和精确"。

为了支持这个论点，他对智力的发展做了描述。布氏的认知发展论，基本上是继承了皮亚杰学派的学说。不过，他在做了许多精巧的实验又汲取了现代语言等学科的成果后，提出了自己的认识。他认为，智慧发展的阶段是连续的、相继的，就性质而言，发展既有量的增长，也有质的变化。一般由动作向意向再向符号不断的演变，第一阶段为动作式再现表象；第二阶段为肖像式再现表象；第三阶段为符号式再现表象阶段。布鲁纳承认发展阶段与年龄有关，但他也相信只要向儿童提供合适的机会，也可以引导智力发展。他自己举例说，教小学一年级学生掌握微积分初步也是可以的，只不过在这里学过的微积分初步将是未来系统学习微积分的重要基础。

2. 学习的行为

布鲁纳认为，学习包含三种"几乎同时发生的过程"，即：①新知识的获得；②转换；③评价。新知识往往与以前学习的知识不一致，或是它的替代。也可能是以前知识的精炼。转换是学习的第二个方面，它是处理知识使之适合新任务的过程。转换一般涉及处理知识的各种方法，如外插法、内插法或变换法。评价是学习的第三个方面，它要核对一下处理知识的方法是否适合这个任务。布鲁纳感到，学习任何一门学科都常常有一连串的情节，每个情节涉及获得、转换和评价三个过程。一个学习情节时间可长可短，包含的观念可多可少。我们可以通过控制学习情节来安排教学，以适应学生的学习能力和需要。通常一个人越是具有学科结构的观念，就越能毫不疲乏地完成内容充实和时间较长的学习情节。对于儿童，布鲁纳认为，现在还没有适用的常模，特别是关于他们的学习情节是如何形成的，也许有更多需要探讨之处。

3. "螺旋式课程"

按着布鲁纳的设想，课程的编制方式应采取"螺旋式课程"。他认为，学科的教学应该尽可能早开始，并要采用智育上正确的形式，而且还应同儿童的思想方式相符。另外，要让这些课题在以后各年级中扩展、再扩展. 这也就是说，课程设计及教材编排不仅要依据儿童认知发展的程序和特点，而且还要遵循每门学科基本概念或原理的连续性，使教材成为一套螺旋式的课程系统。

（三）教学原则与教学方法

布鲁纳十分重视教学原则，提出了以下教学原则。

一是动机原则。布鲁纳强调，在认知学习过程中要注意儿童学习的心理倾向和动机，特别是内在动机。他认为内在动机比外在动机的作用更大、更持久。例如"好奇心""胜任力""互惠性"等内在动机比"奖赏""竞争"等外在动机促使儿童学习的时间更长、效果会更好。

二是结构原则。布鲁纳认为，教师在教学过程中应该注意使儿童掌握学科知识的结构。而且，表示学科知识结构特点的三种方式（再现形式、经济原则、有效力量）随着儿童的不同年龄、不同"作风"和与学科知识间的差异的适合程度而有不同的变化。

三是程序原则。布鲁纳认为，教学活动的程序会影响儿童获得知识和发展能力。因此，教师在教学过程中应该注意设计和选择最佳教学程序，这种程序要考虑儿童认识的发展，通过一系列步骤有条不紊地陈述一个问题或大量知识，以提高他们对所学事物的掌握、变换和迁移的能力。

四是强化原则。布鲁纳认为，教师在教学过程中应该注意通过反馈使儿童知道自己的学习结果，并使他们逐步具有自我矫正、检查和强化的能力，从而强化有效的学习。另外，教师提供的反馈信息是否有用，取决于在什么时间和什么场合儿童能使反馈的信息起作用，在什么条件下儿童可以利用反馈的信息以及用什么方式可以使儿童接受反馈的信息。在贯彻强化原则时，必须防止使儿童永远依赖教师的指正，避免造成儿童跟着教师转的方式。

（四）教学方法

在教学方法上，布鲁纳提倡"发现学习"。他认为，发现是教育儿童的主要手段。儿童应该在教师的启发引导下按自己观察事物的特殊方式去发现学科知识的结构，借助于教师或教师提供的其他材料去发现事物。

在发现学习中，布鲁纳认为教师应注意几个方面。一是鼓励儿童积极思考和探索。使儿童认识到他们能够运用自己的头脑。二是注意新旧知识的相容性。发现学习要求儿童能够认识新知识与旧知识之间的联系，并把新知识纳入自己已有的学科知识结构，使知识成为自己的。三是培养学生运用假设、对照的技能。布鲁纳认为，通过假设的对照，儿童可以更有效地解决问题。

（五）教师的作用与教学辅助工具

按着布鲁纳的说法，《教育过程》这本书主要"集中于四个题目和一个设想，即结构、准备、直觉和兴趣这四个题目，以及在教学工作中怎样最好地帮助教师这个设想"。为什么会出现一个设想呢？原来，在伍兹霍尔会议上，人们相当多地讨论了教学装置以及教师在教学中可以采用的其他装置。然而，在这个问题上意见很不一致。尽管人们基本上都同意，"教学的主导者是教师，而不是教学装置"。但是，在如何帮助教师这一点上，是比较重视教师本人，还是比较重视教师所采用的教学辅助工具，与会代表产生了意见分歧。一种意见认为，在如何讲述某一学科以及采用何种装置的问题上，教师必须是唯一的和最后的主宰者；另一种意见则认为，教师应是讲解员和注释者，去讲解和注释通过装置准备好的材料。会议上针对这个问题出现了激烈的辩论。该书的最后一部分专门讨论了这个问题。

在这个问题的讨论中，实际上突出地涉及了教师在教学过程中的作用问题。布鲁纳针对这个问题，阐述了他独到的见解。布鲁纳十分重视教师在教学过程中的作用，认为，"在我们学校实践中，教师在教学过程中，仍然是主要的辅助者"。同时，他也看到，"教师不仅是知识的传播者，而且是模范"。教师的模范作用直接影响到他所教的学生能否感受到这门学科的内在刺激力，也影响到了他的学生是否肯冒风险，大胆地去设想，去运用直觉思维。另外，他还认为，"教师也是教育过程中最直接的有象征意义的人物，是学生可以视为榜样，并拿来同自己做比较的人物"。

布鲁纳虽然看到了教师在教学过程中的神圣不可动摇的地位，但又不无忧虑地指出，不管教师是否采用其他的辅助工具，传播知识在很大程度上依靠人们精通所要传播的知识。因此，必须提高教师的质量。为了使教师成为知识的传播者、榜样和典型人物，除了采取一些提高教师质量的措施外，如改善新生的招收、对年轻教师进行在职培训等，很重要的一点就是让教师灵活地运用各种装置，因为这些装置可以"扩大经验、阐明经验，并使经验含有个人意义"。

布鲁纳感到，近年来，教育中讨论的一个热点就是如何利用装置来辅助教学过程。他认为，可用的装置种类很多，但主要有三种：①替代经验的装置；②有利于掌握现象根本结构的装置；③引导学生理解他所看到的事物的概念化结构的装置。另外，从另一个角度来看，如果把这三种类型范围内的辅助装置称为模型装置的话，那么还有一种装置，布鲁纳称之为戏剧式装置。

在强调装置的重要性的同时，布鲁纳也看到，装置本身并不能决定自己的目的，而且如果好的装置不能同教学的其他技巧联系起来，就可能使人们陷入极端的被动局面。当然，如果仅仅把教学限制在一成不变的课堂讲述中，只辅以传统的教科书，就会把生动的学科弄得呆板沉闷。

因此，布鲁纳十分强调教师与教学装置的密切结合。他认为，如果开发辅助工具时考虑到教学的目的和要求，教师和教学辅助工具就不会发生冲突。

第十章 杜威与《民主主义与教育》

一、作者简介

约翰·杜威（John Dewey，1859—1952年），美国著名哲学家、教育家，实用主义哲学的创始人之一，功能心理学的先驱，美国进步主义教育运动的代表。出生在佛蒙特州柏林顿市附近的农村，祖先三代都是佛蒙特州的农民。柏林顿市人口近一万五千人，其中约半数为本地人，半数来自爱尔兰和魁北克，本地出生的人包括在佛蒙特州或新英格兰其他地方居住很久的盎格鲁—撒克逊中产阶级新教徒家庭的后裔。杜威就是在这样一个传统的群体中成长起来的。

杜威在柏林顿市上公立学校，毕业后入本地的佛蒙特大学。大学第四年，他学习了基本的政治、经济、哲学和宗教理论，并产生了浓厚的兴趣。大学毕业后，在中学任教三年。1882年进霍布金斯大学攻读哲学。受到来自密歇根大学客座教授、新黑格尔主义的主要倡导者莫理斯和19世纪德国哲学家黑格尔思想复兴的影响。他发现，这个哲学强调宇宙的精神的和有机的性质，正是他一直模糊地探索着的东西，他热切地信奉这个哲学。

1884年，杜威获得霍布金斯大学哲学博士学位。同年秋，受聘为密歇根大学哲学和心理学讲师。除1888年至1889年曾在明尼苏达大学任哲学教授以外，杜威在密歇根工作了十年。在此期间，他主要致力于黑格尔和英国新黑格尔主义哲学研究，对霍尔与詹姆斯在美国提出的新实验生理心理学进行了深入研究。

杜威对教育的兴趣始于在密歇根的年代。他发现多数学校正沿着早先的传统路线行进，没有适应儿童心理学的最新发现和变革中的民主社会秩序的需要。寻找一种能补救这些缺陷的教育哲学，成了杜威主要关切的事情。

1894 年，他离开密歇根，任芝加哥大学哲学教授，哲学、心理学和教育学系主任。他在芝加哥的成就使他获得全国的名望。进化论的生物学和心理学在他的思想中越来越占优势，导致他抛弃黑格尔的理论，接受工具主义的认识论。他和同事的论文集《逻辑学理论研究》（1903 年）的发表，宣告一个新的哲学学派——芝加哥学派的诞生。詹姆斯热情地为这本书欢呼。他在 1896 年创办的芝加哥大学实验学校，使他的教育理论和实践得到检验，吸引了国内外广泛的注意。

1904 年，由于对大学的教育计划管理和财务方面的意见和芝加哥大学校长不一致，改任哥伦比亚大学哲学教授。他和哥伦比亚的联系达 47 年之久，先是任哲学教授，后任哲学退休教授。在任教的 25 年中，吸引了国内外成千上万的学生，成为美国最闻名和最有影响的教师之一。他的学术著作甚丰，仅目录就达 125 页。他的思想涵盖逻辑学、认识论、心理学、教育学、社会哲学、美术和宗教。杜威于 1919 年来华讲学，传播实用主义教育思想。他还访问过日本、土耳其、墨西哥、苏联和南非。他的主要教育著作有《我的教育信条》（1897 年）、《学校和社会》（1899 年）、《儿童与课程》（1902 年）、《民主主义与教育》（1916 年）、《明日之学校》（1915 年）、《经验与教育》（1938 年）和《人的问题》（1946 年）等。

二、成书背景

杜威教育思想的形成建立在对科学发展、社会变革和教育冲突等深刻认识的基础上。首先，19 世纪的欧美社会，随着生理学以及与生理学相关联的心理学的进展、进化论思想的出现、科学实验方法的使用等，强调发展及变化和重视探究及实验成为西方科学发展的基本特征。这为杜威教育理论的产生提供了条件。杜威的教育思想正是这一时期科学探索精神广泛影响的产物。

其次，19 世纪后期的美国实用主义哲学也形成了与以往哲学不同的特点。实用主义哲学是一种强调行动和鼓励探究的哲学。它反对只强调观念的孤立或独处状态，而主张将观念与行动统一起来，并在二者的结合中把观念能否产生效果放在第一位。因此，在这一基础上形成的杜威教育思想渗透了强调探究和创新的思想，形成了不同于传统教育的新特征。

最后，美国于 19 世纪末完成了近代工业化，随之带来了物质财富的巨大增长，也带来了经济、政治、文化等社会问题。自由竞争导致经济危机频频出现，工人失业，生活困难，贫富加剧；政治意识淡漠，被少数资本家操纵；拜金主义和极端个人主义盛行一时，道德水准降低，物质财富的增长并没有带来精神文化的进步。

杜威一直关注现代社会问题，并为解决这些社会问题提出自己的理论。他试图通过教育的变革来推动社会的全面改善，创造与物质繁荣相对应的精神文化，重建遭到工业文明摧毁和破坏的社会价值体系，推动整个社会协调发展。

三、原著概要

《民主主义与教育》是 1915 年杜威写于哥伦比亚大学的教育名著，该书系统而全面地阐述了他在芝加哥实验学校实验以及当时教育改革理论研讨中基本形成的教育思想。该书被誉为教育的经典著作，进步教育理论的总纲。该书讨论所包括的范围：指出建设教育的目的与方法，探索和阐明民主主义社会所包括的思想和把这些思想应用于教育事业许多问题的努力。

该书的指导思想是把民主主义与科学上的实验方法、生物学上的进化观念和工业的改造相互联系起来，并一一指出这些在教育中引起的变化。除了序以外的 26 章的题目是：①教育是生活的需要；②教育是社会的职能；③教育即指导；④教育即生长；⑤预备、展开和形式训练；⑥保守的教育和进步的教育；⑦教育中的民主概念；⑧教育的目的；⑨自然发展和社会效率作为教育目的；⑩兴趣和训练；⑪经验与思维；⑫教育中的思维；⑬方法的性质；⑭教材的性质；⑮课程中的游戏与工作；⑯地理和历史的重要性；⑰课程中的科学；⑱教育的价值；⑲劳动与闲暇；⑳知识科目和实用科目；㉑自然科目与社会科目：自然主义与人文主义；㉒个人和世界；㉓教育与职业；㉔教育哲学；㉕认识论；㉖道德论。

其中，第一至第六章主要论述教育与社会的需要和作用，包括教育与生活、教育与环境、教育与生活及对一些教育观念和理论的批判；第七至第十七章讨论民主社会的教育，并以此为标准阐述了教育目的、兴趣、思维与教学、课程与教材等内容；第十八章至第二十三章讨论教育在劳动、休暇及不同知识中的价值；第二十四至第二十六章探究了教育与哲学认识论和道德之间的关系。

四、教育思想解读

（一）教育思想的理论来源

杜威的教育理论的基础主要有实用主义哲学、心理学和他的社会政治理论，他比当时任何一个美国教育家更要求用一种新的教育来适应由垄断经济所引起的美国社会生活的改变。不难看出，贯穿在杜威教育理论中的一个主要思想是他的社会改良主义。他期望"以合作的智慧的方法，去逐步代替暴力冲突的方法"，"坚持学校是社会进步和改革的最基本的和最有效的工具"。

杜威继皮尔斯、詹姆斯之后，把实用主义哲学加以深化，并结合自己对学校教育工作的长期实验，具体加以应用，形成一个实用主义教育思想体系。与传统的经验主义不同，杜威把生物学的概念引进哲学，认为经验是有机体和环境相互作用的统一的连续体。它们相互作用，相互连续起来，以至合而为一。他把这种经验论全部应用到教育上，反复强调"一切学习来自经验"。这种观点在教学论上的涵义，就是要求改变传统课堂教学那种"静听"的方式，让儿童通过自己的主动活动去获取知识，即改"坐中学"为"做中学"。

杜威的教育理论同样有着心理学的依据，但杜威的心理学思想并不是单一的。从一个侧面看，他采取了机能主义的观点。他认为心理学的真正对象是研究在环境中发生作用的整个机体，心理学家所应关心的是有机体的整个协调作用，而协调作用是具有适应性和目的性的，是指向于成功的，人正是通过与现实进行的生存斗争而取得进步的。因此，杜威把儿童看作和他们的环境相互联系、相互作用的积极而能动的机体，认为儿童学会适应环境并与社会成功合作的基本途径就是直接参与社会生活的各种活动，这就是教育的基本方式。从另一个侧面看，杜威又继承和发展了詹姆斯的本能论心理学说，把人的许多复杂的心理现象，甚至人的社会行为都归结为天赋的本能。

杜威认为，教育应该尊重儿童的天性，即本能及其活动，教育的任务就在于为儿童本能的生长和儿童活动的开展创造条件。

在杜威看来，个人与社会是一个不可分割的有机体，而个人又总是存在于团体之中，但各种团体有着不同的目的、不同的成员、不同的生活、不同的规模和性质，因此，民主作为一种理想的社会生活方式，要求团体内部和团体之间全部形成一个有机的统一体，其中多数人有着共同的兴趣、目的，热心于共同的福利事业，相互间有同情心，能平等相待和协作共事。杜威说，民主主义社会最需要教育，且为教育提供良好的条件和要求，要求教育使人获得有效地参与共同生活的经验。

（二）教育目的

杜威的教育目的论又有所谓"教育无目的"之说，意在强调不应该在教育过程之外强加一个目的，教育目的和教育过程是一致的，教育目的就在教育过程之中。在杜威那里，教育过程是"经验的继续改造"，是一个又一个的"实际活动"或"主动作业"。

杜威认为，好的教育就是要促进人的"生长"，而"生长"就是"经验的改组和改造"。改组与改造的过程，即是在儿童社会性的活动中完成的，这种社会性的活动的标准就是民主。因此，杜威把教育看成民主生活的实现方式。

（三）课程与教材

杜威还论证了课程与教材的问题，提出教育应从儿童的角度来选择学习内容。传统教育观点认为，教授给学生的就是完整的知识体系，但由于儿童对它们缺乏理解，很难产生兴趣；而且传统教育把相关的学科人为地加以割裂和肢解，使儿童对这样支离破碎的概念更加难以理解，因此杜威认为应该加强各学科间的联系，甚至打破学科界限；同时教材和教学应该充分利用儿童在校内外生活中获得的大量直接经验，并且创造充分的机会使儿童参与实践活动。研究型课程十分注重贴近学生的生活和各学科知识的整合，例如，污水治理课题，它与学生本身的日常生活密切相关，容易引起学生的关注，而且这一课程涉及化学、生物、地理、数学等诸多学科内容，有利于学生把各学科知识更好地融会贯通，加以应用。

课程与教材受卢梭、裴斯泰洛齐、福禄培尔、蒙台梭利教育思想的影响，杜威也主张课程应尊重儿童，以儿童为中心，让儿童在做中学，与生活打成一片，通过实际操作获得经验。

在教育中，杜威一方面重视个人的心理发展，一方面重视社会因素的影响。因此在课程的设计与教材的选择上，必须充分顾及儿童的个人经验、需要、兴趣和能力，并将个人因素与社会因素结合起来。但是他特别强调儿童的经验，认为教育完全是偏重儿童已有能力的生长。所以儿童心理条件是课程设计与教材选择的基本要素。由于儿童是生活在现实世界中，他们所接受的教育应与社会生活紧密相关。因此，教材应取自实际的生活，而不只是为未来做准备，否则容易使儿童的学习和生活相脱节。

（四）思维与教学

杜威对以教师、教科书、教室为中心的传统教学方法大力反对。在传统的教学方法中，儿童处于消极被动的地位，兴趣被漠视和压制，学习并无真正的兴趣。他要做的是变教师讲、学生听的教学方式为师生共同活动、共同经验的教学方式，书本是次要的，活动和经验是主要的，是"做中学"的方式。

杜威倡导的是反省思维，意指对某个问题进行反复的、严肃的和持续不断的深思，是具有教育意义的"最好的思维方式"。反省思维包含"感觉问题所在，观察各方面的情况，提出假定的结论并进行推理，积极地进行实验的检验"五个步骤。杜威把这些阶段概括为"思维五步"：①暗示；②理智化；③假设；④推理；⑤用行动检验推理。但他认为这五个阶段的顺序不是固定不变的，而且"思维五步"在每一阶段均可展开。他明确指出，这五个阶段"并不是按一定的秩序一个接一个地出现的。……精心地提出假设，并不一定要等到问题确定之后，任何时候都可以提出一些假设。正如我们看到的，任何明显的检验也并不需要到最后阶段才进行，可以依照出现的结果，引导新的观察，做出新的暗示"。

他指出，当儿童在"从做中学"的过程中，"圆满地解决了那样一个问题时，他就增添了知识和力量。他实验了他所学到的知识，根据用这些知识再制造世界上有用的东西来了解它们意味着什么；他以一种发展他自己独立思考能力的方法做了一件有益的事情"。在《明日之学校》中，杜威记载了一堂地理课上的典型案例。

　　有个年级的学生在学习巴拿马运河的过程中，在理解运河的目的和作用、尤其是运河水闸的作用时，遇到了很大的困难，换句话说，他们对于教师教授的东西在思想上提不起兴趣。教师便彻底改变了她的方法，重新开始讲。她对学生说：如果日本和美国开战，你们作为华盛顿政府，须调兵前往。学生立即来了兴趣，发现如果美国战舰要及时抵达太平洋，以保卫太平洋沿岸及夏威夷群岛，就一定要通过巴拿马运河。他们中许多人变得那么有兴趣，以至于他们在家里做了船闸的模型带到学校。他们熟练而精确地用着地图，因为他们对于把国家从遭受侵略中拯救出来很感兴趣。正是通过转变教学方法，儿童养成了在"做"中思维的习惯，从而使他们的思维能力成熟起来。更为重要的是，有了这样一种方法，学生就有了解决任何一个发展阶段的问题的钥匙。

第十一章　富尔与《学会生存》

一、作者简介

埃德加·富尔（Edgar Faure，1908—1988 年），1908 年出生，法国激进的社会党人，律师出身。他能言善辩，并熟悉国际法，曾任法国教育部部长、联合国国际教育发展委员会主席，两度担任法国总理。

富尔对于重建法国被摧毁的高教体系功不可没。法国政府在 20 世纪 60 年代初大力发展高等教育，在短短的几年内创建了二十余所大学。然而，大学规模扩大的同时并未相应地改革大学的管理，使得法国高等教育的危机日益加剧，并在国际文化变革的大背景下一触即发，酿成被称为"社会大地震"的持续几个月的大学潮。这次学潮使法国政府开始对高等教育进行大刀阔斧的改革。当时的教育部部长埃德加·富尔凭借其对高等教育改革趋势的洞悉以及善于辩论的口才、卓越的能力，领导并主持了高等教育改革方案，破天荒地以无人反对的投票结果在议会中获得通过，并于 1968 年 11 月颁布产生了《高等教育指导法》，该法又称《富尔法案》。这一法案成为战后法国高等教育改革的总的法令基础，并延续至今。《富尔法案》提出高等教育应该按照"自主自治、民主参与和多科性结构"三项原则进行改革。自主自治，即建立能够确定自己学校培养目标和组织机构及其运行机制的大学。就是说，大学能够自己决定自身的行为，决定各学科教学活动及教学方法，决定科研项目，决定行政与财务管理。民主参与，是指新型学校的所有成员，可以通过其各种委员会的代表对大学的当前工作和未来发展提出意见。只允许少数知名教授有发表意见的特权将不复存在，各层次教师、学生、科研人员以及所有在大学工作的人，都应当在大学的审议机构中有其代表，在这些机构中还要聘请校外各界的代表，以使大学与社会保持联系。富尔宣称，大学工作不仅是大学的事务，而且也是国家的事务。多科性结构，意味着打破以往学科的阻隔及互不联系的传统，发展各学科之间的联系，重新组合各种相邻的学科，创立新型课程。富尔的《高等教育指导法》的宗旨在于改进政府对大学的控制，使高等教育的专业组合和分布更符合经济和科学技术高速发展以及国际竞争的需要。该法案颁布并实施了15年之久，对法国的高等教育影响深远。此外，他还担任了联合国教科文组织成立的国际教育发展委员会的主席，并在他的领导下完成了被誉为当代教育思想发展里程碑的著作《学会生存》。

二、成书背景

第二次世界大战后的欧洲，遍地疮痍，战争给各个国家带来极大破坏，不少国家的政治和经济都处于崩溃的边缘。随着战后重建的展开，欧洲进入了一个崭新的时代。20世纪50—60年代，科学技术日新月异，科技发明从生产到应用时间大大缩短，特别是由计算机技术引发了第三次产业革命，知识更新的速度空前加快。这种技术上的变革对教育培养的人才有了新的要求，学习和工作分裂的传统教育模式走到尽头，终身教育呼之欲出。

尽管在经济和物质生产领域取得了巨大的成就，但在社会领域和精神领域却存在着巨大的问题。年青的一代，物质条件充裕，缺乏信仰，充满叛逆精神。1968年在欧洲爆发了以法国大学生要求"政治自由"的"五月风暴"，并迅速席卷各个阶层，引发大罢工及政治动荡。在美国，以反对越南战争为由的学生游行示威与民权运动、黑人运动、妇女运动等各种运动交织在一起，社会上的抗议浪潮此起彼伏。基于对社会动荡的不安，对现实的不满以及对未来的迷茫，美国青年人中出现了摒弃现存的社会价值而谋求一种虚无的回避现实的生活方式，随着越来越多的青年人选择这样的生活方式，一股强大的反主流文化开始出现，并贯穿了整个60年代，使得这个时代"指导个人和社会行为的所有道德规范都受到了攻击"。

如何解决战后教育与日新月异的科学技术不相适应的问题，如何解决经济发展不平衡引发的阶层矛盾加剧和道德水准下降的问题，就成为西方教育界关心的头等大事，改革教育成为关系国家前途和命运的核心问题。

正是在这种特殊的历史条件下，1972年，以法国前总理埃德加·富尔为首的国际教育发展委员会发表了题为《学会生存——教育世界的今天和明天》的报告，由此提出国际教育的新潮流。该报告公诸于世后，立即引起了世界范围的巨大反响和震动，报告中的许多意见和建议，被各国的政府和教育部门采纳，大部分观点得到人们的普遍认同，成为20世纪下半叶一个具有指导性质和广泛影响的纲领性教育文件，它标志着世界教育的发展进入了一个新的历史阶段。

三、原著概要

《学会生存》一书共九章。它包括序言——高度概括并阐述了人类面临的挑战以及教育的重要意义，指出了教育与人类的命运密切相关，要求按照民主和科学的方式来发展教育，实施终身教育和构建学习化社会，加强和促进国际间教育领域的交流与协作；第一部分：研究的结果——第一至第三章，这部分主要阐述了教育与历史、革新和社会的关系；第二部分：未来——第四至第六章，这部分主要论述了教育面临的挑战以及教育革新的目的和可能性；第三部分：向学习化社会前进——第七到第九章，这部分主要论述了教育政策与策略、学习化社会以及加强教育的国际合作。学会学习、学会生活、学会做事、学会生存，这是报告中提出的教育的四个支柱，其核心是学会生存。

《学会生存》于1972年以法文和英文本出版，立即引起了世界各国教育界的广泛关注，对各国教育工作者产生了很大影响，被誉为当代教育思想发展中一个里程碑式的著作。在1972年10月举行的联合国教科文组织第十七届会议上，许多国家的代表都称赞该书的出版是教育界的一件大事。这届会议还专门通过了一项决议，强调该书的重要性。1974年，该书已被译成33种文字出版。

四、教育思想解读

（一）教育目的

人类发展的目的在于使人日臻完善，使人的人格丰富多彩，表达方式复杂多样；使人作为一个人，作为一个家庭和社会的成员，作为一个公民和生产者、技术发明者和有创造性的理想家，来承担不同的责任。特别是要培养感情方面的品质，比如在人和人的关系中的感情品质。系统地训练有助于人们学会彼此如何交往，如何在共同的任务中彼此合作。教育必须培养人类去适应变化，这是我们时代的显著特征。教育应扩展到一个人的整个一生，是每个人生活的一部分，教育应把社会的发展和人的潜力的实现作为它的目的。

了解世界是教育的主要目标。教育应帮助人们解决他们今天所面临的各种问题。教育本身不能克服邪恶。但应力求增进人们控制自己命运的能力。教育应该努力帮助每个人发展他自己的能力。实现其潜能，解放其创造力，并防止逐渐失去人性的危险。

（二）终身教育

该书认为，心理学研究指出，"人是一个未完成的动物，并且只有通过经常的学习，才能完善他自己"。人可以无限接近客观世界，但永远也不可能穷尽它，人在其自身的发展过程中，永远只是"一个未完成的动物"。从而证明教育对人的完善是何等重要。因此，"人在心理上尚未完成，这一点对我们认识人，是有贡献的。我们可以说，人永远不会变成一个成人，他的生存是一个无止境的完善过程和学习过程"，正是教育在这一无止境的完善过程和学习过程中扮演了极其重要的角色，"教育包括培养和发展一个人全部潜能的教养过程"。一部人的历史就是人的潜能随着生产劳动的发展而逐渐地无限地变成现实的历史，而这种转变恰恰又是以教育为居间作用的。实现人的自我完善，培养全面发展的人，这是人的本性向社会提出的要求，是人类社会向教育提出的任务。这一要求和任务没有任何时候比现在更为迫切和必需了。

（三）学习化社会

《学会生存》一书的作用是把"学习化社会"的概念推向了世界，并推进了人们对终身学习的思考，这是当前科学技术的迅猛发展所产生的必然结果。如今的任何一个人都不可能在年轻的那几年或者是某个阶段就能够学会以后乃至一生所用的知识，所以学习的目的很明确，就是学会生存；其实人的一生就是和自己和别人不断较量和竞争的过程，所以对于人的要求就自然而然地加深了，增加了更高的门槛。

21世纪是一个"学习化"时代。教育工作的重心不再是教给学生固有的知识，而是转向塑造学习者新型的人格。学校教育的根本任务在于使学习者学会如何学习，学会如何工作，学会如何合作，以及学会如何生存。一个成功的人，首先是一个善于不断自我更新观念的学习者，只有在及时地汲取当代最新教育科研成果的基础上，才能立于不败之地。

参考文献

1.[春秋] 老聃 . 道德经 [M]. 陈涛编注 . 昆明：云南人民出版社，2011.

2.[春秋] 孔丘 . 论语 [M]. 杨伯峻译注 . 北京：中华书局，2006.

3.[战国] 孟子 . 孟子 [M]. 杨伯峻译注 . 北京：中华书局，2008.

4. 高时良 . 学记研究 [M]. 北京：人民教育出版社，2006.

5.[梁] 颜之推 . 颜氏家训 [M]. 贾二强校点 . 沈阳：辽宁教育出版社，2001.

6.[唐] 韩愈全集 [M]. 上海：上海古籍出版社，1997.

7.[宋] 朱文公文集 [M]. 上海古籍出版社，安徽教育出版社，2002.

8.[明] 王守仁 . 传习录 [M]. 王晓昕，点校 . 北京：中华书局，2016.

9.[明] 王夫之 . 宋论 [M]. 北京：中华书局，1964.

10. 高平叔编 . 蔡元培教育论著选 [M]. 北京：人民教育出版社，1991.

11. 华中师范学院教育科学研究所编 . 陶行知全集 [M]. 长沙：湖南教育出版社，1985.

12. 北京市教育科学研究所编 . 陈鹤琴文集 [M]. 北京：人民教育出版社，1983.

13.[古罗马] 柏拉图 . 理想国 [M]. 郭斌和，张竹明，译 . 北京：商务印书馆，1986.

14.[古罗马] 昆体良 . 昆体良教育论著选 [M]. 任钟印，译 . 北京：人民教育出版社，1989.

15.[捷] 夸美纽斯 . 大教学论 [M]. 傅任敢，译 . 北京：人民教育出版社，1990.

16.[英] 约翰·洛克 . 教育漫话 [M]. 傅任敢，译 . 北京：人民教育出版社，1985.

17. [法] 卢梭. 爱弥儿 [M]. 李平沤，译. 北京：商务印书馆，2006.

18. [瑞士] 裴斯泰洛齐. 裴斯泰洛齐论著选 [M]. 夏之莲，等译. 北京：人民教育出版社，1992.

19. [德] 赫尔巴特. 普通教育学 [M]. 李其龙，译. 杭州：浙江教育出版社，2002.

20. [英] 斯宾塞. 教育论 [M]. 胡毅，译. 北京：人民教育出版社，1962.

21. [美] 布鲁纳. 教育过程 [M]. 邵瑞珍，译. 上海：文化教育出版社，1982.

22. [美] 杜威. 民主主义与教育 [M]. 王承绪，译. 北京：人民教育出版社，1990.

23. 联合国教科文组织国际教育发展委员会. 学会生存 [M]. 北京：教育科学出版社，1996.

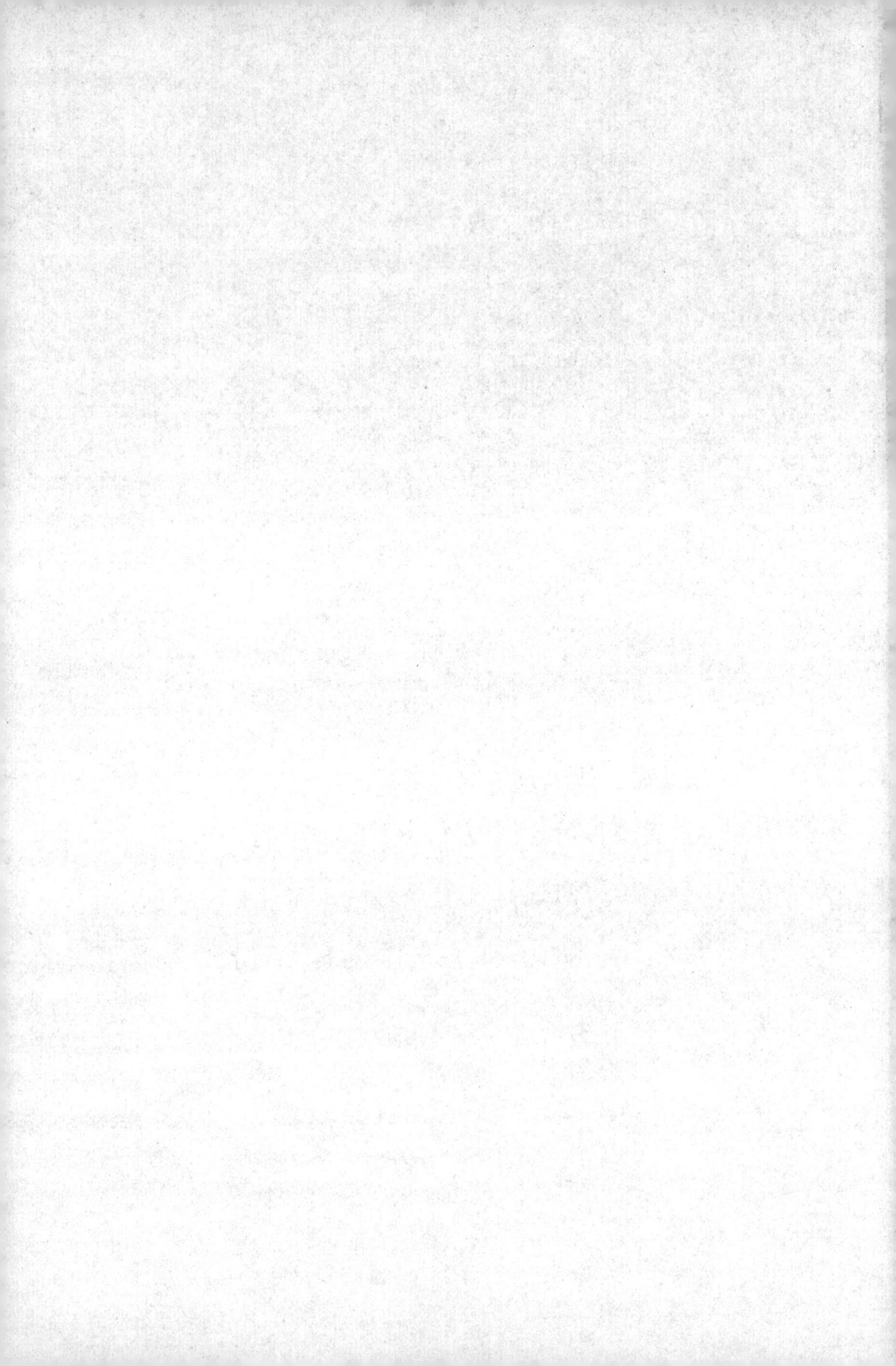